❷ 권 목차

| 일러두기 | 3 |

제 1부 연분 그리고 의혹

- 1/ 두수 논 궁합 ①   7
- 2/ 두수 논 궁합 ②   33
- 3/ 진계전의 도화논단법   41
- 4/ 귀인과 소인 찾는 법   63
- 5/ 자미두수 점법占法   77
- 6/ 쌍둥이 명은 어떻게 보는가?   110
- 7/ 같은 사주는 같은 삶을 사는가?   124
- 8/ 외국에서 태어난 사람의 명은?   130

제 2부 자미두수 부문 써머리

- 1/ 14정성
  - 자미/143
  - 천기/160
  - 태양/167
  - 태양태음공조/172
  - 무곡/176
  - 천동/181
  - 염정/183
  - 천부/190
  - 태음/194
  - 탐랑/198
  - 거문/204
  - 천상/210
  - 천량/213
  - 칠살/218
  - 파군/224
- 2/ 보좌길흉성 사화
  - 좌보우필/229
  - 괴월/235
  - 문창/238
  - 문곡/240
  - 문창 문곡/242
  - 경양/248
  - 타라/253
  - 화성/255
  - 영성/256
  - 겁공/259
  - 녹존/262
  - 천마/264
- 3/ 잡성
  - 천형/266
  - 천요/267
  - 홍란·천희/270
  - 삼태·팔좌/271
  - 곡허/272
  - 상사/273
- 4/ 록권과와 12궁
  - 록권과/274
  - 납음/280
  - 명궁/282
  - 신궁/285
  - 재백궁/286
  - 복덕궁/287
  - 전택궁/288

제 3부 제가논명 실례

- 1/ 혜심제주   293
- 2/ 료무거사   329
- 3/ 반자어   344

제 4부 잡론

- 1/ 삼태·팔좌   357
- 2/ 쌍록협   361
- 3/ 태양동도 맹상지풍   364
- 4/ 나이·간지·해를 아는 법   372
- 5/ 운갈이 해   378

부록

- 1/ 성계에 따라 명보찾기   382
- 2/ 찾아보기   384
- 3/ 참고문헌   388
- 4/ 후기   391

중급자미두수

② 궁합편

저자
이두履斗 김선호金善浩

약력
- 전남 여수 출생
- 서라벌대학 교수역임
- 동국대학교 사회교육원
  스포츠조선 등에서 자미두수 강의
- 에스크퓨처닷컴 학술위원
- 고려기문학회 학술위원(현)
- 미래학회 고문(현)
- 이두자미두수학회 회장(현)

저서 및 역서
- 『왕초보 자미두수❶❷』 동학사 2000
- 『자미두수전서(상 하)』 대유학당 2003
- 『실전자미두수❶❷』 대유학당 2004
- 『심곡비결』, 대유학당 2004
- 『자미두수입문』, 대유학당 2004
- 『육효증산복역(상 하)』, 대유학당 2008
- 『중급자미두수❶❷』, 대유학당 2009
- 『진소암의 명리약언』 (인터넷공개)

소통공간
- 이메일 jmds2012@gmail.com
  reedoojami@hanmail.net
- 홈페이지 www.reedoo.co.kr
- 다음카페 http://cafe.daum.net/reedoo

기타문의
- 061 - 643 - 6693 (저자사무실)
- 010 - 3629 - 6693 (저자핸드폰)

이두자미시리즈 【9】 **중급자미두수❷**

- 초판발행 2009년 6월 24일 • 초판 2쇄 발행 2016년 2월 15일
- 저자 이두 김선호 • 편집 이연실 황상희 김순영 • 발행인 윤상철
- 발행처 대유학당 since1993
- 출판등록 2002년 4월 17일 제305-2002-000028호
- 주소 서울 동대문구 휘경동 258 서신빌딩 402호
- 전화 (02)2249-5630~1
- 홈페이지 http://www.daeyou.net 대유학당

- 여러분이 지불하신 책값은 좋은 책을 만드는데 쓰입니다.
- ISBN 978-89-6369-007-0 04150
- 정가 20,000원
- 이 책의 내용에 대한 재사용은 저작권자와 대유학당의 동의를 받아야만 가능합니다.
- 문의사항(오탈자 포함)은 저자 또는 대유학당의 홈페이지에 남겨 주세요.

일러두기

① 본문에 나오는 명반의 모든 생년월일시는 음력기준이다.
② 본문에 나온 명반들은 필자의 자료나 인터넷상에서 공개되거나 일부 대만이나 홍콩의 책들에서 인용하였으며, 명조들의 프라이버시를 위해서 생년월일시의 '일'은 지웠다.
③ 본문에서 언급한『자미두수전서』또는『전서』는 대유학당에서 발간한『자미두수전서(상,하)』를 말하며 전서를 인용할 때 될 수 있으면 해당 책의 페이지를 표시하였다.
④ 본문 중 동음으로 혼돈이 있기 쉬운 申宮과 身宮은 하나는 한글로 하나는 한문으로 달리 표기하였다.
⑤ 이 책에서도 지난 저작에서와 같이 성이나 성계를 지칭할 때 약자로 쓰는 경우가 많다. 가령 문창·문곡을 창곡이라한다든지, 무곡파군 對 천상조합을 '무파상조합'이라고 하는 경우 등이다.

제 1부

연분 그리고 의혹

1. 두수 논 궁합 ①

(1) 관운주인 왕재산의 궁합법

여기서 인용하는 내용은 청말 민초의 사람 관운주인이라는 분이 쓴 『두수선미斗數宣微』라는 책에 나오는 "상계相契(서로 계합된다·서로 궁합이 맞는다 등의 뜻)"라는 글을 옮긴 것인데, 자미두수에서 궁합을 본다든지 인연을 본다든지 할 때 쓸 수 있는 중요한 이론이다.

경험상 실제로 징험하다.

"사람은 끼리끼리 모이고 사물도 무리지어 나뉜다. 그 선악·부귀·빈천을 막론하고 상계되지 않음이 없는데, 이러한 相契로 일체를 관철해 볼 수 있다.

가령 이 사람이 선하거나 악하다고 할 때, 만약 나와 기미상투가 되면 동등한 지위든 그렇지 않든 간에 그 선악·부귀·빈천을 가리지 않고, 모두 용납해 같이 지낼 수 있어 혹 사랑하고 혹 두려워하며 혹 부리거나 위탁한다. 설혹 약간 상계치 않는 부분이 있어도 버리거나 떠나보내지 않고 다시 합하며 다시 떠나보내는 것도 모두 마음먹은대로 한다.

선과 선의 상계도 있고 악과 악간의 상계도 있으며, 또 一言의 상계도 있고 一時의 상계도 있으며, 一日의 상계·一月의 상계·一年·數年·數十年

과 一生의 상계도 있으며, 또 억지로 상계하거나 상계치 못하거나 짐짓 꾸며 상계하는 경우도 있다.

고금의 사람을 막론하고 내 마음에 맞는 사람은 상계가 되고, 내 뜻에 맞지 않는 사람은 상계가 안된다. 또 내 뜻에 맞고 안맞는 경우라도 상계한 것처럼 보여도 온전히 상계가 되지 않는 경우도 있다. (중략) 간명하는 사람은 자기를 보든지 다른 사람을 보든지 간에, 상계되는 부분을 마땅히 감별할 줄 알아야 한다.

예를 들어 부자·모녀·부처·친구사이에 혼인 등에서 여러 가지 일에 상계가 되면, 바라는 바를 성취할 수 있다.

상계란 상합相合을 말한다.

가령 명궁이 사궁에 천상이 있고 身宮 묘궁에 자탐이 있다할 때, 이 두 궁의 성과 삼방의 성과 같은 별을 가진 사람끼리는 상계·상합할 수 있다.

예를 들어 천이궁에 무파라면 만나는 사람은 무파가 많고, 관록궁이 그래도 역시 그렇다. 예를 들어 전택궁에 염정이 탐랑을 만나고 있으면, 동거하는 사람들은 이런 사람들이 많다.

명반 중에 신명의 삼합 사정에 상동의 성이 있으면 자연히 상합하고, 만약 상동·상합함이 없으면 반드시 생리사별하며 상계라 할 수 없게 된다.

심성의 바르고 삿됨·애정의 장단 등 일체의 인연법은 반드시 이 방법에 의지해서 찾는 것이 마땅하다.

상계의 뜻과 이치는, 즉 칠살은 칠살을 찾고 파군은 파군을 찾으며 창곡과 창곡은 서로 가깝고 괴월과 괴월은 왕래한다. 고로 같은 것끼리는 서로 모이고 동기끼리 서로 찾게 되는 것이다."

(2) 천을상인의 궁합법

위의 관운주인의 주장과 일맥상통한 내용이지만 조금 다양한 각도로 이야기하고 있어 참고할 만하다.[1]

① 남녀쌍방의 명반의 구조가 같은 경우
  예를 들어 자미가 똑같이 인궁에 있는 명반, 명궁이 무슨 궁위든 무방하다. 이런 종류는 비교적 상대방의 습성을 받아들일 수 있다.

② 남녀 쌍방의 명·신궁 속에 주성이 같은 경우
  이런 유의 조합은 성이 서로 같기 때문에 피차간에 묵계黙契가 있어 서로 친하기 때문에, 개성이나 기호도 역시 같아 부처로 맺어지면 당연히 아주 잘 맞는 짝이 된다.
  그러나 몇몇 성은 그 성의 성질이 부처에 부적한 경우가 있다.
  예를 들어 천부와 천부가 짝하는 경우 서로 복종하지 않아 말다툼이 있기 쉽다. 태음이 태음과 짝하는 경우 둘 다 너무 꼼꼼하고 동작이 굼뜨기 때문에 생활에서 시간을 적절하게 선용할 수 없다. 무곡이 무곡과 짝하는 경우는 두 명의 거친 사람이 같이 생활하면 정취情趣를 버린다고 말할 수 있다. 염정이 염정과 짝하는 경우는 하루 종일 다투니 생활에 영원히 평안할 날이 없다.

---

[1] 천을상인, 『현대두수진결現代斗數眞訣(6)』, 연전출판사, 2003.

③ 자기의 명반상의 부처궁의 주성이 상대방의 명궁이거나 신궁의 주성인 경우
이런 유의 조합은 진정한 천생 연분이다.

④ 남자의 명궁에 태음이 좌하고 있는데 여명이 명궁에 태양이 있는 경우
이것은 음양이 서로 맞는 좋은 짝이다.

⑤ 서로 보충되는 성질을 갖고 있는 조합
예를 들어 무곡이 파군과 짝하는 것(돈을 버는 것과 돈을 쓰기 좋아하는 것과 짝)·천부와 천상이 짝하는 것(재고가 복무와 짝)·칠살이 천동과 짝하는 것(열심히 하는 것과 게으름의 짝)·천기와 천량이 짝하는 것(총명과 옛스런 정취간의 짝)·염정과 자미가 짝하는 것(꼼꼼함과 기질 있음의 짝) 등 모두 아주 좋은 짝이 된다.
결혼 후에 행복할 수 있다.
성좌학의 이론으로 보면 쌍방의 성이 서로 같거나 성의 성질이 비슷하거나 성의 성질이 서로 보완되면, 그 자장이 비슷해서 끼리끼리 모이게 되어 반드시 사상·관념·기호 등이 비교적 근접되어 어려움이 있어도 백수해로 할 수 있다.

위에서 궁합의 조건 중에
"남녀쌍방의 명반의 구조가 같은 경우"를 첫 번째로 들었는데, 필자의 경험으로도 무수하게 이런 경우를 경험하였다.
이는 결혼뿐만 아니라 사업파트너와 교우관계, 심지어는 육친

간에도 이런 구조가 되면 연분이 되는 경우가 많고 관계가 지속되었다.

내 명 속에 네가 있고 네 명 속에 내가 있는 상계의 경우는 말할 것도 없이 궁합의 전제조건이지만, 이렇게 '십사정성의 배치구조가 같다는 것만으로도 궁합이 될 수 있을까?'라고 처음에는 반신반의 했지만, 실례로 그런 경우가 많았으므로 필자는 천을상인의 견해에 충분히 공감한다.

'왜 그럴까?'에 대한 이유를 궁리해본 결과 십사정성의 배치원리로 말미암음을 알 수 있었는데, 자미를 찾아보면 찾는 과정에서 생년월일시의 정보가 다 녹아 들어감을 알 수 있다.
자미가 제자리를 잡아야 다른 13개의 성을 배치하는데, 이 자미를 찾는 방법은 년·월·일·시라는 조건이 충족되어야 한다. 즉 자미를 찾기 위해서는 먼저 명궁이 정해져야 한다.

자미를 찾는 방법이 '생일/국'이기 때문에 명궁의 국수를 우선 알아야 하기 때문이다.
이 국수는 명궁의 육십갑자의 납음오행으로 알 수 있으며, 명궁은 생월까지 순행했다 생시까지 역행한 곳이 되고, 이 명궁의 육십갑자가 정해지려면 월두법으로 인궁부터 천간을 붙여서 명궁에 천간이 생성되게 된다. 결국 생년간이 무슨 생인지를 알아야 명궁의 천간이 정해진다는 것을 알 수 있다.
이 과정까지만 해도 생년천간·생월·생시가 개입되게 되고, 이렇게 해서 명궁의 육십갑자가 정해지고, 그것으로 오행국수를 알았다면 자미를 찾아야 하는데, 알다시피 자미는 '생일/국'이기 때문에 생일이라는 정보까지 가미되어야 자미가 어느 자리든 차지하게 되는 것이다.

그래서 아주 간단하게 내 명반에서 자미가 십이사항궁으로 무슨 궁이 되었든지 간에 인궁에 있다는 것과, 상대방의 명반도 십이사항궁이 무슨 궁이 되었든지 간에 자미가 인궁에 있다는 것 간에는 엄청난 상계작용이 있게 되는 것이다.

내 명반에서 자미가 인궁에 떨어져 있는데 상대방도 자미가 인궁에 떨어진 경우라면 그 자체로 그 사람의 생년월일시의 정보와 나의 생년월일시의 정보가 매우 유사한 어떤 공명체계 속에 있는 것이 되므로 "내 명 속에 네가 있고 네 명 속에 내가 있는" 그런 경우가 아니더라도 상계작용이 일어나 궁합의 호불호를 가늠할 수 있는 눈금자가 될 수 있는 것이다.

(3) 비운일사飛雲逸士의 궁합법

큰 틀에서는 위의 관운주인과 천을상인의 관점과 비슷하지만 좀 더 디테일하게 보게 해주는 면이 있어 소개한다.[2]

① 대부분의 사람들이 결혼 대상을 그 명궁의 삼방사정의 성과 배우자의 부처궁의 삼방사정의 성이 비슷한 사람을 고른다.[3] 이것은 궁합의 첫 번째 요소다. 이렇게 결합하면 일반적으로 부부간에 취미가 대체적으로 맞을 수 있다.

② 만약 ①번의 원칙을 맞출 수 없으면, 최소한 두 사람의 명반이 동반同盤이나 대반對盤이어야 한다.[4] 예를 들어 기월동량격과 살파랑격이 서로 짝하려면 남북두의 주성의 위치가 같은 자리에 있거나 상대해 있어야 한다.
한쪽이 자미가 자궁에 있다면 다른 한쪽도 자미가 자궁에 있는 것이 가장 좋다. 그 다음이 오궁에 있는 것이다. ①번과 ②번의 요소를 모두 갖추면 당연히 더욱 좋다.

---

[2] 료무거사, 『현대자미現代紫微』 3집, 용음문화, 1993.

[3] 명궁도 계산에 넣는다. 명궁은 부처궁의 복덕궁이 되기 때문이다.

[4] 여기서 동반이라고 함은 위의 천을상인이 말한 "남녀쌍방의 명반의 구조가 같은 경우"를 말한다. 그리고 대반對盤이어야 한다는 말은 설명한 것처럼 자미가 자궁 명반이라면 자미가 오궁명반(명궁이 어디에 있든지 간에)이어야 한다는 말이다. 임상해보면 주변에 어울리는 사람이나 친근한 사람들을 보면 이처럼 동반이나 대반이 많음을 알 수 있다.

③ 대한은 결혼 후에 부처궁에 대한 길흉의 영향이 아주 크다. 만일 한쪽의 대한에 부처궁에 흉상이 조성되어 있다면 가장 좋은 것은 다른 한쪽도 같은 운인 경우다.

④ 쌍방의 유년을 추산해야 하는데 더욱 남자 쪽을 유의해야 한다. 만약 여자가 시댁에 시집을 왔는데 얼마 지나지 않아 남편의 장사가 실패한다든지, 혹은 시부모가 병이 중해 심지어는 죽는다든지 한다고 할 때, 남자 쪽에선 명백히 그렇게 될 줄 알면서도 말을 안하기 십상인데, 그걸 모른 상태에서 결혼하면 얼마나 억울하겠는가!
이 점은 왕왕 직업적으로 상담하는 술사들이 소홀히 하기 쉬운데, 만약 사전에 남녀쌍방에게 분명하게 분석해준다면 허다한 불합리한 오해를 불식시키지 않겠는가!

⑤ 쌍방이 종사하는 직업이 본명의 성의 특성을 발휘할 수 있으면 좋다. 예를 들어 거문이 명궁에 있다면 구설·시비·경쟁을 주하므로 입을 움직이는 직업(예를 들어 변호사·법관·교사·판매업무·탐방기자·상담가) 등의 일을 한다면 부처간에 시비와 다툼이 줄어들 수 있다.

⑥ 여명은 복덕궁을 중요하게 봐야한다.
복덕궁의 성이 완미하고 안정적이라면 부처궁에 대해 서로 보완하는 작용이 있기 때문이다.
그 외에 쌍방의 명궁이나 복덕궁의 성이 강유가 조화로운게 좋다.

⑦ 살성도 잘 맞는 짝이 될 수 있다.
　예를 들어 부처궁에 화성이 독좌한 남성이라면, 명궁이나 부처궁에 화성이 있거나 경양이 있는 여성을 취하면 대체적으로 좋다. 그러므로 부처궁에 살성이 있어도 걱정하지 마라.

⑧ 남편은 나이가 많아야 하고, 처는 나이가 적어야 한다.
　여명은 부처궁에 무슨 성이 있든지를 막론하고 모두 5세 이상의 연장자에게 시집가는 게 좋다. 여기에 부처궁 성이 함약하고 화기에 살까지 보며 행한의 부처궁까지 불리하다면, 여자는 10세 이상의 남편과 짝하는 게 좋고, 남자는 5세 이상의 어린 처를 취해야 흉상이 감해진다.
　남명의 부처궁에 자미·천량·무곡이 있는 사람이라면 처의 나이가 약간 많아도 무방하다.

⑨ 자연적으로 같이 있는 시간은 적고 떨어져 있는 시간이 많으면 좋다. 남녀를 막론하고 부처궁이 함지에 살이 있으면 서로 두 곳에 떨어져서 일하는 것이 좋다.
　흉조가 일어날 기미가 있거나 불화할 대한 유년이 있다면 능히 사전에 예지해서 피해가면 화해할 수 있다.
　다투고 상처난 뒤에 비로소 협의해서 떨어지는 것으로 만들어서는 절대로 안된다.[5]

⑩ 명궁이나 부처궁의 성이 강경한 남녀는 만혼하고 수심양성修心養性 하는 것이 좋다. 늦게 결혼하게 되면 사상과 관념이 비교적 성숙하여 안정되므로 인내와 양보를 알게 되기 때문이다. 결혼생활은 상대가 있기 때문에 마음수양이 극히 중요하다. 범사에 포용을 많이 하고 상대방의 마음을 헤아리며 넓게 마음을 쓰면 평지풍파가 가라앉을 것이다.

혼인은 나 아닌 상대가 관련이 되어 있기 때문에, 일개인의 혼인의 성패를 논하기 위해서는 반드시 동시에 배우자의 생일을 참작해야 적중률과 신뢰성이 높아진다.

유감스러운 것은 지금 명리학자들은(직업으로 하든지 취미로 하든지 다 그러함) 모두 한 장의 명반만 가지고 천기를 누설한답시고 그들의 추측이 사해에 모두 표준이 되는 것처럼 한다.

다년간 쌓아온 나의 경험에 의하면 그런 짓은 근본적으로 자기를 속이고 남도 속이는 일이다.

---

5) 어차피 떨어져 있을 바에야 주동적으로 떨어져서 상처받지 말라는 뜻이다. 개인적으로 부처궁이 극히 나쁜 명반을 적지 않게 보아왔는데, 남편이나 아내가 국외로 가서 일하거나 2~3년 견우·직녀처럼 살면 도리어 백수해로 할 수 있었다.

(4) 진계전의 궁합법

  진계전의 궁합법도 위의 관운주인 이하의 두수가들의 관점과 유사하지만 진계전만의 관점도 있어 궁합을 보는데 참고가 되었으면 해서 인용한다.
  아래 내용은 진계전의 『자미현기』에서 발췌했다.

◆ **부처의 감정이 좋고 나쁨은 먼저 명궁성의 개성을 본다.**

① 여명에게 무곡은 과수가 되므로 명궁과 부처궁에 있으면 불리하다.
② 거문·천기는 파탕破蕩하다.
③ 천량이 사해궁에서 천마를 만나는 여자는 음탐하다.
④ 양인·화성은 하천下賤하다.
⑤ 창곡은 복이 온전하지 못해 감정적으로 결함이 있다.
⑥ 파군의 성격은 가장 밝기 어렵다. 파군은 수水에 속하고 파동의 성으로 성격이 불안정해, 단지 다른 사람을 사랑할 수 있을 뿐이지 그를 이해할 수 없고 꿍꿍이가 너무 많다.
⑦ 탐랑은 질투와 음욕이 많다. 질투심이 중하면 감정적으로 당연히 불리하다.
⑧ 칠살은 침음沉吟해 복이 온전치 못하며, 생각이 가라앉기 쉽고 환상을 좋아하기 때문에 모두 혼인에 불리하다.
⑨ 경험에 의하면 여명에 천부가 좌명하면 모두 혼인에 불리하다. 남편이 바람피우지 않으면 먹기 좋아하고, 일을 게을리 하거나 돈을 벌어서 남편을 먹여 살려야 한다.

⑩ 태양이 좌명한 여자는 남편의 권리를 빼앗기 때문에 혼인에 불리하다.

◆ **두 번째로는 부처궁을 본다.**
① 살성이 출현하면 분명히 부처 불화한다.『두수발미론』에 말하기를 "살이 부처궁에 임하면 정연히 처자와 불화한다"고 했다.
② 천요가 부처궁에 있으면 사음하고 술에 빠진다.
③ 보필이 부처궁에 있으면 좋지 않은데, 부처생활은 삼자의 개입을 기뻐하지 않기 때문이다.
④ 부처궁에 겁공이 있으면 혼전의 감정에 반드시 파절이 많다. 왜냐면 지겁은 파도 속에서 배가 가는 것과 같은 파동의 성질이 있기 때문에 감정적으로 동탕 불안하다.
지공은 하늘에서 날개가 부러진 것과 같은 좌절의 암시가 있기 때문에 감정의 진입상황에서 순식간에 골짜기로 추락한다. 마치 새가 날다가 공중에서 컨트롤을 못해 떨어져 날개가 부러지는 것과 같다.
⑤ 소한·유년에서 타라가 들어가면 감정적으로 우유부단해지고, 호사다마하며 헤어지지기도 버리기도 어렵게 된다.
⑥ 태음화기를 만나면 감정적으로 장기간 고통스럽게 된다.
⑦ 염정화기는 아주 귀찮은데 수성囚星(염정의 별칭)에 일단 화기가 되면, 매듭처럼 얽히게 되어 영원히 결과가 없으며, 다시 경양을 만나면 자살로 남은 생을 마무리하기 쉽다.

◆ **세 번째는 감정선을 본다.**

① 감정선(형제궁을 말함)은 부처간에 교량역할을 하므로 감정선에 화기를 보거나, 거문·살성을 보면 부처감정에 영향이 있거나 성생활에 협조적이지 못하게 된다.

② 감정에 영향을 주는 성과 궁이 일단 출현하면6) 부처생활이 순조롭지 못하고 고독한 궁(진술축미궁)에 또 고독의 성이 있으면 아주 분명해진다.

예를 들어 명궁에 무곡·문곡·파군·천부가 있는 여성이 다시 천곡·천허·경양 등의 성을 보거나, 혹 남자가 고신·여자가 과수를 명궁이나 부처궁에서 보는 것 등이다.

③ 노복궁이 다시 패국敗局이 성립되는 것이다.

④ 「두수증보태미부」에 말하기를 "여명을 볼 때는 먼저 부처궁·자녀궁 두 궁을 보는데, 만약 살성이 있으면 세 번 결혼해도 성에 차지 않으며, 혹 양타를 본다면 울음과 눈물이 마르지 않을 것이다"라고 했다.

⑤ 어떤 사람은 기괴하게 생각하면서 "당신은 왜 항상 나쁜 방향으로만 판단을 하느냐! 비관적인 인물이다"라고 하는데 그건 아니다. 감정이 좋은 사람은 감정문제를 물을 필요가 없다. 단지 상처받은 사람이 왕왕 각골명심하기 때문이다.

좋은 면을 논하자면 아래와 같은 것이 있다.

예를 들어

– 십간화록은 가장 영화롭고 창성하다. 여명이 만나면 아주

---

6) 본명에 이미 있는데 대한 유년에서 또 만나면 비로소 발생한다.

길상하다. 다시 록존을 만나면 남편과 자식을 왕하게 하고 이롭게 하며 은광을 받는다.(여명골수부)
- 자미와 태양은 단정해서 일찍 현명한 남편을 만나 의지할 만하다.[7]
- 록존은 후중하고 의식衣食이 많으며 부상조원의 명은 반드시 영화롭다.
- 부상(천부·천상)의 성이 여명에게 있으면 반드시 자식은 귀하고 남편은 현명하다.
- 염정과 록이 명신궁에 있으면 여인은 순양 정결한 덕이 있게 된다.

---

[7] 대한·유년에서 만날 때 논한다. 본명에 좌하면 불리하다.

(5) 실례

◆ 내명궁의 성이 상대의 부처궁에 있고, 상대의 명궁성이 내 부처궁에 있으면서 부부로 사는 경우

실례	남편 1944년 11월 ○일 자시			
天天太 廚傷陰 　　陷 小劫天　52~61　己 耗煞德【奴僕】絶巳	紅旬解台陰貪 艶空神輔煞狼 　　　　　○ 將災弔　62~71　庚 軍煞客【遷移】胎午	天寡天恩紅天天巨天 官宿使光鸞刑鉞門同 　　　　　　　○陷陷 奏天病　72~81　辛 書煞符【疾厄】養未	截天天天武 空壽才相曲 　　　◎△ 　　　　科 飛指太　82~91　壬 廉背歲【財帛】生申
輩文天廉 廉曲府貞 ◎◎◎ 　　　祿 靑華白　42~51　戊 龍蓋虎【官祿】墓辰	성명 : ○○○, 陽男 陽曆　1945年 1月 ○日 0:59 陰曆　甲申年 11月 ○日 子時 命局 : 水二局, 潤下水 命主 : 貪狼, 身主 : 天梁		天破天天太 福碎空梁陽 　　　地Ⅹ 　　　　忌 喜咸晦　92~　癸 神池氣【子女】浴酉
大擎 　　耗羊 　　　陷 力息龍　32~41　丁 士神德【田宅】死卯			天天鈴文七 月哭星昌殺 　　　◎陷◎ 病月喪　　　甲 符煞門【夫妻】帶戌
封鳳八天祿天火左破 誥閣座巫存馬星輔軍 天年　◎◎◎◎陷 虛解　　　　　權 博歲歲　22~31　丙 士驛破【福德】病寅	天天陀天 貴喜羅魁 　　　◎◎ 官攀小　12~21　丁 府鞍耗【父母】衰丑	龍三右紫 池台弼微 　　○△ 伏將官　2~11　丙 兵星符【身 命】旺子	孤天地地天 辰姚劫空機 　　　　○陷△ 大亡貫　　　乙 耗神索【兄弟】冠亥

① 남편은 자궁의 자미며 부처궁은 칠살인데, 부인은 칠살이 오 궁에 있으면서 명궁이 되고 부인의 부처궁에는 진궁의 자미가 좌하고 있어, "내명 속에 네가 있고 네명 속에 내가 있는" 대표

적인 상계의 케이스로 부부가 된 경우다.

② 이 부부는 태세입괘궁도 각기 상대방의 복덕궁에 해당하면서 궁이 깨끗하다. 일생 매우 원만한 부부생활을 유지하고 있다.

③ 부인은 경인생으로 남편의 복덕궁 인궁이 부인의 태세입괘궁이고, 남편은 갑신생으로 부인의 복덕궁 신궁이 남편의 태세입괘궁이 되어 각기 록마가 좌하고 있어 태세입괘궁이 매우 좋음을 볼 수 있다.

실례	부인 1950년 5월 ○일 자시			
孤天天天 辰巫姚梁 　　　陷	旬截天台龍三陰右七 空空福輔池台煞弼殺 　　　　　　○○		天恩天陀天 月光喜羅鉞 　　　◎◎	天天年鳳八祿天左廉 才虛解閣座存馬輔貞 　　　　　　○○△○ 天 壽
小亡貫　13~22　辛 耗神索【兄弟】病巳	青將官　3-12　壬 龍星符【身 命】衰午		力攀小　　　癸 士鞍耗【父母】旺未	博歲歲　　　　甲 士驛破【福德】冠申
天文天紫 哭曲相微 　○○陷	성명 : ○○○, 陽女 陽曆　1950年 6月 ○日 0:59 陰曆　庚寅年 5月 ○日 子時 命局 : 木三局, 楊柳木 命主 : 破軍, 身主 : 天梁			破大擎 碎耗羊 　　陷
將月喪　23~32　庚 軍煞門【夫妻】死辰				官息龍　93~　乙 府神德【田宅】帶酉
天鈴巨天 空星門機 ◎◎◎				紅蜚文破 艷廉昌軍 　　陷○
奏咸晦　33~42　己 書池氣【子女】墓卯				伏華白　83~92　丙 兵蓋虎【官祿】浴戌
天封貪 廚詰狼 　　△	寡天天紅天火天太太 宿使貴鸞刑星魁陰陽 　　　　　○○○陷 　　　　　　　科祿		解天武 神府曲 　◎◎ 　權	天天地地天 官傷劫空同 　　○陷◎○ 　　　　　忌
飛指太　43~52　戊 廉背歲【財帛】絶寅	喜天病　53~62　己 神煞符【疾厄】胎丑	病災弔　63~72　戊 符煞客【遷移】養子		大劫天　73~82　丁 耗煞德【奴僕】生亥

1부/ 연분 그리고 의혹   23

◆ 명신궁·부처궁의 성계가 같은 계열이면서 부부로 사는 경우
첫 번째 실례 (대반)

실례	부인 1970년 7월 ○일 인시			
大紅鈴天 耗鸞星相 ○△	截天文天 空福曲梁 陷◎	寡天陀天七廉 宿姚羅鉞殺貞 ◎○○○	天天台祿天文 壽哭輔存馬昌 ○○○
小亡龍 13~22 辛 耗神德【兄弟】病巳	靑將白 3~12 壬 龍星虎【命】衰午	力攀天 癸 士鞍德【父母】旺未	博歲弔 甲 士驛客【福德】冠申
天天封右巨 才虛誥弼門 ◎△	성명 : ○○○, 陽女 陽曆 1970年 8月 ○日 4:59 陰曆 庚戌年 7月 ○日 寅時 命局 : 木三局, 楊柳木 命主 : 破軍, 身主 : 文昌		地擎 空羊 ◎陷
將月歲 23~32 庚 軍煞破【夫妻】死辰			官息病 93~ 乙 府神符【田宅】帶酉
三天火貪紫 台刑星狼微 △地○			紅天左天 艷貴輔同 ◎○ 忌
奏咸小 33~42 己 書池耗【子女】墓卯			伏華太 83~92 丙 兵蓋歲【身官祿】浴戌
旬解天龍陰天太天 空神廚池煞巫陰機 X○ 科	破天地天天 碎使劫魁府 陷◎◎	蜚年鳳恩太 廉解閣光陽 陷 祿	天天孤天天八天破武 月官辰傷空座喜軍曲 △△ 權
飛指官 43~52 戊 廉背符【財帛】絶寅	喜天貫 53~62 己 神煞索【疾厄】胎丑	病災喪 63~72 戊 符煞門【遷移】養子	大劫晦 73~82 丁 耗煞氣【奴僕】生亥

① 부인은 명궁이 오궁천량이면서 천이궁이 태양으로 양양조합
인데 남편은 명궁이 묘궁의 태양천량으로 역시 양양조합이다.
이 부부는 명궁이 태양·천량조합으로 성계의 조합이 같다.

② 위의 부부는 상계 중에서 비운일사가 말한 대반對盤끼리 만난

경우에 해당한다.

祿天 存機 ◎△ 忌	解天擎紫 神廚羊微 △◎	寡天紅天 宿壽鸞鉞 ○	天恩天鈴破 傷光刑星軍 ○陷
博劫天 22~31 丁 士煞德【福德】絕巳	力災弔 32~41 戊 士煞客【田宅】胎午	青天病 42~51 己 龍煞符【官祿】養未	小指太 52~61 庚 耗背歲【奴僕】生申
紅輩台陰陀七 艷廉輔煞羅殺 ◎◎ 官華白 12~21 丙 府蓋虎【父母】墓辰	성명 : ○○○, 陽男 陽曆　1969年　1月　○日 20:59 陰曆　戊申年　12月　○日　戌時 命局 : 水二局, 大溪水 命主 : 文曲 / 身主 : 天梁		破天地 碎空劫 △ 將咸晦 62~71 辛 軍池氣【遷移】浴酉
天天大左天太 福官耗輔梁陽 陷◎◎ 伏息龍 2~11 乙 兵神德【 命 】死卯			天天天天廉 使哭貴府貞 ◎◎ 奏月喪 72~81 壬 書煞門【疾厄】帶戌
天天年鳳八 天文天武 月虛解閣座 馬曲相曲 旬　　○△◎X 空 大歲歲　　甲 耗驛破【兄弟】病寅	天地天巨天 喜空魁門同 陷◎◎陷 病攀小　　乙 符鞍耗【夫妻】衰丑	截封龍三天火文貪 空詁池台姚星昌狼 △○○ 祿 喜將官 92~　甲 神星符【子女】旺子	孤天天右太 辰才巫弼陰 X◎ 科權 飛亡貫 82~91 癸 廉神索【身財帛】冠亥

1부/ 연분 그리고 의혹

◆ 명신궁·부처궁의 성계가 같은 계열이면서 부부로 사는 경우
두 번째 실례 (대반)

실례 남편 1963년 11월 ○일 유시			
旬蜚天破孤 天天 空廉福碎辰 馬鉞 　　　　　△○	解天天陰天火天 神官才煞喜星機 　　　　◎◎	年鳳龍天鈴破紫 解閣池刑星軍微 　　　　◎◎◎ 　　　　　　祿	紅天大地 艷傷耗劫 　　　◎
喜歲喪　　　丁 神驛門【福德】冠巳	飛息貫 92~　戊 廉神索【田宅】帶午	奏華官 82~91 己 書蓋符【官祿】浴未	將劫小 72~81 庚 軍煞耗【奴僕】生申
天太 　　　　　空陽 　　　　　　○	성명 : ○○○, 陰男 陽曆 1963年 12月 ○日 18:59 陰曆 癸卯年 11月 ○日 酉時		天天 虛府 　陷
病攀晦　　　丙 符鞍氣【父母】旺辰	命局 : 水二局, 大溪水 命主 : 文曲 / 身主 : 天同		小災歲 62~71 辛 耗煞破【身遷移】養酉
天台天七武 哭輔魁殺曲 　　◎陷陷			天天太 月使陰 　　○ 　　科
大將太　2~11 乙 耗星歲【 命 】衰卯			靑天龍 52~61 壬 龍煞德【疾厄】胎戌
三天地左天天 台巫空輔梁同 　　陷◎◎Ⅹ	截寡擎文文天 空宿羊曲昌相 　　◎◎◎◎	天天恩八紅祿右巨 壽貴光座鸞存弼門 　　　　　○○○ 　　　　　　　權	天封天陀貪廉 廚誥姚羅狼貞 　　　陷△陷 　　　　　忌
伏亡病 12~21 甲 兵神符【兄弟】病寅	官月弔 22~31 乙 府煞客【夫妻】死丑	博咸天 32~41 甲 士池德【子女】墓子	力指白 42~51 癸 士背虎【財帛】絶亥

① 명궁이 묘궁의 무곡칠살 對 천부인데, 부인은 자궁의 무부 對 칠살로 공히 무부살조합에 해당하여 부부간의 명궁이 모두 대반對盤으로 같은 성계로 구성되어 상계가 형성된다.

② 이 부부는 서로의 태세입괘궁위가 모두 각자의 전택궁에 자리

하고 있으며, 상대방 천간의 화기가 모두 재복선에 화기가 되고 있다.

③ 부인은 병오생인데 남편의 전택궁 오궁이 되면서 태세입괘궁이 되고, 병간 염정화기는 남편의 재백궁에 염정화기가 되고 있으며, 남편은 계묘생으로 부인의 전택궁 묘궁이 남편의 태세입괘궁이 되면서 계간 탐랑화기는 부인의 복덕궁에 좌하면서 재백궁을 치고 있다.

④ 또 남편 계묘생 계간 파군화록과 탐랑화기 결과를 부인의 명반에서 록기법으로 살펴보면, 부인의 명반에서 부처발생 결과 재백으로 남편으로 인해 재적인 부담을 받는 궁합임을 알 수 있다. 또 부인 병오생의 병간 천동화록이 남편의 명반 인궁에 있으며, 자궁의 록존과 더불어 부처궁 축미궁선의 자파의 파군화록이 문제궁위가 되고, 결과는 염정화기가 되어 부인으로부터 재적인 도움을 받는 것을 알 수 있다.

⑤ 결혼한 후로 남편이 계속 뜻을 펴지 못하고 부인이 고생스럽게 뒷바라지를 하면서 사는 명이다. 서로가 상계작용으로 끈끈이 이어져 있기 때문에 쉽게 이혼하지 않고 결혼생활을 지속하고 있는 것이다.

1부/ 연분 그리고 의혹

天破天台祿天 官碎傷輔存梁 ◎陷	天天天擎七 月才刑羊殺 △◎	天天 使空	孤陰天天廉 辰煞巫馬貞 ◎◎ 忌
博亡病 75~84 癸 士神符【奴僕】冠巳	官將太 65~74 甲 府星歲【遷移】帶午	伏攀晦 55~64 乙 兵鞍氣【疾厄】浴未	大歲喪 45~54 丙 耗驛門【財帛】生申
解寡天年鳳天陀天紫 神宿壽解閣貴羅相微 截 ◎◎陷 空	성명 : ○○○, 陽女 陽曆 1966年 12月 ○日 22:59 陰曆 丙午年 10月 ○日 亥時 命局 : 土五局, 壁上土 命主 : 貪狼, 身主 : 火星		紅天 鸞鉞 ◎
力月弔 85~94 壬 士煞客【官祿】旺辰			病息貫 35~44 丁 符神索【子女】養酉
三天文巨天 台喜曲門機 ○○○ 權			龍天地破 池姚劫軍 △○
靑咸天 95~ 辛 龍池德【田宅】衰卯			喜華官 25~34 戊 神蓋符【身夫妻】胎寅
紅旬蜚鈴貪 艶空廉星狼 ◎△	大封右左太太 耗詰弼輔陰陽 ○○○陷	天天天天恩地火天武 廚福虛哭光空星府曲 △△◎◎	八天文天 座魁昌同 ○○○ 科祿
小指白 庚 耗背虎【福德】病寅	將天龍 辛 軍煞德【父母】死丑	奏災歲 5~14 庚 書煞破【命】墓子	飛劫小 15~24 己 廉煞耗【兄弟】絶亥

실례 부인 1966년 10월 ○일 해시

◆ 명신궁·부처궁의 성계가 같은 계열이 아니지만 부부로 사는 경우

실례	남편 1968년 윤 7월 ○일 사시		
祿文太 存昌陽 ◎◎◎ 博劫天 22~31 丁 士煞德【福德】絕巳	天恩地擎破 廚光空羊軍 ◎△◎ 力災弔 32~41 戊 士煞客【田宅】胎午	寡封紅天火天天 宿誥鸞姚星鉞機 X○陷 忌 靑天病 42~51 己 龍煞符【官祿】養未	天天紫 傷府微 △◎ 小指太 52~61 庚 耗背歲【奴僕】生申
紅輩地陀右武 艶廉劫羅弼曲 陷◎◎◎ 科 官華白 12~21 丙 府蓋虎【父母】墓辰	성명 : ○○○, 陽男 陽曆 1968年 9月 ○日 10:59 陰曆 戊申年 潤7月 ○日 巳時 命局 : 水二局, 大溪水 命主 : 文曲, 身主 : 天梁		破天天文太 碎壽空曲陰 ◎◎ 權 將咸晦 62~71 辛 軍池氣【遷移】浴酉
天天大天鈴天 福官耗刑星同 ◎◎ 伏息龍 2~11 乙 兵神德【 命 】死卯			天天天左貪 使哭貴輔狼 ◎◎ 祿 奏月喪 72~81 壬 書煞門【疾厄】帶戌
解天年鳳八陰天天七 神虛解閣座煞巫馬殺 ◎◎ 旬 空 大歲歲 甲 耗驛破【兄弟】病寅	天天天 喜魁梁 ◎◎ 病攀小 乙 符鞍耗【身夫妻】衰丑	截龍三天廉 空池台相貞 ◎△ 喜將官 92~ 甲 神星符【子女】旺子	天孤天台巨 月辰才輔門 ◎◎ 飛亡貫 82~91 癸 廉神索【財帛】冠亥

① 남편의 명은 묘궁의 천동 身宮은 축궁의 천량으로 기월동량에 거일의 겸격이다.

다음 부인의 명은 명궁이 술궁의 염정천부, 身宮은 오궁의 자미로 자부염무상격이다.

② 명신궁의 격이 어울리지 않으나 부부로 살고 있다. 왜 부부가 되었을까?

③ 남편의 身宮 축궁의 천량을 칠살과 염정천상이 협하고 있는데, 부인의 명천선이 염정·천부·칠살조합으로 명궁에 염정 천이궁에 칠살이 있어, 남편의 身宮의 협궁의 성계인 염정·칠살과 같다.

④ 또 부인의 身宮線인 오궁의 자미 對 탐랑조합에서 탐랑(복덕궁임)의 협궁을 보면, 축궁의 거문천동과 해궁의 태음이 협하고 있는데, 이 천동과 태음은 남편의 명천선의 성계 천동 對 태음과 같다.

⑤ 남편은 무신생으로 부인의 명반 부처궁에 남편의 태세입괘궁이 해당되고, 부인은 갑인생으로 남편의 명반 형제궁이 부인의 태세입괘궁이 되므로 길함을 볼 수 있다.

⑥ 이 부부의 예는 위에서 관운주인 등이 말한 상계가 이런 식으로도 된다는 것을 알려주기 위해서 예를 들었다.
의외로 이런 식의 상계작용으로 부부나 동업자나 친구가 되거나 하는 경우가 많다.

실례	부인 1974년 1월 ○일 진시		
天孤天三天火天 廚辰使台巫星機 ○△ 大亡貫 56~65 己 耗神索【疾厄】絶巳	紅封龍恩文紫 艶詰池光昌微 陷◎ 病將官 46~55 庚 符星符【身財帛】墓午	天天地鈴天 官喜空星鉞 △○○ 喜攀小 36~45 辛 神鞍耗【子女】死未	解天天年鳳天文破 神壽虛解閣貴馬曲軍 截 ○△陷 空 權 飛歲歲 26~35 壬 廉驛破【夫妻】病申
天左七 哭輔殺 ◎◎ 伏月喪 66~75 戊 兵煞門【遷移】胎辰	성명 : ○○○, 陽女 陽曆 1974年 1月 ○日 8:59 陰曆 甲寅年 1月 ○ 辰時 命局 : 火六局, 山頭火 命主 : 祿存, 身主 : 天梁		天破大八天 福碎耗座刑 奏息龍 16~25 癸 書神德【兄弟】衰酉
天天地擎天太 傷空劫羊梁陽 △陷◎◎ 忌 官咸晦 76~85 丁 府池氣【奴僕】養卯			輩天台右天廉 廉月輔弼府貞 ◎◎◎ 祿 將華白 6~15 甲 軍蓋虎【 命 】旺戌
陰祿天武 煞存相曲 ◎◎X 科 博指太 86~95 丙 士背歲【官祿】生寅	寡紅天陀天巨天 宿鸞姚羅魁門同 ◎◎◎陷 力天病 96~ 丁 士煞符【田宅】浴丑	旬天貪 空才狼 ○ 青災弔 丙 龍煞客【福德】帶子	太 陰 ◎ 小劫天 乙 耗煞德【父母】冠亥

◆ 상계가 안돼 혼인신고 후 한달만에 이혼한 부부

실례	남편 1972년 3월 ○일 신시		
破天天 碎鉞梁 ○陷 祿 飛劫小 95~ 乙 廉煞耗 【子女】 絶巳	天天天八鈴左七 福虛哭座星輔殺 ◎◎◎ 科 喜災歲 丙 神煞破【夫妻】胎午	大地 耗劫 △ 病天龍 丁 符煞德【兄第】養未	輩天三右廉 廉才台弼貞 △◎ 大指白 5~14 戊 耗背虎 【命】 生申
天龍天紫 月池相微 ○陷 權 奏華官 85~94 甲 書蓋符【財帛】墓辰	성명 : ○○○, 陽男 陽曆 1972年 4月 ○日 16:59 陰曆 壬子年 3月 ○日 申時 命局 : 土五局, 大驛土 命主 : 廉貞, 身主 : 火星		天天 廚喜 伏咸天 15~24 己 兵池德【父母】浴酉
天恩紅天地天巨天 使光鸞姚空魁門機 △◎◎			天寡年封陰火陀破 官宿解誥煞星羅軍 解 ◎◎◎ 神
將息貫 75~84 癸 軍神索【疾厄】死卯			官月弔 25~34 庚 府煞客【福德】帶戌
旬截孤台天天文貪 空空辰輔巫馬昌狼 ○陷△ 小歲喪 65~74 壬 耗驛門【遷移】病寅	天天天太太 傷空貴陰陽 ○陷 靑攀晦 55~64 癸 龍鞍氣【奴僕】衰丑	紅天擎文天武 艷壽羊曲府曲 陷◎◎◎ 忌 力將太 45~54 壬 士星歲【身官祿】旺子	天祿天 刑存同 ◎◎ 博亡病 35~44 辛 士神符【田宅】冠亥

① 갑신년 양력 8월말에 만나 음력 11월에 혼인신고하고 음력 12월말에 이혼한 부부의 명이다.

　두 사람 다 명신궁 부처궁의 성계의 조합이 협으로도 본궁으로도 일치하지 않는다.

② 남명은 임자생인데 여명의 복덕궁 자궁이 남명의 태세입괘궁인데 이 궁에 태양화기가 좌하고 있다. 여명에게 이 남명은 형

극의 궁합이다. 더구나 남명이 임자생으로 임간 천량화록은 여명의 오궁 천량에 화록이 있어 자궁의 태양화기를 발생시켜 더욱 흉을 가중시키고 있다.

실례 부인 1974년 12월 ○일 묘시			
天孤天封三天 廚辰使詰台相 △ 大亡貫 56~65 己 耗神索【疾厄】絶巳	紅解天龍鈴天 艶神壽池星梁 ◎◎ 病將官 46~55 庚 符星符【財帛】墓午	天天天文文七廉 官喜鉞曲昌殺貞 ○○△○◎◎ 祿 喜攀小 36~45 辛 神鞍耗【子女】死未	截天年鳳天恩天天地 空虛解閣貴光刑馬空 ◎◎ 飛歲歲 26~35 壬 廉驛破【夫妻】病申
天陰火巨 哭煞星門 X△ 伏月喪 66~75 戊 兵煞門【身遷移】胎辰	성명 : ○○○, 陽女 陽曆 1975년 2월 ○일 6:59 陰曆 甲寅年 12월 ○일 卯時 命局 : 次六局, 山頭火 命主 : 祿存, 身主 : 天梁		天破大台八 福碎耗輔座 奏息龍 16~25 癸 書神德【兄第】衰酉
天天擎左貪紫 傷空羊輔狼微 陷陷地○ 官咸晦 76~85 丁 府池氣【奴僕】養卯			輩天 廉同 △ 將華白 6~15 甲 軍蓋虎【 命】旺戌
天祿地太天 月存劫陰機 ◎△X○ 博指太 86~95 丙 士背歲【官祿】生寅	寡紅陀天天 宿鸞羅魁府 ○○○ 力天病 96~ 丁 士煞符【田宅】浴丑	旬天天太 空才姚陽 陷 忌 青災弔 丙 龍煞客【福德】帶子	天右破武 巫弼軍曲 X△△ 權科 小劫天 乙 耗煞德【父母】冠亥

2. 두수 논 궁합②

　이 부분에서 논하는 궁합은 위에서 언급한 상계와는 약간 다른 태세입괘법과 그 태세입괘법의 응용만으로 본 궁합이다.
　필자가 경험한 두 가지의 경우를 소개하겠다.
　물론 위에서 말한 상계의 조건과 더불어 이 태세입괘법을 겸해서 종합판단을 하는 것이 가장 정확한 궁합법이라 하겠다.

1) 태세입괘궁에 서로 화기가 좌한 경우

　부부의 명반에서 상대배우자의 태세입괘궁에 서로 화기가 좌하고 있으면 이러한 결혼은 해로하지 못한다.
　실례를 들어 보겠다.
　남명 : 1966년 5월 ○일 오시
　여명 : 1965년 12월 ○일 술시

① 남명과 여명은 부부였다가 이혼했다. 십년 넘게 살면서 부부 불화가 매우 심해서 참다 못해 결국 이혼했다.
　이 남녀명에게서 유의해야 할 부분은 각 명반상에서 화기가 있는 궁이다.

실례 　남명 : 1966년 5월 ○일 오시			
破天天 天祿地地貪廉 碎傷巫 姚存劫空狼貞 天　　　　　◎X◎陷陷 官　　　　　　　　忌 博亡病　55~64　　癸 士神符【奴僕】絶巳	天天恩陰擎右巨 壽才光煞羊弼門 　　　　△○○ 力將太　65~74　　甲 士星歲【遷移】胎午	天天天火天 月使空星相 　　　　X X 青攀晦　75~84　　乙 龍鞍氣【疾厄】養未	孤封天左天天 辰詰馬輔梁同 　　　○△陷○ 　　　　　　祿 小歲喪　85~94　　丙 耗驛門【財帛】生申
截寡年鳳陀文太 空宿解閣羅昌陰 　　　　◎◎X 　　　　　　科 官月弔　45~54　　壬 府煞客【官祿】墓辰	성명 : ○○○, 陽男 陽曆　1966年　6月　○日　12:59 陰曆　丙午年　5月　○日　午時 命局 : 土五局, 壁上土 命主 : 貪狼, 身主 · 火星		紅鈴天七武 鸞星鉞殺曲 　　陷◎X○ 將息貫　95~　　丁 軍神索【子女】浴酉
八天天 座喜府 　　△ 伏咸天　35~44　　辛 兵池德【田宅】死卯			龍文太 池曲陽 　　陷陷 奏華官　　　　　戊 書蓋符【夫妻】帶戌
紅旬蜚 艷空廉 大指白　25~34　　庚 耗背虎【福德】病寅	大天破紫 耗刑軍微 　　　◎◎ 病天龍　15~24　　辛 符煞德【父母】衰丑	解天天天天台天天 神廚福虛哭輔貴機 　　　　　　　◎ 　　　　　　　權 喜災歲　5~14　　庚 神煞破【身命】旺子	三天 台魁 　○ 飛劫小　　　　　己 廉煞耗【兄弟】冠亥

② 남명은 사궁에 염정탐랑에 염정화기가 좌하고 있고 여명은 오 궁에 태음천동에 태음화기가 좌하고 있다.

　　공교롭게도 남명에게서 부인은 을사생으로 뱀띠에 해당하고 여명에게서 남편은 병오생으로 말띠에 해당한다.

③ 두 사람 다 상대의 태세입괘궁에 화기가 좌하고 있다. 그 화기 가 붙은 성은 하나는 태음천동의 감정과 정서를 주하는 성에 함지·천요(대궁)를 보고 있고, 한사람은 염정·탐랑의 정도화

차도화성에 천요의 도화성이 동궁하고 있다.

실례	여명 : 1965년 12월 ○일 술시			
年鳳天 解閣府 △ 靑指太 25~34 辛 龍背歲【福德】絶巳	解天天太天 神廚空陰同 陷陷 忌 小咸晦 35~44 壬 耗池氣【田宅】胎午	截蜚貪武 空廉狼曲 ◎◎ 將月喪 45~54 癸 軍煞門【官祿】養未	天孤天天天鈴天巨太 福辰傷才刑星鉞門陽 紅　　　　　　○○○X 艷 奏亡貫 55~64 甲 書神索【奴僕】生申
天寡天台三陰天擎 官宿壽輔台煞喜羊 ◎ 力天病 15~24 庚 士煞符【父母】墓辰	성명 : ○○○, 陰女 陽曆　1966年 1月 ○日 20:59 陰曆　乙巳年 12月 ○日 戌時 命局 : 土五局, 城頭土 命主 : 文曲 / 身主 : 天機		破龍地天 碎池劫相 △陷 飛將官 65~74 乙 廉星符【遷移】浴酉
旬祿左破廉 空存輔軍貞 ○陷○X 博災弔 5~14 己 士煞客【命】死卯			天大八紅天天 使耗座鸞梁機 ○○ 權祿 喜攀小 75~84 丙 神鞍耗【疾厄】帶戌
天天陀文 月貴羅曲 陷△ 官劫天　　　戊 府煞德【兄弟】病寅	天地火 哭空星 陷○ 伏華白　　　己 兵蓋虎【夫妻】衰丑	封恩天天文 誥光姚魁昌 ○○ 大息龍 95~　戊 耗神德【子女】旺子	天天天右七紫 虛巫馬弼殺微 △X△○ 科 病歲歲 85~94 丁 符驛破【身財帛】冠亥

④ 부부가 이런 식으로 각자명반에서 상대에 해당하는 태세입괘궁에 화기가 좌하고 있으면, 결혼이 파국으로 끝나기 쉽다. 이러한 태세입괘궁의 응용은 결혼 외에 다른 인간관계에서도 응용해 볼 수 있다.

⑤ 또 태세입괘궁을 응용함에 있어 해당궁에 좌한 성의 성질도

참조해 봐야한다. 화기라 하더라도 성의 성질에 맞는 부분에서 피해가 크기 때문이다.

⑥ 만약 무곡화기가 좌한 띠라면 그 대상과는 금전적인 거래방면이라면 특히 피해를 보기 쉬운 띠라 할 수 있다.
만약 문창·문곡화기라면 그 대상과는 모든 문서나 계약 방면의 관계나 거래부분에서 피해를 입기 쉽다하겠다.
다른 성의 화기도 이렇게 응용한다.

⑦ 위의 여명을 보면 오궁에 태음천동의 태음화기가 되었는데 상대가 말띠라면 감정적인 좌절을 겪기 쉽다.
만약 그 말띠가 갑오·병오·무오·경오·임오생 중에 태음천동의 화기를 직접 인동시키는 병오생이면 더욱 치명적이다. 병오생이면 태음천동의 태음화기의 흉상을 동하게 하는 띠이기 때문에 그렇다.
그리고 이렇게 병오생의 병간 천동화록이 태음천동의 태음화기를 인동시키고 결과인 염정화기는 본명궁에 떨어지며 동궁한 록존과 함께 양타협기 국을 이루어 본명이 파괴되는 상황에 이르면 이런 띠와는 해로하지 못한다.

⑧ 마찬가지로 남명에서 사궁을 보면 사궁에 염정탐랑에 염정화기로도 흉한데, 이 궁에 록존이 좌하고 또 겁공까지 좌하여 양타협살 羊陀夾煞에 양타협기 羊陀夾忌의 패국을 이루고 있어, 이 명은 을사·정사·기사·신사·계사의 무슨 띠를 막론하고 그 인

연이 길지 못하며 특히 감정방면에서는 치명적인 결과를 초래하게 된다.

⑨ 두 명의 공교로운 점은 여명은 태음화기가 좌한 임오궁의 임간 천량화록이 선천의 부질선에서 홍란·천희를 발생시키고, 결과가 무곡화기로 선천 부관선을 충동하니 오궁의 태음천동의 태음화기 속성이 혼인과 직접적으로 관계있는 태음화기임을 알 수 있다.

남명의 사궁 염탐 중 염정화기는 계사궁인데 계간 파군화록은 선천 부질선에 해당하고, 문제궁위는 묘유궁의 무부살에 홍란·천희궁이 되며, 결과도 다시 사궁 본 자리에 탐랑화기로 정도화·차도화의 염정·탐랑이 다 깨지고 있다.

여명도 임오궁의 발생에서 홍란·천희를 발동시키고 남명도 계사궁의 문제궁위로 홍란·천희를 발동시켜 좌한 화기궁의 문제가 홍란·천희의 희경사와 관계가 있음을 알겠다.

여명은 임오대한 중에 남명은 신묘대한 중에 이혼했다.

(2) 대한의 화기를 발동시키는 경우

만나는 시점에 해당하는 대한의 화기를 상대의 태세궁간의 화록이 발동시키면 결국 결혼할 인연이 못된다.

실례 74 은 4월 ○일 미시 여자

天孤天天 廚辰使機 △	紅龍八地紫 艷池座劫微 ◎◎	天天天右左 官喜鉞弼輔 ◎◎◎	截天年鳳三陰天火破 空虛解閣台煞馬星軍 ○陷陷 權
大亡貫 56~65 己 耗神索 【疾厄】絶巳	病將官 46~55 庚 符星符 【財帛】墓午	喜攀小 36~45 辛 神鞍耗 【子女】死未	飛歲歲 26~35 壬 廉驛破 【夫妻】病申
天天地七 哭姚空殺 陷○	성명 : ○○○, 陽女 陽曆 1974年 5月 ○日 14:59 陰曆 甲寅年 潤4月 ○日 未時 命局 : 火六局, 山頭火 命主 : 祿存 身主 : 天梁		天破大封 福碎耗詰
伏月喪 66~75 戊 兵煞門 【遷移】胎辰			奏息龍 16~25 癸 書神德 【兄弟】衰酉
天天恩擎文天天太 傷空光羊昌梁陽 陷△◎◎ 忌			解蜚鈴天廉 神廉星府貞 ◎◎◎ 祿
官咸晦 76~85 丁 府池氣 【奴僕】養卯			將華白 6~15 甲 軍蓋虎 【命】旺戌
天天祿天武 月壽存相曲 ◎◎X 科	寡台紅陀天巨天 宿輔鸞羅魁門同 ◎◎◎陷	旬天天貪 空才刑狼 ○	天天文太 貴巫曲陰 ◎◎
博指太 86~95 丙 士背歲 【官祿】生寅	力天病 96~ 丁 士煞符 【田宅】浴丑	青災弔 丙 龍煞客 【身福德】帶子	小劫天 乙 耗煞德 【父母】冠亥

1부/ 연분 그리고 의혹

실례 69년 5월 ○일 진시 남자

破天天陀巨 碎巫姚羅門 　　　　陷△	封陰紅祿文右天廉 詰煞鸞存昌弼相貞 　　○陷○○△	天寡天天地火擎天 月宿傷壽空星羊梁 　　△X◎◎ 　　　　　　科	天天文左七 廚鉞曲輔煞 　◎△△◎ 　　　　忌
力指白　96~　　己 士背虎【田宅】絕巳	博咸天　86~95　庚 士池德【官祿】墓午	官月弔　76~85　辛 府煞客【奴僕】死未	伏亡病　66~75　壬 兵神符【遷移】病申
紅貪 艶狼 　◎ 　權	성명 : ○○○, 陰男 陽曆　1969年 6月 ○日 8:59 陰曆　己酉年 5月 ○日 辰時		截天天天天 空官使哭同 　　　　△
青天龍　　　戊 龍煞德【福德】胎辰	命局：火六局, 爐中火 命主：祿存　身主：天同		大將太　56~65　癸 耗星歲【疾厄】衰酉
旬天地太 空虛劫陰 　　△陷			天台恩武 空輔光曲 　　◎ 　　　祿
小災歲　　　丁 耗煞破【父母】養卯			病攀晦　46~55　甲 符鞍氣【身財帛】旺戌
天大鈴天紫 福耗星府微 　◎◎◎	年鳳龍八三天天 解閣池座台刑機 　　　　　　陷	解天天天破 神貴喜魁軍 　　　○○	蜚孤天天太 廉辰才馬陽 　　　△陷
將劫小　6~15　丙 軍煞耗【命】生寅	奏華官　16~25　丁 書蓋符【兄弟】浴丑	飛息貫　26~35　丙 廉神索【夫妻】帶子	喜歲喪　36~45　乙 神驛門【子女】冠亥

① 여자는 임신대한(26~35세) 기묘년에 기유생 남자를 만나고 남자는 병자대한(26~35세) 기묘년에 갑인생 여자를 만난다. 그러나 여자는 을유년에 다른 남자와 결혼하므로 이 남자와 인연이 끝나게 된다.

② 여자의 임신대한에 무곡화기를 상대남자의 기유생 기간 무곡화록이 발동시키므로 무곡화기를 인동시키고 있고, 남자대한

의 염정화기를 상대여자의 갑인생 갑간 염정화록이 염정화기를 인동시키고 있어 염정화기의 흉상이 일어난다.

③ 이 뿐만 아니라 이 두 사람의 태세궁도 여자에게서 기유생의 태궁인 유궁은 대궁에서 태양천량의 태양화기·경양을 보고 있고, 남자의 명에서 여자 갑인생의 태세궁인 인궁은 대궁에서 칠살 문곡화기를 보고 있어 모두 상대의 태세궁위의 대궁에 화기가 좌하고 있다.

3. 진계전의 도화논단법

이 도화논단법桃花論斷法은 진계전의 『紫微斗數實驗判斷』에서 발췌한 것이다.

① 홍란
- 혼인·희사와 관계가 있으며 인연과도 관계가 있는데, 인연이 좋고 교유관계도 넓다.
- 피와 관계가 있다. 홍란이 질액궁에 있으면 피를 보기 쉽다. 홍란과 화기 또는 지겁이 동궁하고 流日에서 만나면 생각지 않게 다른 사람에게 죄를 짓기 쉽거나 말로 상대에게 죄짓기 쉽다.
- 유란流鸞[8]으로 볼 수 있는 일이 아주 많은데 만약 대모와 회합하게 되면 주로 파재한다.
- 질액궁에서 살성을 만나면 피를 보거나 교통사고가 있다. 유란이 본명 혹 대한·소한궁에 있으면 혼인의 희사가 있다. 또는 감정상 발전이 있다.

② 함지

---

[8] 유년으로 찾는 홍란을 말함.

- 도화성으로는 가장 엄중하고 가장 무섭다. 함지와 사살이 동궁9)할 때 만약 도화로 사귈 때 파재가 쉬우며 번뇌시비가 있고 중하면 상신喪身한다.
- 함지와 자탐이 동궁하면 이런 도화는 비교적 실질적이다.
- 함지는 지겁과 동궁하는 것을 가장 꺼리는데 발생하는 도화가 다른 사람의 계획에 빠지기 쉽고 도화로 인한 파재가 있기 쉽다. 이것은 함지의 조합 중에서도 가장 무섭다.
- 도화운을 볼 때 삼방을 보는 것 외에 복덕궁으로도 논한다. 만일 복덕궁에 도화성이 많이 있으면 우리는 이러한 도화를 감정이 비교적 복잡하다고 논할 수 있다.

③ 경양

- 감정에 불리하다. 만일 본궁·태세·유년·소한의 명궁에서 경양을 보면 부처궁에서는 타라를 보므로 만약 과거에 감정이 발전해 것이라면 이 해에 문제가 발생하기가 쉽다.
- 신체적인 형상이 있는 것이 아니라 감정상 창상이 발생하고 감정상으로 받는 창상이 신체적으로 받는 창상보다 크게 고통을 느끼게 된다. 명반을 관찰할 때 만약 도화가 몇 년째 진행되다가 만일 갑자기 유년·소한에서 더욱이 묘유궁에서 경양이 낙함하고 있으면 부처궁에는 일정하게 타라가 있게 되기 때문에 이 도화는 이 일년에 변동 혹은 분리하기 쉽다.
  - 어떤 명이 유흥업소에 빠지나?

---

9) 대궁이나 삼방은 비교적 약해서 논하지 않는다.

- 본명궁·재백궁 혹은 사업궁에 귀인성을 많이 볼 때 유흥업소에 빠지기 쉬우며 사업궁에서 볼 때 더욱 분명하다.
- 만일 본명 혹은 복덕궁에 도화성이 독좌할 때 유흥업소에 빠지기 쉽다.

• 여명의 전택궁은 극히 중요한데 만일 여명의 전택궁속에 역마성·도화성이 아주 많이 있으면 감정이 실질적인 면이 있고 비교적 복잡하다.

(2) 도화와 관계가 있는 성

① 태음

태음은 남성의 도화를 대표한다.

부문賦文에서 말하기를 "태음은 화주문장花酒文章을 주한다10)"라고 했기 때문에 다소 도화와 관련이 있다.

태음의 도화는 로맨틱한데 시정화의詩情畵意11)의 연정이 있고 대한 유년에서 만나면 이 도화는 지속성이 있다.

흡사 가는 물이 길게 흘러가는 것과 같이 면면히 끊어지지 않으며, 만일 태음의 도화가 유년 부처궁에서 만나면 출현하는 도화는 비교적 나이가 어리며 나아가 약간 차이가 있다. 연애편지를 쓰며 음악을 듣고 커피를 마시며 전시회를 보는 등 비교적 격조 있는

---

10) 기생을 끼고 노는 술자리에서 시를 짓거나 풍류를 즐기는 것.
11) 시와 그림에 취미와 기예가 있음.

감정발전이 있는데, 문곡의 시주풍류詩酒風流의 도화와 흡사하다.
　일반적으로 태음이 묘왕(야생인)지나 화록일 경우에 도화가 된다. 태음이 낙함(晝生人)하거나 화기가 되면 그렇지 않다. 태음이 낙함하거나 화기가 되면 반대로 감정이 여의치 않으며 낙함시에는 반대로 짝사랑의 경향이 있다. 상대방은 뜻이 있는데 자기는 뜻이 없거나 자기만 상대방을 짝사랑한다. 태음의 유년에 아주 이런 일이 있기 쉽다.

② 천동·천량동궁 사해 혹 인신궁 대조

- "동량이 사해궁에 있으면 남자는 방탕함이 많고 여자는 음란함이 많다(同梁巳亥 男多浪蕩·女多淫)." 인신궁에서도 성질이 같다.

- 동량의 도화는 아주 분명하다. 동량이 좌명한 여자는 일생 도화가 많을 뿐 아니라 또 복잡하다.
    - 태음의 도화는 아주 정에 집중하기에 유년에서 태음으로 발생한 도화는 길게 가기 쉬워, 이런 감정은 어느 정도 시간까지 유지하며 상당한 진전이 있다.
    - 본명 부처궁은 감정의 감수상태를 대표하는데 '낭만적이냐? 혹은 속전속결이냐?'의 정형을 알 수 있다. 만일 부처궁에 태음이 있으면 이런 사람은 감정이 일정기간 사귀면서 발전한다.
    - 칠살성은 돌연한 순간에 결혼하여 아주 급하다. 태음은 비교적 전일하고 집중하는데 이런 감정은 비교적 시정화

| 의詩情畵意적이고 감정이 비교적 낭만적이다.

- 그러나 천동천량은 이와 달라서 유년에서 동량의 도화를 만나면 교왕하는 대상이 동시에 몇 개가 될 수 있으며, 감정이 비교적 집중하지 못하고 교제하는 도화대상도 통상 비교적 외향적이며 인연이 비교적 좋고 생활정취를 알고 낭만형에 속하며 야외에 나가 등산·수영·보트 타는 것 등을 좋아한다.
  - 유년부처궁 태음의 도화대상은 통상 비교적 나이가 약간 어리다. 태음의 도화는 비교적 쌍방이 연애편지를 쓰고 음악을 듣고 커피를 마시는 등 비교적 시정화의詩情畵意의 의미가 있는 발전을 하여 문곡의 도화와 약간 비슷한데 문곡은 주로 시주풍류詩酒風流적이다.

- 동량의 도화로 출현하는 대상은 비교적 집중할 수 없는 경우가 많으며, 또 천량은 노인성이기 때문에 소한 혹은 유년의 부처궁에서 천량의 도화를 보면 통상 도화대상의 나이차이가 비교적 크다.
  - 일반적으로 말하면 5세 이상이다. 동시에 천량이 다시 화록이거나 화권이 있으면 이 도화는 유부남 혹은 유부녀와 감정이 발전하여 감정이 비교적 시원스럽지 못하다. 만일 천량화록에 다시 함지와 같이 만나면 이 도화는 여자 쪽에서 청하는 의미가 있다.

③ 염정

- 염정이 신·명궁에 있으면 차도화가 되는데 평상시에는 도화로 논하지 않으나, 삼방에서 천요·함지·홍란·탐랑을 만나면 도화로 논한다.
- 또 운한에서 만날 때 묘왕이나 화록일 때 도화가 되고 만일 낙함하면 그렇게 논하지 않는다. 염정과 탐랑은 낙함하거나 화기가 되면 감정에 불리하며, 이런 감정은 통상 모두 깨끗하지 못한 것에 연관되고 비교적 성가신 시비가 있으며, 또 '마음을 상하는 도화'라 하는데 이 말은 애정의 결과가 없는 것을 말하는 것이다.
- 운한의 부처궁에서 염정이 낙함할 때 발생하는 감정은 비교적 귀찮아서 유부녀나 유부남과 얽히기 쉽고 감정이 비교적 복잡하다.

④ 탐랑

- 탐랑은 대도화로 묘왕이나 화록일 때를 지칭한다.
  탐랑과 염정의 도화는 통상 실제적인데, 이 뜻은 묘왕 혹은 화록일 때 통상 결혼의 대상이지 결코 연애만을 이야기 하는 것은 아니며, 정식으로 교제한지 오래되지 않아 결혼문제를 이야기 하게 된다.
- 탐랑의 특별한 현상은 운에서 탐랑화록을 만나면 이 감정은 통상 모두 육욕의 결합이 중점이 되며, 게다가 먼저 관계를 가진 뒤에 다시 결혼한다.
  비교적 실질적인 발전은 없는 것이 이 탐랑도화의 분명한 특징이 된다.
- 만일 유일에서 탐랑화기를 만나면 이 하루는 당신의 여자친구와 말다툼하기 쉬운데, 그래서 계일 탐랑화기가 본대궁에서 볼 때 아주 이러한 일이 있기 쉽다. 이것은 탐랑의 특징이다.
- 만약 결혼유년에서 탐랑화록을 부처궁에서 보면 갑자기 결혼할 가능성이 있으며, 이 결혼은 육욕결합이 중점이 되며 먼저 관계가 발생한 뒤에 비로소 결혼한다.
- 탐랑이 만일 해·자궁에 있으면 일생 감정이 일정하게 복잡한데 이것은 해·자궁에 있으면 범수도화 격국이 되기 때문이다. 일생 감정이 절대 맑고 깨끗하지 않으며 만일 운한에서 사해궁의 정탐을 지나면 유흥가에 발을 딛기 쉽다. 당신의 생리 혹은 심리적으로 이러한 염두를 갖고 있다.
- 탐랑화기가 유일에 있거나 명 혹은 격국이 되면 통상 비교적 조루의 현상이 있다.

⑤ 태양
- 태양은 여명에서 부자성夫子星으로 여명이 태양운을 지날 때 결혼에 대한 말이 나오기 쉽다. 그것은 태양이 부자성이기 때문이다. 당연히 태양이 묘왕지나 화록일 때 그렇다.
- 그런 경우는 길한 도화성의 하나가 되지만 태양이 낙함하고 화기를 만나면 대부분 비정상적인 관계가 된다.
태양이 도화성이지만 남명에게는 이런 작용이 없고, 단지 여명에게만 작용이 커서 극대한 도화성이 된다.
- 본명에 좌하지 않고 운에서 태양을 만나도 감정상 극대한 발전

이 있다.
- 통상 여명에 태양이 있으면 조혼하면 불리하다.
  26세 이전에는 결혼하면 안되는데 그전에 결혼하면 혼인에는 반드시 문제가 있다. 대부분 부권夫權을 빼앗는다.
  더욱 태양이 묘·진·사·오·미궁과 해당시에 태어난 여명은 형극이 심하며 태양이 왕하면 왕할수록 좋지 않아서, 태양이 묘·진·사·오의 여명이 혼인을 두 번하지 않는 경우를 아주 적게 본다.
- 더욱 태양이 묘궁에서 양량이 동궁하면 그 부처궁에는 거동이 되는데, 거동이 여명의 부처궁에 떨어지면 일생의 감정이 절대 복잡하고 유부남하고 관련되기 아주 쉽다.
  또 감정이 아주 깨끗지 않고 성가시며 복잡하여 삼각관계나 분잡한 정황이 된다.
  고로 여명은 태양이 명궁에 있는 것을 가장 싫어한다.
- 책에 "여명에게 단정한 것은 태양성으로 일찍 현명한 남편과 결혼해서 의지할만 하다(女命端正太陽星 早配賢夫可憑)라 한 것은, 여명의 부처궁에서 묘왕지로 있을 때를 말하며 부자성은 여명의 부처궁에 떨어지는 것을 좋아하고 더욱 묘왕지에서는 그렇다.
  만일 여명의 명궁에 있으면 이렇게 해석하지 않는다. 여명이 태양이 좌명하는 격국은 절대 좋지 못하다.
- 태양과 태음이 똑같이 부처궁에 있을 때 모두 양타를 가장 꺼려 파격이 된다.
- 태양·태음 두 성이 양타를 보면 깨져 일정하게 생리사별하게

된다. 이러한 명격은 혼인상에 문제가 발생하기 쉬운데 태양이 부처궁에 있을 때 아주 응험하기 쉽다.

⑥ 축미궁 자파

- 자파가 동궁하면 "음란함으로 크게 일을 치른다."라는 말이 있는데 명반상 이러한 조합이 되고, 운의 삼방에서 다시 만나면 이 도화성은 두 사람 간에 감정상 아주 빠른 진전이 있으며 게다가 이러한 진전이 결혼안한 사람에게는 비교적 실질적인 관계에 속하게 된다.

⑦ 칠살과 파군 천요동궁

- 삼방에서는 논하지 않는다. 오직 칠살과 동궁할 때만 논한다.
- 이러한 사람의 감정은 진전이 있는데 게다가 진전이 아주 빠르며 아주 실질적인 발전이 있기 쉽다. 천요는 평상시 아주 아름답고 요염한 표현만 있을 뿐 큰 작용을 발휘하지 않는데, 좋은 성이 누를 때는 나타나지 않으나 삼방에서 도화성이 있을 때는 아주 크고 강렬하게 변한다.

⑧ 부처궁에서 록권과

- 소한의 부처궁에서 대한이나 유년의 록권과를 모두 부처궁에서 보면 이 해에는 도화가 있다. 이러한 도화는 통상 모두 새로운 개시가 되고 새롭게 발생한 도화가 된다.
- 만일 3개가 완전히 만나지 않으면 도화성 화록이 있어야 한다. 화록은 풍부한 의미가 있기 때문에, 명판의 부처궁에 화록이

있을 때 이 사람의 일생의 감정은 비교적 풍부하며 도화가 많으면 비교적 이성의 연분이 있다.
- 만일 도화성의 화록, 예를 들어 탐랑 혹 염정의 화록이면 이때 더욱 이 사람의 감정이 더 복잡하게 된다.

  게다가 감정상 비교적 실질적인 발전을 중시하며 심지어는 풍류를 즐기는데, 이것은 부처궁이 일개인의 감정의 감수상태와 처리방식을 대표하므로, 만일 일개인의 부처궁에 도화성이 있고 또 화록이 되면 이 사람의 감정은 절대적으로 복잡하게 된다.

⑨ 홍란·천희

- 홍란·천희는 동적인 도화이며 정도화인데 결혼과 관계있다.
- 통상 운에서 홍란·천희를 만나면 결혼이야기가 있기 쉽다. 더욱 소한·유년의 부처궁에서 화권을 만나면 대상이 당신을 향해서 구혼하며 화록을 만났을 때 더욱 도화성의 화록이면 비교적 육체관계가 존재한다.
- 홍란·천희 외에 책에 유년홍란流鸞·유년천희流喜가 있는데 이것이 만일 대모와 전택궁·재백궁에서 동궁할 때 통상 이 해에 재백상의 파모가 있다.
- 유란이 만일 경양을 만나거나 본명이 경양이 있는 궁으로 가거나 유란이 질액궁에 있으면 모두 피 보기 쉽다.

⑩ 무곡화권

- 무곡화권이 운의 부처궁에 있으면 동시에 두 대상과 교제하는

자미두수 14정성의 성정

소속	별	기운	오행	주관	쌍성조합	소속
		전설속의 인물		임무		
자미성계 역행	자미	제좌	기토	관록	파군 천상 탐랑 칠살 천부	북두
		백읍(문왕의 큰아들)		존귀 고상		
	천기	善	을목	형제	천량 태음 거문	남두
		강태공(문왕의 군사)		지혜 정신		
	태양	貴	병화	관록	천량 거문 태음	중천
		비간(주왕의 충신)		광명 박애		
	무곡	재물	신금	재백	천부 칠살 천상 파군 탐랑	북두
		무왕(문왕의 작은 아들)		武勇 재부		
	천동	복	임수	복덕	거문 천량 태음	남두
		문왕(주부락의 존장)		융화 온순		
	염정	囚	정화	살	천상 파군 천부 칠살 탐랑	북두
		비중(주왕의 간신)		왜곡 사악		
천부성계 순행	천부	재고	무토	재백	자미 염정 무곡	남두
		강황후(주왕의 부인)		재능 자비		
	태음	富	계수	재백 전택	천기 천동 태양	중천
		가부인(황비호의 처)		결백 주택		
	탐랑	도화	갑목	禍 福	자미 염정 무곡	북두
		달기(주왕의 애첩)		욕망 물질		
	거문	어두움	계수 기토 신금	시비	천기 천동 태양	북두
		마천금(강태공의 처)		의혹 시비		
	천상	印	임수	관록	자미 염정 무곡	남두
		문태사(주왕의 충신)		자비		
	천량	음덕,수명	무토	부모	천기 천동 태양	남두
		이천왕(무왕의 충신)		항상성 영도		
	칠살	權	신금	숙살	자미 염정 무곡	남두
		황비호장군(주왕의 충신)		위엄 격렬		
	파군	소모	계수	부처 자녀 노복	자미 무곡 염정	북두
		紂王(은나라의 폭군)		파손 소모		

● 대유학당 자미두수, 육임 기문 프로그램 다운 받는 곳 www.webhard.co.kr
아이디 daeyoudang 패스워드 9966699 02-2249-5630 010-9227-7263

상관궁 상관성	1) 사망	상관궁 : 형노선, 재복선 상관성 : 상문, 백호(조객 포함)
	2) 사업, 직업 변화	상관궁 : 부관선, 자전선, 부질선, 형노선, 재복선 상관성 : 화과, 화권, 창곡, 주서
	3) 관재	상관궁 : 부질선, 부관선, 자전선 상관성과 상관성계 : 관삭, 관부, 천형, 경양, 백호, 거문, 염정, 태양, 천량 등
	4) 승진과 시험	상관궁 : 형노선, 재복선, 부관선, 부질선 상관성과 상관성계 : 화권, 화과, 창곡, 천무, 주서, 천상, 자미·칠살, 태양·태음, 염정·칠살 등 대중에 유리한 성계 등
	5) 부동산 매매	상관궁 : 자전선, 부질선, 형노선, 재복선 상관성과 상관성계 : 주서, 화과, 문창·문곡, 천상, 거문·태양, 태음·태양 성계
	6) 이사	상관궁 : 자전선, 부질선, 명천선 상관성과 상관성계 : 록마, 기월, 동량, 정탐, 자살, 일월, 자파, 무파 등 변화에 관련한 상관성계
	7) 결혼	상관궁 : 부관선, 부질선, 자전선 상관성 : 홍란, 천희, 화과, 화권
	8) 질병과 사고	상관궁 : 질액궁, 신궁 상관성 : 천월, 홍란, 천희, 병부, 병, 천형
	9) 발재와 파재	상관궁 : 형노선, 재복선 상관성 : 겁공, 절공, 순공, 천공, 대모 등
	10) 임신	상관궁 : 자전선, 부관선, 부질선, 신궁(身宮) 상관성 : 홍란, 천희, 화과

	성	오행	주관	담당
육길성	천괴	병화	科	정도공명
	천월	정화		이도공명
	좌보	무토	조력	정(正) 정도 - 과거
	우필	계수		부(副) 이도 - 음서, 공
	문창	신금	시험 문장 상례 혼례	의식, 규범, 학술, 이론
	문곡	계수		수리, 공학, 공예, 口才
육살성	경양	경금	사업-파동 재적-손실 건강-상해 육친-고독	강한 성격, 폭력, 단체 생활 부적합
	타라	신금		마음을 나쁘게 씀, 성격 강함, 위맹
	화성	병화		물질적, 일시적
	영성	정화		불현듯, 오랜시간, 정신적
	지공	정화	공망	정신적
	지겁	병화	겁탈	물질적

년	녹권과기
갑	염파무양
을	기량자월
병	동기창염
정	월동기거
무	탐월필기
기	무탐량곡
경	일무음동
신	거일곡창
임	량자보무
계	파거음탐

● 서적구매
www.daeyou.or.kr
● 계좌번호
국민 807-21-0290-497(윤상철)

2019년 자미두수 명반배치도

자미가 인궁에 있을 때

巳 巨門△	午 天相廉貞○△	未 天梁○	申 七殺◎
辰 貪狼◎			酉 天同○
卯 太陰××			戌 武曲◎
寅 天紫府微◎◎	丑 天機××	子 破軍○	亥 太陽××

자미가 신궁에 있을 때

巳 太陽○	午 破軍◎	未 天機××	申 天紫府微△
辰 武曲◎			酉 太陰○
卯 天同△			戌 貪狼◎
寅 七殺○	丑 天梁○	子 天相廉貞◎△	亥 巨門○

자미가 자궁에 있을 때

巳 太陰××	午 貪狼○	未 巨天門同◎××	申 天武相曲◎△
辰 天廉府貞◎○			酉 天太梁陽△×
卯			戌 七殺◎
寅 破軍××	丑	子 紫微○	亥 天機△

자미가 오궁에 있을 때

巳 天機△	午 紫微◎	未	申 破軍××
辰 七殺○			酉
卯 天太梁陽◎◎			戌 天廉府貞◎○
寅 天武相曲◎×	丑 巨天門同○××	子 貪狼○	亥 太陰○

자미가 진궁에 있을 때

巳 天梁××	午 七殺○	未	申 廉貞◎
辰 天紫相微○××			酉
卯 巨天門機◎○			戌 破軍○
寅 貪狼△	丑 太太陰陽◎××	子 天武府曲◎○	亥 天同◎

자미가 술궁에 있을 때

巳 天同◎	午 天武府曲○○	未 太太陰陽△△	申 貪狼△
辰 破軍○			酉 巨天門機◎○
卯			戌 天紫相微△×
寅 廉貞◎	丑	子 七殺○	亥 天梁××

년	녹권과기
갑	염파무양
을	기량자월
병	동기창염
정	월동기거
무	탐월필기
기	무탐량곡
경	일무음동
신	거일곡창
임	량자보무
계	파거음탐

자미두수 입문
중급자미두수
자미두수전서
실전 자미두수
손 자미두수
심곡비결
전문가용자미CD
육효증산복역
자미심전

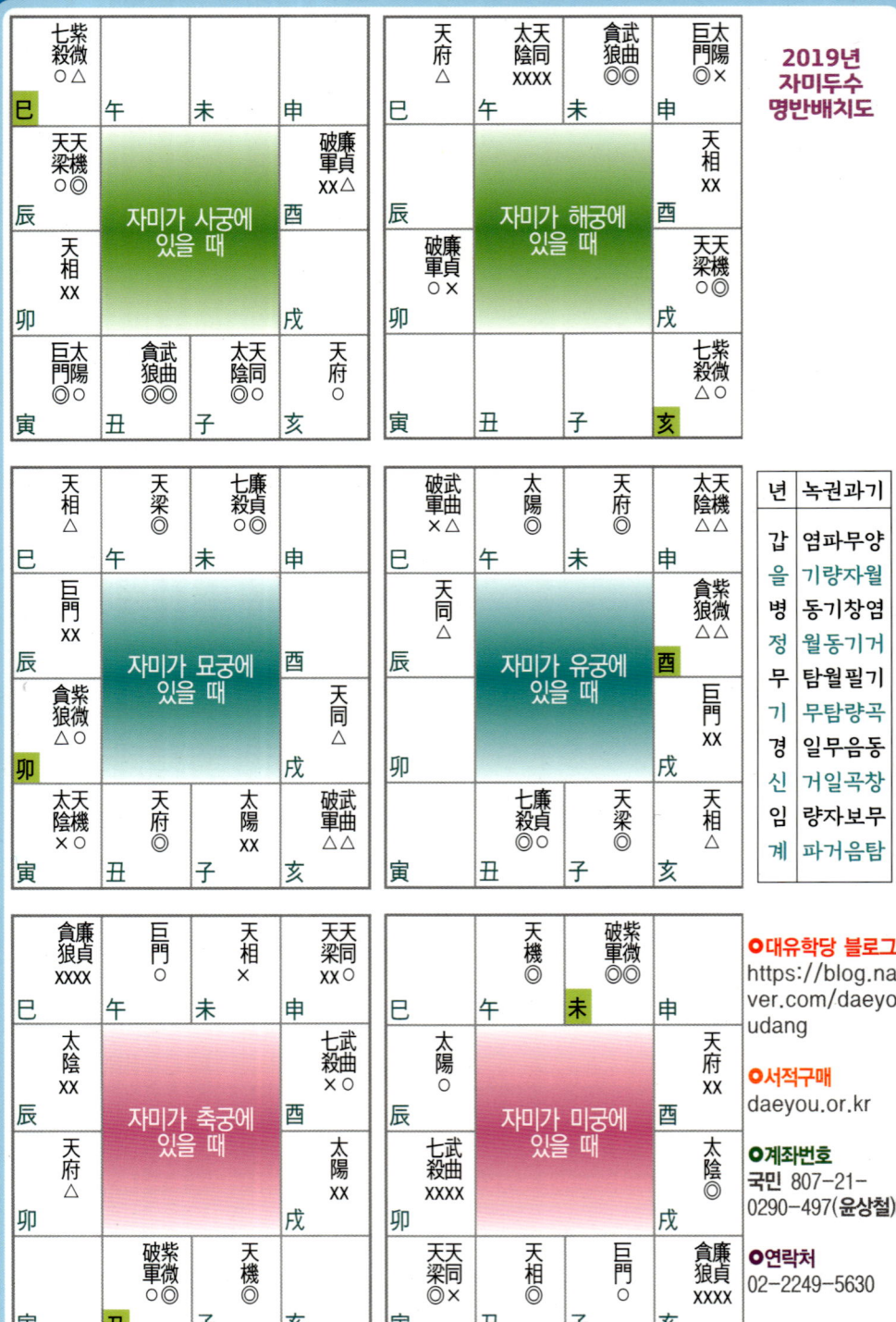

데 이것이 무곡의 아주 특별한 점이다.

⑪ 자파동궁 축미

- 책에 소위 '음분대행淫奔大行'이라는 이야기가 있는데 자파가 축미궁에서 동궁하는 이 격국을 말하는 것이다.
- 삼방에서 한 두 개의 강력한 도화성 예를 들어 함지·천요·홍란 등이 있고, 행운에서 이런 것들을 만나면 감정상의 아주 빠른 발전이 있다고 단정할 수 있다.
- 파군화록은 감정이 실질적인 육욕관계로 진입하며, 만일 화권이면 사랑의 도피행각(예의를 갖추지 않고 결혼하는 등)으로 변한다.
- 자파가 동궁하면서 운에 있으면 감정적인 발전이 있다.
- 자파 수명인은 그 부처궁이 염정이 되고 천상수명인은 대궁에 자파가 있고 그녀의 부처궁에는 통상 정탐이 있다.
- 정탐이 부처궁에 있는 사람은 감정이 복잡한데 이러한 명국은 이혼·재가의 현상을 면키 어렵다.
- 정탐의 두 성이 다시 기타 도화성 천요·화록·록존 등을 만나면 이런 감정은 일생동안 모두 없어지지 않으며, 게다가 이 사람은 일정하게 비교적 풍류적이라고 단정할 수 있다.

⑫ 천동

- 여명의 명궁에서 천동성을 보는 것을 좋아하지 않는다. 더욱 천동이 묘왕지에 있을 때는 감정이 비교적 복잡하다.
  여명 천동이 묘왕지인 자오묘유에 있거나 사해에 있으면 이런 사람은 감정에 불리하다.
특히 유궁과 해궁에 있으면 그러하다.
- 이것은 천동이 수에 속하고 유도 수의 목욕향이기 때문에 금생 수하여 수의 역량이 아주 커진다. 고로 천동이 유궁에 있는 여명은 통상 용모는 아주 좋지만 이런 여명은 일생 감정이 아주 복잡하다. 통상 혼인의 정황이 비교적 이상적이지 못하다.
- 해궁에 있으면 동량의 조합이 되는데 동량은 도화의 격국이기 때문에 운한에서 만나면 반드시 도화가 있다.
만일 명이 동량이면 일생 도화를 띤다.
- 여명 태양이 좌명한 사람은 남자가 주위를 맴돌지만 이런 여명은 일생 비교적 도화를 범하기 쉽고, 만일 본명이 태양이 아니라도 운한에서 만나면 이렇게 단정한다.
고로 천동이 해궁에 있는 여명은 동량의 격국이 되어 감정이 비교적 복잡하다.
- 단 천동의 여명은 묘왕지에서는 통상 용모가 빼어나다. 천동이 인신궁에 있을 때를 비교해보면 인궁에 있는 사람은 소위 음복 陰福이 모였다 해서 이런 명국은 일생 복이 후하나 일생 감정이 복잡하다.
- 동량이 인신궁에 있는 사람, 특히 인궁에 있으면 그 부처궁 천기가 묘왕지에 있게 되기 때문에 이런 사람은 용모가 아주 예쁘고 말하는 것이나 기질 모두 좋다. 단 이런 여명의 최대 결함은 감정이 복잡하다는 것이다.
심지어 본궁이 무주성인데 대궁에서 비쳐도 아주 많은 예에서 모두 이혼하고 다시 첩으로 시집가는 것을 봤다.

- 여자명궁에 태양이 좌명하는 것을 싫어하는 외에 일월이 좌명하는 것도 싫어한다.
  감정이 복잡하고 다시 도화를 만날 경우는 더 엄중하다.
- 일반적으로 말해서 도화성 중에 가장 좋은 것은 홍란·천희이며 그 나머지는 비교적 나쁘다.
- 만일 운한 부처궁에서 염정·탐랑이 있을 때 모두 비교적 부정하고, 더욱 염정·탐랑이 떨어지는 도화는 절대 부정하고 다시 천요·함지를 보면 절대 이런 현상이 있다.

(3) 소성의 도화성

- 소성 중에 도화와 관계가 있는 성이 있다. 문곡은 시주풍류詩酒風流의 의미를 띠며, 비교적 감각적인 도화라고 할 수 있다.
- 운에 문곡이 있으면 그 교제과정이 비교적 문예기질이 있다. 예를 들어 커피를 마시거나 음악을 들으며 연애편지를 쓴다. 고로 문곡의 도화는 비교적 풍아한 맛이 있다.
- 통상 문곡이 부처궁에 있으면서 도화성이 들어가면 그 도화의 대상은 모두 비교적 약간 어리다.

① 천요

- 천요성은 가장 미약한데 만약 주성이 눌러주면 본신은 큰 작용을 할 수 없다. 본신이 도화성을 만나면 그 역량이 비로소 나타나는데 이때의 도화는 극히 강렬하다.

② 함지
- 도화성 중 가장 잘 맞는 것이 함지다. 함지를 또 함지살·도화겁 桃花劫이라 하는데 丁·戊급성에 불과하지만 우리는 乙급성으로 본다.
  이 성은 아주 중요한데 유년 속에서도 유년 함지를 찾는다.
- 함지는 비교적 육욕을 강구하는데 운에서 만나면서 함지가 다시 도화를 만나면 아주 감정상의 진전이 있기 쉬운데 통상 정신상·육욕상 모두 있다.
  만일 기혼자가 함지에 다시 도화를 만나면 소위 말하는 집안에 애인을 숨겨두는 현상이 있다.
- 함지가 만약 육살과 같이 있으면 도화가 있더라도 번뇌를 띠기 쉽고 파재하기 쉬우며 혹은 소송 등이 있다.
  만일 함지가 재백궁에 있으면 그러한 감정의 발전은 비교적 금전과 관계가 있다.
- 예를 들어 이런 도화는 공동사업 중의 금전의 관계 속에서 천천히 감정이 발전하거나 혹은 상대방과 재무상의 왕래 속에서 천천히 감정이 발생하게 된다.
- 함지가 탐랑을 만나면, 즉 탐랑이 자오궁이나 묘유궁 혹은 염정·천요의 도화성과 같이 모두 만나면 통상 이런 사람의 감정은 비교적 실질적인 발전이 있다. 최대의 문제는 함지에게 있는데 함지는 이 방면에서 비교적 분명하게 나타난다. 고로 두수에서 함지는 좋은 도화로 말하는 경우가 아주 적다.
- 또 좋은 성과 만나고 살이 충파하지 않으면 도화로 인해 득재하거나 도화로 인해 좋은 점이 있게 되나 드물다.

③ 천월

- 천월天鉞도 도화성이며, 용지·봉각·우필도 도화성이다.
  만일 유년에 봉각이 있고 부처궁에 태음이 묘왕지에 있으면 도화의 격국이 된다.

④ 보필

- 보필도 도화와 관련이 있는데 만일 유년의 부처궁에서 보필을 보면 쌍선의 발전이 있다.
- 우필이 부처궁에 있으면 책에서 두 번 결혼한다했는데, 만일 좌보가 또 살성의 충파가 있으면 정말 두 번 결혼·재혼·이혼 등의 정형이 있다.
- 좌보는 비교적 명적인 도화고 우필은 암적인 도화다. 그래서 여명이 우필이 단독으로 독수할 때는 이 명국의 감정이 비교적 복잡하다.
- 우필은 수에 속하기 때문에 비교적 도화와 관련이 있는데 우필이 좌명한 여명은 친구를 생각해주고 또 다른 사람을 도울 수 있으며 마음이 나쁘지 않으나 감정이 번거롭고 바쁜 현상을 면치 못한다.
- 고로 우필이 좌명한 여인은 감정이 비교적 복잡하고, 보필이 여명의 명·신궁에 있을 때도 만일 단성으로 있으면 이런 사람은 어릴 적에 부모와 인연이 없다.
  즉 어릴 적에 부모 이외의 사람에게 키워지거나 부모와 일정기간 떨어지는데 보필에게 이런 특성이 있기 때문이다.

⑤ 문곡
- 시·술·풍류의 의미를 띠고 있는데 감정적인 도화의 하나라 말할 수 있다.
- 운한에서 만나면 교제 과정이 비교적 문예의 기질이 있으며 커피를 마시고 연애편지를 쓰고 음악을 들으며 꽃을 보내고 시를 쓰는 등 풍아함을 띠고 있다.
- 단 문곡이 부처궁에 있고 도화성을 만나면 이런 도화는 남녀를 막론하고 비교적 경박한 면(방정맞다)이 있다.

(4) 소한·유년의 간법과 도화운 간법

- 도화운을 볼 때 우리는 소한위주로 하는데 소한부처궁을 배합해서 논한다. 소한 부처궁으로 상대방의 키와 생김새와 소한부처궁으로 교제의 전체적인 과정을 본다.
- 두수에서 우리는 소한의 12궁을 돌리고 유년은 단지 본궁과 대궁만 본다. 왜 이러느냐면 태세가 압력을 받는 궁이기 때문에 이 궁에 무슨 성이 있느냐는 극히 중요하다. 대궁도 반드시 논해야 한다.
  대궁의 역량은 절대적인 관계가 있다.
- 태세는 이 해에 발생할 사정의 중점을 보는데 만일 이해에 탐랑이 천요를 만났다면 이 해에 끝나는 것을 의미하는데, 탐랑화기가 사업궁에 있다면 사업을 이 해에 접고 게다가 연말에 그렇게 된다.

• 태양·태음 모두 중천성에 속하는데 단 태양의 응험은 비교적 빠르고 태음의 응험은 비교적 느리다.
고로 당월에 태양태음이 있을 때는 더욱 축궁에서 태양이 낙함하고 태음이 묘왕지에 있을 때는 통상 전반월이 안좋고 후반월의 정황이 좋다.

(5) 부처상극과 격각隔角12)

① 두수에서 극처의 간법은 태음과 부처궁의 갑급성을 위주로 한다. 갑급성의 화기에 사살이 있으면서 또 지살地煞이 있으면 반드시 이혼한다. 예를 들어 이혼하지 않아도 극처한다.

② 두수에서 자오묘유궁에 입명하고 조혼하면 반드시 이혼한다. 이혼하지 않으면 화목하기 어렵다.
이것은 四正입명과 부처궁과는 격각이 이뤄지기 때문이다. 그래서 이별을 주한다. 백수해로 하기가 아주 어렵다. 혹은 항상

---

12) 네 모서리궁(인·신·사·해)를 뜻하는데, 만약 명궁이 묘궁이면 인궁(격각)을 사이에 두고 부처궁이 축궁이 되는데 이를 격각이라고 한다.

巳	午	未	申
辰			酉
卯 명궁			戌
寅 격각	丑 부처궁	子	亥

말다툼한다. 백발백중한다. 아주 많은 원양어선의 선원이 그 부처궁에 격각을 범했다. 여러 번 시험해도 맞았다.

③ 남녀명이 자오묘유궁에 입명한 자는 자녀 중 반드시 하나 혹은 둘이 신변에 없다.
그것은 격각을 범했기 때문이다. 고로 만약 믿지 못하겠거든 대·소 이한과 두군의 격각의 응험을 시험해 보라.
만일 대·소 이한 혹은 두군이 격각에 있으면 만약 이별하지 않으면 사별한다.
남녀명을 막론하고 이렇게 단정한다.

④ 명이 자오묘유에 있으면 부처궁이 모두 격각이 되는데 부처궁에 만약 살이 없으면 관계가 없지만 하나의 살성이 가해진 후에는 일이 발생하고 대한도 같이 논한다.
예를 들어 모명이 천량이 해궁에 있고 부처궁에 거문천기가 있으면 부처가 개성이 맞지 않기 쉬우며 협조할 수가 없다.
대운이 유궁 기거 동궁의 궁에 오면 부처궁은 일월이 되어 격각이 된다. 이 때 만약 사화의 인동이 없고 살성이 비치지 않으면 일이 없지만 만일 미궁 혹은 유궁에 화기나 경양 사살이 있으면 부처간 풍파가 온다.
인동이 있어야 비로소 이혼의 조건이 된다.
그래서 때로 우리가 기괴하게 느끼는 것은 '본명부처궁이 아주 좋은데 어떻게 이혼했는가?'인데 그것은 부처궁(본명 혹은 대운)에서 인동되기 때문이다.

운의 영향인 것이다. 운이 지나가면 좋아진다.

⑤ 혼인에 불리한 조합은 아주 많은데 예를 들어 부처궁이 일월반배라든지, 소위 일월반배좌명·좌부처궁 모두 이렇게 논할 수 있다.

⑥ 격각에는 살성을 대동해야 비로소 이혼의 조건이 성립된다. 격각은 비단 부처만 해당될 뿐 아니라 자녀도 격각의 구성의 조건이 된다. 단 공업사회가 발달할수록 이런 현상은 보통이다.
본명 부처궁에 격각이 있고 대한과 대한 부처궁이 되고 이 해에 살성·화기의 인동될 때, 유년 두군에서 또 대한과 격각이 되면 부처간에 문제가 발생한다. 엄중하면 이혼하며 자녀도 같이 논한다. 즉 멀리 떠난다.

⑦ 화기가 재백궁에 있으면 부처간에 얼굴보는 시간은 적고 헤어져 있는 시간은 많게 된다. 본명·대운을 막론하고 그렇다. 사실이 그렇다.
화기가 관록궁에 있으면 주로 부처에게 전생에 빚이 있는 것을 의미하기 때문에 최소한 그녀를 위해 아주 애써 열심히 일하게 된다. 남녀 모두 그렇다.
남명입장에서 말하자면 아내를 몹시 아끼고 사랑하기 때문에 처에 대해 엄격히 간섭하는 것으로 그녀를 위해서 애써 일한다 할 것이다.

화기가 부처궁에 있어도 만일 갑급성이 아주 왕하면 커다란 일은 없다. 단 화기가 부처궁에 있으면 관록궁에 직접영향을 주기 때문에 아주 주의해야 한다.

⑧ 남명 부처궁에 화권이 있으면 아내가 지나치게 간섭하고 여자가 부권을 능욕한다. 여명 부처궁에 화권이 있으면 그 남편은 반드시 관운·권력이 있으며, 거문화권은 시비가 많고 구설을 만나기 쉽다.
태양화권은 여명에게 길하고 남명은 처와 세력을 다투기 때문에 좋지 않다.
무곡화권은 남명은 좋지 않고 여명은 길하다. 남편이 경제권을 장악하거나 무관武官이다. 종합하자면 남명은 부처궁에 화권이 안좋고 여명은 가장 좋다.

⑨ 화권은 일반적으로 말해서 어떤 궁에 화권이 있으면 해당궁을 점권한다는 표시지만 부처궁 화권은 그렇지 않다. 반대로 배우자가 점권한다.
만약 부처궁에 염정·칠살·자살·경양·화성이면 개성이 아주 강하다.
혹은 배우자의 명궁에 그런 별이 있어도 배우자가 일정하게 점권한다.
만약 본명에 화권이고 부처궁에 정살·무살·화양 등이 있으면 두 사람이 기세 등등하기 때문에 서로 숙이지 않는다. 명에 그런 별이 있고 부처궁에 화권이 있어도 그렇다.

(6) 두수논도화

① 정도화
결혼목적의 도화로 대표적인 성은 홍란·천희다.

② 차도화
염정성으로 피기를 기다리는 도화를 대표하며 청백하여 능히 정조를 지킨다. 목욕과 천요도 차도화다.

단 목욕은 불안정한 도화가 되며 단지 노는데만 열중한다.

천요는 색이 산뜻하고 아름다운 도화다.

남성은 주로 겉치레를 중요시하고 겉을 장식한다.

여성은 분장을 좋아하며 헤어스타일·의상에 신경을 쓰고, 또 산뜻하고 아름답고 개방적이기 때문에 요염하며 사람을 유혹하고 남녀청춘의 우상이 된다.

③ 도화살
탐랑은 대도화로 색욕을 중시하여 육체적 관계에 치중하므로 감정이나 사상이 존재하지 않는다.

예를 들어 남녀 간에 비정상적인 교제에 도화살을 만나면 대부분 실질적인 관계가 된다.

타라는 포옹을 대표하며 행한에서 부처궁에서 타라를 만나면 애정의 진입상황을 대표하며 떨어지기 어렵고 감정이 면면히 이어져 애정의 실을 끊기가 어렵다.

④ 도화겁

도화로 인해 시비가 야기되는 것을 도화겁이라 한다. 예를 들어 미인계로 정을 통하는 남녀가 부모나 배우자에 의해서 파출소나 법원을 출입하며 명예 손상이 있거나 애정의 올가미에 빠지거나 미인계로 낭패를 당하는 것 등이다.

즉 다시 화과를 만나면 신문에 날 가능성이 있다. 이런 성으로는 함지가 있는데 만일 행한에서 함지의 도화패국을 보면 도화로 인해 관재를 야기하는 것에 주의해야 한다.

4. 귀인과 소인 찾는 법

살다보면 어려움을 겪을 때가 있는데, 그 어려움이 어떤 특정한 띠의 사람 때문에 발생하는 경우가 있고, 어려움을 해결할 때도 어떤 특정한 띠의 사람의 도움을 받아 그 어려움을 해결하는 경우가 있다.

여기서 어려움을 야기하는 사람을 흔히 소인小人이라하고, 어려움을 해결해주는 사람을 주로 귀인貴人이라 칭한다.

자미두수 명반상에서 귀인과 소인을 찾는 방법을 안다면 임상에서 많은 도움이 될 것이다.

먼저 대만학자 천을상인의 이론을 소개하고 필자의 견해와 임상실례를 곁들이기로 한다.

(1) 귀인 찾는 법

일반적으로 귀인을 찾기 위해서 아래 몇가지 성들 – 화과·괴월·화기성 – 을 고려해야 하는데 효력 방면에서는 유년화과·화기·괴월이 가장 쓸 만하다.

단 그 기간이 가장 짧아서 주로 당년에 유효할 뿐이다.

대한의 효력은 그 다음으로 십년간 유효하며 본명의 효력은 최

소지만 기한은 가장 길다.

　본명의 괴월은 40세전의 운에서 귀인을 만남을 주하지만 40세 이후에 본명의 괴월은 자기가 다른 사람의 귀인 역할을 해야 하기 때문에 40세 이후에는 유년괴월을 찾는 것이 비교적 유리하다.
　이하는 유년귀인을 찾는 방법으로 대한도 역시 이에 준해 찾으면 된다.

① 태세 혹 소한의 화과가 자리한 곳의 띠, 단 삼합이 반드시 묘왕하고 깨지지 않아야 하며 살기의 충이 없어야 한다.
② 태세괴월이 떨어진 궁의 띠, 단 삼합이 묘왕하고 살기의 대충이 없어야 한다.
③ 태세나 소한의 화기자리의 띠, 화기는 간섭이 많은 별이기 때문에 해당 띠의 사람이 그 해에 자기에 대해 필히 관심을 가지게 된다. 단 이러한 유의 귀인은 그리 분명하게 드러나지 않기 때문에 반드시 당사자가 먼저 문을 열고 맞아야 하며 그렇지 않으면 착오로 잃기 쉽다.
④ 만약 이상의 귀인이 모두 이상적이지 못해 함약하고 깨졌다든지 또는 공망을 만나 무력하다면 대한의 귀인을 찾을 수 있으며, 명반의 성 중에 가장 안정되고 평화로운 궁위나 그 대궁에 영원히 화기를 보지 않는 궁위가 소속된 띠를 찾는다.

(2) 소인 찾는 법

화기성은 소인성을 대표한다.
그 효력과 기한도 전술한 바와 같다.

단 우리는 해마다 모두 소인을 만나는 것은 아니다.
그러므로 매년 전전긍긍하면서 대피할 필요는 없다.
단지 유년이 형노선에 있으면서 형노선이 좋지 않거나 또는 음살이 있는 궁을 지날 때 반드시 주의해야 한다.
찾는 방법은 먼저 유년화기궁을 찾고 나서 화기가 충하는 대궁이 소속된 띠가 소인이 된다.

예를 들어 당년 화기성이 술궁에 들어간다면 진궁 즉 용띠를 주의해야 한다는 것이다.
기타도 이와 같이 유추한다.
사람과 사람의 자장은 수시로 운세에 따라 변화한다.
예를 들어 작년에는 어떤 띠가 당사자의 귀인이었는데, 금년에는 소인 자리로 변하기도 한다.

귀인이든지 소인이든지 간에 매 개인마다 만나지만, 귀인의 실이나 허 혹은 소인의 살상력의 경중은 모두 평상시에 다른 사람에 대한 태도나 행위에 달려 있다.

(3) 필자의 견해

천을상인이 예시한 여러 가지 경우의 귀인 찾는 법을 가지고 대입해 보면 혹 맞기도 한 부분이 있으나 대부분 부합되지 않는 경우가 많다.

중주파를 제외하고 다는 아니겠지만 대만이나 홍콩의 학자들이 대중적인 책을 쓰는 방법이 이런 식이다. 색깔이 선명하지 않고 적용해 보면 그런 것 같기도 하고 아닌 것 같기도 해서 이론이 말끔하지 않고 장황하다.

단지 이러한 이론이 있구나 하고 참고 정도로만 하면 될 것이다. 혹은 이러한 이론을 기초로 더 진일보한 이론을 구상해 보는 것도 나쁘지 않을 것이다.

그러나 위의 언급 중

"단 우리는 해마다 모두 소인을 만나는 것은 아니다. 그러므로 매년 전전긍긍하면서 대피할 필요는 없다. 단지 유년이 형노선에 있으면서 형노선이 좋지 않거나 또는 음살이 있는 궁을 지날 때 반드시 주의해야 한다."

라는 부분은 새겨들어야 할 구절이다.

이런 이론을 확장해서 부질선이 좋지 않다면 그 해에는 윗사람을 만나는 일에 특히 주의해야하고 부관선을 만난다면 이성을 만나는 부분에 특히 주의해야 한다.

반대의 경우도 있을 수 있다.

유년이 특별히 길한 형노선[13)]에 좌하고 있다면 그 해에는 길한 귀인을 만날 확률이 높다.

또 유년이 특별히 길한 부질선에 좌해 있다면 그 해에는 유력한 상사의 도움을 얻을 수 있고 부관선이라면 특별히 좋은 이성을 만날 수 있다.

또 음살이 있는 궁을 지날 때 주의해야 한다는 구절도 일정한 징험이 있다.

필자는 귀인 소인 찾는 무슨 비법을 갖고 있지 않지만, 록기법을 응용하면 귀인과 소인이 분명해진다.

---

13) 선천 형노선, 대한 형노선 모두 다 강력한 작용이 있다.

실례	남명 1942년 8월 ○일 신시			
破天破武 碎鉞軍曲 ○X△ 忌 飛亡病 43~52 乙 廉神符【身官祿】病巳	天天太 福傷陽 ◎ 喜將太 53~62 丙 神星歲【奴僕】死午	天天天地天 月才空劫府 △◎ 病攀晦 63~72 丁 符鞍氣【遷移】墓未	旬孤天天天太天 空辰使姚馬陰機 ○△X 大歲喪 73~82 戊 耗驛門【疾厄】絶申
寡年鳳八天天 宿解閣座刑同 △ 奏月弔 33~42 甲 書煞客【田宅】衰辰	성명 : ○○○, 陽男 陽曆 1942年 10月 ○日 16:59 陰曆 壬午年 8月 ○日 申時 命局 : 木三局, 桑自木 命主 : 巨門, 身主 : 火星		天紅火貪紫 廚鸞星狼微 陷△△ 權 伏息貫 83~92 己 兵神索【財帛】胎酉
天地天右 喜空魁弼 △◎陷 將咸天 23~32 癸 軍池德【福德】旺卯			天封龍天三陀巨 官詰池貴台羅門 ◎◎ 官華官 93~ 庚 府蓋符【子女】養戌
截解輩台文 空神廉輔昌 陷 小指白 13~22 壬 耗背虎【父母】冠寅	大七廉 耗殺貞 ◎◎ 青天龍 3~12 癸 龍煞德【命】帶丑	紅天天恩陰擎文天 艷虛哭光煞羊曲梁 陷◎◎ 祿 力災歲 壬 士煞破【兄弟】浴子	天天祿鈴左天 壽巫存星輔相 ◎◎X△ 科 博劫小 辛 士煞耗【夫妻】生亥

◆ **정미대한(63~72세)**

① 정미대한이며, 천부가 주성인 대한이다. 사방을 보면 길한 것처럼 보이나 자세히 보면 그렇지 않다. 일단 천부가 관록궁에서 록을 보아 돈의 창고가 충실해졌지만, 겁공을 보아 공고가 되었다.

금고가 털리면 소중히 여기던 금고를 거들떠보는 사람이 없듯이 천부가 겁공을 만나면 고립되는 의미가 있다. 대한이 선천

천이궁에 좌하므로 천이적인 측면에서 고립의 암시가 있다.

② 봉부간상의 원칙에 의해 천상을 보니 천상 자체는 좋아 보이는 듯해도, 천상이 영성과 동궁하면서 양타의 협을 받고 천상의 대궁에서 무파의 무곡화기를 보아서 천상이 파괴되었다. 비록 천상이 좌보화과와 동궁하나 이 화과의 명예는 재성 무곡화기의 충파를 받고 있으므로 이익이 없는 면에서는 허리虛利요, 실속이 없는 측면에서는 허명虛名만 있을 뿐이다.

③ 이상 두 가지 측면을 종합하자면 이 운은 천부의 재적인 부분은 고립되고 천상의 실권과 명예적인 측면은 돈만 깨먹는 허명허리의 상황만 있게 된다.

④ 대한 형노선을 보면 오궁에 태양이 좌하고, 대궁 자궁은 천량화록이 비추고 있다.

⑤ 명궁 정성은 약한데 형노선의 성계가 오궁의 일리중천日麗中天의 성계에다 천량화록의 길화를 보므로 이 경우는 노기주奴欺主[14])의 상황이 있기 쉽다. 즉 노복이 주인을 능멸하는 상·주객전도의 상이 출현하기 쉽다.

⑥ 선천의 화록이 대한 외궁에 있고 선천의 화기는 대한 내궁에

---

14) 아랫사람이 주인을 속이고 능멸함을 의미함

있는데, 이는 선천적인 화록의 좋은 것은 남에게 가게 되고,[15] 선천적으로 나쁜 화기는 대한 내궁에 있어 화기의 피해를 내가 당하게 된다.

이런 경우에서 귀인을 찾기는 하늘에 별따기이고, 소인을 찾기란 한여름의 모기떼와 같아서 부르지 않아도 꼬이게 된다.

◆ **사화 분석**

① 각설하고 대한 사화를 분석해보자. 정미대한의 정간 태음화록 발생에 거문화기 결과인데, 이 거문화기는 술궁에 좌하고 천이궁은 본래 거문이 타라와 동궁하고 있고 화령의 협이 되어 있다. 격국상 거화양의 종액사조합이라 할 수 있는 자충수 조합이 형성되고 있다.

② 이 거문화기는 해궁 천상을 형기협인하고 있다. 천상이 형기협인되면서 사궁의 무파에 무곡화기는 자연히 인동되어 무파상의 파조파가다노록 破祖破家多勞碌의 흉한 암시를 인동하게 된다.

즉 천상이 좌한 궁이 대한 관록궁이므로 사업상 파조파가다노록의 패착·중도하차·진로수정·반복적인 좌절 등이 있게 된다.

③ 중요한 것은 이러한 사실이 부지불식간에 그렇게 된다는 것이다. 왜냐하면 대한의 발생도 음성인 태음이 발동되고 결과인

---

[15] 여기서는 형노선이니 내 아랫사람에게 감.

거문화기는 거문 암성의 화기니 역시 어두우며, 타라는 음적인 살로 의외의 타격을 암시하며, 천상과 동궁한 영성도 어두운 살성으로 부지불식간에 고립되거나 분리되거나 소외되는 의미가 있으니 그렇게 해석하는 것이다.

④ 천상과 동궁한 영성은 양타협을 불러들이는 악역을 담당하는데, 이 영성 때문에 록존을 지키던 호위군사인 양타는 록존을 갉아먹으려는 영성의 강도와 내통하고 작당해서 천상궁을 붕괴시키는데 일조한다.
이것이 자미두수에서 흔히 회자되는 양타협살羊陀夾煞의 패국인 것이다.

⑤ 여기서 유심히 살펴보아야 할 것은 양타협 중에 경양이 천량화록과 음살·곡허·재살 등을 대동하고 천상궁을 타라와 함께 강제하며 록을 약탈한다는 것이다.
그리고 이 경양이 있는 궁이 대한의 노복궁이며 선천의 형제궁이다. 이 암시는 노복, 즉 아랫사람이 칼을 들고 자기를 살찌우며 내 관록의 록을 약탈하는 상이다.
관록궁의 형세가 이와 같기 때문에 이 대한에는 어떠한 유의제휴나 아랫사람과의 사업적인 동업·투자 등은 반드시 실패하게 된다.

◆ 대한 분석

① 이제 대한의 발생을 다시 더 정밀하게 분석해보자. 정미대한의 정간 태음화록 발생은 대한 부질선에 있어 문서적인 기월의 천마의 변동이 발생이다. 여기에 문창이 인궁에 있으니 더욱 문서계약이나 주식회사·법인 등의 의미가 있다. 이것이 일차발생이다.

② 차성 이차발생은 자궁의 천량화록과 더불어 축궁이 되며 이차발생은 자궁의 천량화록과 더불어 진궁이 된다. 그리고 결과는 거문화기가 되어 위에서 말한대로 천상을 형기협인시켜 사해궁 대한 부관선을 박살내고 있다.

◆ 이차발생궁

① 이차발생궁이 되는 진궁과 축궁에 주의해 보자.
이 궁들은 일차적으로 자궁의 천량화록이라는 이차발생이 되게 하는 원인제공을 하는 궁(인자궁)에 의해 이차발생이 되었다. 그런데 이 인자궁인 천량화록은 대한 노복선이고 위에서 분석한 칼을 든 노복으로 이 대한내에 내 직업상의 재를 약탈하는 강도와 한패다.
그러므로 이러한 천량화록과 이차발생으로 인동된 진궁과 축궁은 곧바로 거문화기로, 거문화기에서 형기협인의 천상으로 관록궁상의 양타협기 파괴로 연결된다.
즉 진궁과 축궁 바꿔 말해서 용띠(진궁)·소띠(축궁)는 관록궁의 록을 붕괴시키는 원인·발생이 되는 궁이자 띠가 된다.

② 그런데 이 명은 이 대한에 들어와서 먼저 임진생에게 돈을 투자했고, 나중에 들어온 직원인 기축생에게 다시 자기 지분의 반을 주었다.

정확하게 위에서 분석한 용띠·소띠와 사업상 인연이 되었다. 띠만 그럴 뿐 아니라 그 띠의 천간도 공교롭다.

◆ 진궁 용띠

① 용띠라 해도 한 두 띠가 있는 것이 아닌데 도대체 어느 띠인가?

용띠는 갑진생 46세, 병진생 34세, 무진생 22세, 경진생 10세 아니면 70세, 임진생 58세, 이렇게 다섯 띠가 있다. 60이 넘은 분이 사업파트너로 70살 경진생이라면 가능하지만 무진생 22살도 너무 어리니 제외, 병진생도 아주 특별한 경우가 아니면 너무 나이가 어려서 사업파트너로 삼기가 쉽지 않으니 제외, 경진생과 남은 띠는 58세 임진생이다.

② 먼저 이 임진생의 임간 사화를 이 명반에 적용하면 놀라운 사실이 드러난다.

임간 천량화록은 이대한의 노복궁 자궁에 떨어지고,[16] 결과인 무곡화기는 사궁에 떨어져 양타협살에 형기협인된 대궁 대한 관록궁 천상을 충파시켜 관록궁의 록존을 철저하게 파괴하는

---

[16] 임진생이라면 이 대한에 자기에게만 유리하게 일을 하고, 이 명반의 주인은 능멸을 당하는 것이다.

작용을 한다.

③ 이 사해궁이 대한 거문화기에 의해 형기협인으로 동해 있는데, 이렇게 동업자의 띠의 천간에 의해 다시 인동이 되면, 이러한 인연은 관록의 록을 붕괴시키는데 치명적이다.
그러나 병진생은 대한의 이차발생을 일으키는 궁선의 띠에 해당되지만, 결과인 염정화기는 축궁에 있게 되어 사해궁의 무파상의 파괴와는 거리가 있다.
이 외에 가능성이 있는 경진생·무진생 그 어느 띠도 이렇게 임진년생처럼 인동된 궁위를 철저하게 파괴하는 띠는 없다.

◆ **축궁 소띠**

① 그 다음 축궁 소띠를 보자.
소띠라해도 을축 25세, 정축 13세 아니면 73세, 기축 61세, 신축 49세, 계축 37세 이렇게 있다.

② 60세 넘은 이가 25세의 어린사람과 사업할리 만무하니 을축생은 제외한다.

③ 신축생은 신간 거문화록이 대한의 이차발생선에 있지만, 결과인 문창화기가 인궁에 있어 대한에서 결과로 인동된 파괴궁인 사해궁과 상관이 없어 제외한다.

④ 계축생은 계간 파군화록으로 사해궁의 무파상의 무곡화기를

인동시키니 아주 가능성이 있는 띠이나, 결과인 탐랑화기가 묘유궁으로 대한의 인동궁선과 상관이 없으니 인연이 되지 않는다.

⑤ 정축생 73세는 정간 태음화록으로 대한 발생선에 해당하고, 결과인 거문화기는 술궁에 있어 대한 관록궁 해궁을 다시 형기 협인시키니 가능성이 있는 띠다. 이 띠를 만나도 필히 사업상 파패를 초래하는 띠라 하겠다.

⑥ 마지막 남은 기축생은 어떨까?
   기축생은 기간 무곡화록로 대한 결과로 인해 인동된 사해궁의 무파상의 파조파가다노록의 성계의 무곡화기를 직접 인동시켜 사업파패를 촉발시키는 띠며, 결과인 문곡화기는 대한 노복궁선인 천량화록궁에 떨어져 있다.
   이 문곡화기는 선천의 천량화록을 인동하므로 결국 이띠의 결과도 이 명조자의 정미대한 노복궁에 형성된 노기주의 암시를 인동시키는 띠가 된다. 즉 기축생의 기간 록은 대한 내궁을 붕괴시키는데 일조를 하고 기간 화기는 대한외궁의 노기주현상을 발동시키는데 핵심적인 역할을 한다.

⑦ 그래서 소띠라면 계축생 37세와 기축생 61세와 동업이나 사업적인 제휴가 있을 수 있으며, 나이로 보나 사화의 인동의 강약을 가늠한 상황에서나 계축생보다는 기축생과 인연이 되어 사업파패의 길로 가기 쉬움을 알 수 있다.

⑧ 이 명은 이 두 띠와 동업과 제휴를 통해서 경제적인 박탈과 더불어 배신을 경험하였다.

◆ 기축생을 무자년에 만남

① 더구나 기축생은 무자년에 인연이 되었다.
　무자년은 대한 노복궁 운이자 위의 천을상인이 말한 형노선이 되, 천량화록으로 외궁에 화록이 좌해 노복에게 이익이 되는 흉한 형노선운이다. 여기에 소인의 침해를 받기 쉬운 음살이 좌하고 있는 유년이니, 이 해에는 문제를 야기할 수 있는 아랫사람과 인연되기 쉽다.

② 그 대상이 기축생으로 정확하게 위에서 분석한대로, 주인은 손해나고 아랫사람은 살찌는 이런 띠를 만났으니 결과가 불을 보듯 뻔한 것이다.

5. 자미두수 점법 占法

자미두수로도 점을 칠 수 있다.

물론 고전에는 자미두수로 점치는 법이 나와 있지 않다. 여기서 소개하려고 하는 자미두수 점법은 관운주인의 『두수선미 斗數宣微』에 나온 방법과 료무거사의 점법, 현대 학자 명미거사 明微居士의 점법을 차례로 소개하겠다.

재야고수들 중에는 자미두수를 가지고 래정법으로 점을 쳐서 래방자의 목적사를 알아맞히기도 하고, 래정자의 그릇의 크기를 파악하기도 하는 등 여러가지 방식으로 이용하고 있다.

가까운 예로『자미두수전서』하권에 나오는 해인선생은 간명하면서 자미두수로 래정점을 쳐서 문점자가 어떤 사람인지를 알아보는 부분이 있다.

자미두수의 점법은 앞으로 많은 부분에서 개발하고 연구해야 할 부분이다.

아래에서 소개하는 세 가지 방법을 독자들이 시험해 보고 더욱 더 창조적인 점법이 나오기를 기대한다.

(1) 『두수선미斗數宣微』의 점법

◆ 명반작성법

점을 치기 위해서 작성하는 명반은 아래와 같은 방법으로 작성한다.

① 길흉화복을 묻는 해당년·해당월·해당일을 체로 삼고 다시 시간은 용으로 삼는다.
즉 연월일은 문점하는 당시의 연월일로 결정하되 시간은 문점자에게 아무 시간이나 부르게 해서 부른 시간으로 시간을 정해 명반을 작성한다는 것이다.

② 본년·본월을 체로 삼고 일시를 용으로 삼는다.
즉 년과 월은 문점할 때의 연월로 쓰고 일시는 문점자가 숫자를 쓰게 해서 그 숫자의 획수를 계산해 일과 시를 정한다.

◆ 명반작성의 예
① 만약 문점자가
'天性'이라는 두 글자를 썼다면
天은 4획이니 초 4일로 보고 性은 8획이 되므로 미시로 결정한다.

② 만약 일을 결정할 때 문점자가 31획 글자를 썼다면

30을 뺀 나머지 1획을 일로 정한다. 즉 초 하루가 된다.
시를 취할 때 만약 13획을 넘었다면 12획을 빼고난 나머지 일
획으로 시를 정하니 곧 자시가 된다.

③ 가령 문점자가 세 글자를 썼다면
첫 글자는 일로 잡고, 두 번째 세 번째 글자의 획수를 합해 계
산해 시를 잡는다.

④ 만약 네 글자를 썼다면
첫 번째 두 번째 글자를 합해서 일로 잡고, 세 번째 네 번째
글자를 합해서 시를 잡는다.

◆ **명반작성의 다른 방법**
① 두수선미에는 이 두 가지의 방법만 소개되어 있는데, 여기에
만 고집하지 않고 다른 방법으로도 명반을 작성해도 된다고 생
각한다.

② 가령 육임의 방법처럼 문점자가 묻는 당시의 연월일시를 가지
고 명반을 작성해도 된다.

③ 첫 번째 방법도 고객에게 시간을 부르게 할 것이 아니라, 자시
부터 해시까지 쓰여진 바둑돌이나 산가지를 뽑게 하는 방법도
하나의 방법일 것이다.

◆ 점해석법

① 위의 방법대로 명반이 작성되면 두군법을 사용해서 일월을 정한 다음 달을 따져 판단한다.
  일과 시도 이런 식으로 따져서 판단한다. 즉 일과 시도 일반적인 유일과 유시를 보는 방식으로 따져서 판단한다.

② 예를 들어 해당월은 점을 치는 사람의 본인이 되고 대궁은 상대방이 된다. 다시 일을 추론한다면 일이 자기가 되고 대궁은 상대방이 된다. 시도 또한 그렇다.
  회합하는 삼방에다 유년태세박사 24신살을 더하면 무슨 일을 막론하고 모두 이치로 추론할 수 있다.

◆ 점해석의 예 I

① 문점자가 부인의 병을 물으면서 "作新" 두 글자를 썼다.
  作은 7획이니 7일, 新은 13획이니 자시가 된다.
  년월을 체로 삼고 일시를 용으로 삼았다.

② 을해년 8월 7일 자시
  - 이 점을 보건데 월·일·시가 모두 태세의 충동을 받고 있다.17)

---

17) 즉 두군법으로 을해년의 두군은 진궁이 되어 1월이 되고, 8월은 해궁이 되며, 7일은 사궁이 되고, 자시도 사궁이 되기 때문에, 을해년의 태세 해와 서로 마주보거나 좌하고 있기 때문에 이런 말을 하였다.

실례 95년 8월 7일 자시			
天三天天 虛台馬梁 　　　△陷 　　　　權	天台七 廚輔殺 　　○	截天天 空月哭	紅天天天天廉 艷福壽才姚鉞貞 　　　　◎◎
伏歲歲 42~51 　辛 兵驛破【財帛】冠巳	大息龍 32~41 　壬 耗神德【子女】帶午	病華白 22~31 　癸 符蓋虎【夫妻】浴未	喜劫天 12~21 　甲 神煞德【兄弟】生申
天天大紅天擎文天紫 官使耗鸞刑羊曲相微 　◎◎○陷 　　　　　　　　科	성명 : ○○○, 陰男 陽曆 1995年 9月 1日 0:59 陰曆 乙亥年 8月 7日 子時 命局 : 水二局, 泉中水 命主 : 文曲, 身主 : 天機		旬破天八火 空碎貴座星 　　　　　陷
官攀小 52~61 　庚 府鞍耗【疾厄】旺辰			飛災弔 2~11 　乙 廉煞客【身命】養酉
龍恩祿右巨天 池光存弼門機 　　○陷◎○ 　　　　　祿			寡天鈴文破 宿喜星昌軍 　　　◎陷○
博將官 62~71 　己 士星符【遷移】衰卯			奏天病 　　　　丙 書煞符【父母】胎戌
解孤天封陀貪 神辰傷詰羅狼 　　　　陷△	蜚太太 廉陰陽 　◎陷 　忌	天陰天天武 空煞魁府曲 　　　○○○	年鳳天地地左天 解閣巫劫空輔同 　　　○陷X◎
力亡貫 72~81 　戊 士神索【奴僕】病寅	青月喪 82~91 　己 龍煞門【官祿】死丑	小咸晦 92~　　戊 耗池氣【田宅】墓子	將指太 　　　　丁 軍背歲【福德】絕亥

- 또 천량·천마를 만나 떠돌아다니는 역마의 자리니 진정되기 어렵다.
- 신·명궁이 유궁에 있으면서 화성이 있어 화성의 충파를 당하고 본년의 삼살이 酉方에 임하니,[18] 비록 화의 기를 설한다고 하나 금공에 화가 공을 보니 맹렬함이 더해져

---

[18] 관운주인은 장전십이신 중 겁살·재살·천살을 유년 삼살로 흉하게 본다. 을해년의 유년장전십이신은 겁살이 신궁, 재살이 유궁, 천살이 술궁에 들어간다.

신명이 모두 화에 불탄다.[19]
- 질액궁 자미는 비위의 질병을 주하고 천상은 수분水分의 질병을 주한다. 경양은 간왕하고 대장이 건조하게 되며 천형·대모의 火도 아주 성하니 염증으로 불에 타는 듯한 증상이 있기 쉬우니 8·9월을 조심해야 한다.
- 부처궁에 천곡·백호가 있고 대궁의 상문에 태음화기·태양도 역시 불리하다. 전택궁에서 도화살을 보고 천이궁을 양타가 협하고 있으니 상서롭지 않다.

◆ 점해석의 예2

① 점자가 일에 대해 물으면서 "以義" 두 글자를 썼다.
   以는 4획, 義는 13획이니 4일 자시로 본다.

② 을해년 8월 4일 자시
   - 신·명궁이 화성에 의해 충 되었으니 바른 국이 이미 깨져 성취할 수 없다.
   - 좋은 것은 상대방에 자탐·화과·록존이 있는 것으로 다른 전기가 있을 것이다.
   - 일시는 본인이 친 점으로 삼았으니 인궁에 떨어지는데[20]

---

[19] 여기서 공망이라함은 명신궁에 좌한 순공을 말하며 금공이란 유궁이 금지이므로 금지에 순공을 여기서는 금공으로 보고 화가 공을 본다고 하는 것은 화성이 순공과 동궁한 것을 두고 한 말이다.

[20] 을해년의 두군은 진궁·8월은 해궁이며 4일은 인궁·자시도 인궁이 됨.

1부/ 연분 그리고 의혹

⑤ 자미두수 점법

실례 95년 8월 4일 자시			
天天天 虛馬相 △△ 伏歲歲 42~51 辛 兵驛破【財帛】冠巳	天台天天 廚輔貴梁 ◎ 權 大息龍 32~41 壬 耗神德【子女】帶午	截天天七廉 空月哭殺貞 ◎◎ 病華白 22~31 癸 符蓋虎【夫妻】浴未	紅天天天天 艷福壽才姚鉞 ◎ 喜劫天 12~21 甲 神煞德【兄弟】生申
天天大紅天擎文巨 官使耗鸞刑羊曲門 ◎◎△ 官攀小 52~61 庚 府鞍耗【疾厄】旺辰	성명 : ○○○, 陰男 陽曆 1995년 8월 29일 0:59 陰曆 乙亥年 8月 4日 子時 命局 : 水二局, 泉中水 命主 : 文曲, 身主 : 天機		旬破火 空碎星 陷 飛災甲 2~11 乙 廉煞客【身命】養酉
龍祿右貪紫 池存弼狼微 ○陷地○ 科 博將官 62~71 己 士星符【遷移】衰卯			寡天鈴文天 宿喜星昌同 ◎陷△ 奏天病 丙 書煞符【父母】胎戌
解孤天封三陀太天 神辰傷誥台羅陰機 陷X 忌祿 力亡貫 72~81 戊 士神索【奴僕】病寅	蜚天 廉府 ◎ 青月喪 82~91 己 龍煞門【官祿】死丑	天恩八陰天太 空光座煞陽 ○陷 小咸晦 92~ 戊 耗池氣【田宅】墓子	年鳳天地地左破武 解閣巫劫空輔軍曲 ○陷X△△ 將指太 丁 軍背歲【福德】絶亥

- 그 궁에 기월에 화기가 있다.
- 본인이 싸우며 버티고 오고가며 힘들게 움직임을 주한다.
- 좋은 것은 자부의 귀인이 협하고 대궁에 천월이 있으니 정히 높은 사람의 지지가 있어 풀어질 것이다.
- 자미화과는 주로 서면書面의 도움을 주하니 이 일은 반드시 돈을 쓰게 된다. 그것은 전택궁에 함지가 있고 재백궁에 천상·천마가 있기 때문이다.

(2) 료무거사의 점법

료무거사의 점법은 위의 두수선미의 점법과 같다고 할 수 있지만 해석하는 방법이 독특하기 때문에 일독할 가치가 있다고 생각해서 소개한다.

대만의 두수명가 료무거사는 수십권의 책을 쓴 다작의 저술가로 유명하다.

그 관점 또한 지나치게 논리적이고 합리적이어서 도대체 '차떼고 포떼면 무엇을 자미두수로 추론할 수 있단 말인가?'라는 생각이 들 정도로 건조한 관점을 견지하면서 철저하게 두수의 현대화를 진행시킨 공로자다.

료무거사는 명리·육효·자미두수를 다 섭렵한 학자로, 그 자신이 항상 주머니에 강희시대에 나온 동전을 점치기 위해 휴대하고 다닌다 할 정도로 육효에도 밝은 사람이다.

료무거사는 자미두수로는 점을 잘 치지 않는다고 하는데, 가끔씩은 아래 예에서처럼 치는 모양이다.

점을 침에 있어 두수선미의 관운주인과 같은 방법으로 시를 잡는데, 매화역수의 관점으로 시를 잡기도 한다.

아래 료무거사의 말을 인용해 본다.

"우리가 사용하는 시간은 연월일은 변하지 않고 당일을 기준하여 시만 변하는데 점치는 사람 스스로가 결정하게 한다.

사용방법은 어떤 방법이든 가하다. 입으로 한 시를 불러도 좋고 글자를 써도 좋고 느낌이 가는대로 선택해도 좋다."21)

실례1 마작의 승부 여부22)

天孤天祿天 官辰巫存梁 ◎陷	龍擎七 池羊殺 △◎	天天地 貴喜劫 △	解天天年鳳天廉 神才虛解閣馬貞 ◎◎ 忌
博亡貫　　　癸 士神索【兄弟】生巳	力將官　4~13　甲 士星符【命】浴午	青攀小　14~23　乙 龍鞍耗【父母】帶未	小歲歲　24~33　丙 耗驛破【福德】冠申
截天陀左天紫 空哭羅輔相微 ◎◎◎陷	성명 : ○○○, 陽男 陽曆 1986年 3月 1日 16:59 陰曆 丙寅年 1月 21日 申時 命局 : 金四局, 沙中金 命主: 破軍, 身主: 天梁		破大恩天火天 碎耗光刑星鉞 　　　　陷◎
官月喪　　　壬 府煞門【夫妻】養辰			將息龍　34~43　丁 軍神德【田宅】旺酉
天地巨天 空空門機 △◎◎ 權			旬蜚天封右破 空廉月詰弼軍 ◎◎
伏咸晦　94~　辛 兵池氣【子女】胎卯			奏華白　44~53　戊 書蓋虎【身官祿】衰戌
紅台八陰文貪 艷輔座煞昌狼 　　　　陷△ 科	寡天紅天太太 宿使鸞姚陰陽 ◎陷	天天天三文天武 廚福壽台曲府曲 ◎◎◎	天鈴天天 傷星魁同 ◎◎◎ 祿
大指太　84~93　庚 耗背歲【財帛】絕寅	病天病　74~83　辛 符煞符【疾厄】墓丑	喜災弔　64~73　庚 神煞客【遷移】死子	飛劫天　54~63　己 廉煞德【奴僕】病亥

---

21) 예를 들어 도로변에 차가 한 대 주차되어 있는데, 차 번호의 끝자가 6이라면 6을 선택해 사시로 본다든지 하는 것.

22) 이 두수점례는 료무거사가 쓴 『현대자미現代紫微』 5집(용음문화, 1993)에서 발췌하였다.

료무거사의 친구가 다음날 마작을 하려는데 승부여부를 자미두수로 점쳐서 이러한 두수괘가 나왔다.

료무거사는 이 두수괘를 보고 "너는 이 승부에서 약간 잃을 것이다."라고 했다.

진 원인은 다른 사람이 잘해서가 아니라 네가 패를 잘못 던지거나 허방을 많이 짚어서다.

그 이유에 대해서 아래와 같이 분석한다.
① 록성(록존과 화록 모두 같다)이 모두 다른 사람 쪽에 가 있다.(형제궁과 노복궁) 이것은 상대방이 돈을 따는 상이다.
② 염정화기가 복덕궁에 있으면서 재백궁을 충하고 있어 파재의 상이 있다.
③ 재백궁의 탐창貪昌은 악격조합으로 패를 잘못 고르게 되며 염정화기가 탐창을 인동시키고 문창과 염정이 만난 후에 또 창염昌廉(료무거사의 관점)의 나쁜 조합이 형성되어 패국이다.
④ 본래 칠살이 오궁에 있으면서 마두대검의 대구조가 되어 있어 일반적으로 격국이 좋다고 보아 마땅히 충격력이 강해서 마작할 때 강하게 나올 거라고 본다.

그러나 꼭 그렇지만은 않다. 내가 보기에는 그가 아주 웅심만장雄心萬丈(천부가 래조하고 우필이 더해져서 격을 이룸) 하지만 마작을 할 때 상당히 보수적으로 나오는데, 그것은 칠살이 오궁에 있어 칠살부두七殺俯斗[23])가 되어 다른 사람을 우러러 보듯 하다가 다른 사람이 강하게 나오면 그때서야 따라서 강하게 나온다.

결국 대만돈 4천원 남짓 잃었다.

실례2 아파트가 매매될까?			
天破天 廚碎梁 　　陷 小劫小　13~22　己 耗煞耗【父母】病巳	紅解天天七 艶神虛哭殺 　　　　○ 將災歲　23~32　庚 軍煞破【福德】死午	天大鈴天 官耗星鉞 　　　○○ 奏天龍　33~42　辛 書煞德【田宅】墓未	截蜚天恩天地廉 空廉貴光刑劫貞 　　　　　○○ 　　　　　　祿 飛指白　43~52　壬 廉背虎【官祿】絶申
天龍陰天紫 才池煞相微 　　　○陷 靑華官　3~12　戊 龍蓋符【命】衰辰	성명 : , 陽男 陽曆　1985年 1月 29日 18:59 陰曆　甲子年 12月 9日 酉時 命局 : 木三局, 大林木 命主 : 廉貞　身主 : 火星		天天天 福傷喜 喜咸天　53~62　癸 神池德【奴僕】胎酉
台八紅擎左巨天 輔座鸞羊輔門機 　　陷陷○○ 力息貫　　　丁 士神索【兄第】旺卯			旬寡天年鳳破 空宿壽解閣軍 　　　　　權 病月弔　63~72　甲 符煞客【身遷移】養戌
天孤祿天地貪 月辰存馬空狼 ◎◎陷△ 博歲喪　　　丙 士驛門【夫妻】冠寅	天陀天文文太太 空羅魁曲昌陰陽 ◎○◎◎○陷○ 　　　　　　忌 官攀晦　93~　　丁 府鞍氣【子女】帶丑	天天武 姚府曲 　○○ 　　科 伏將太　83~92　丙 兵星歲【財帛】浴子	天封三天火右天 使詰台巫星弼同 　　　　△X◎ 大亡病　73~82　乙 耗神符【疾厄】生亥

---

23) 아마 오궁의 칠살이 대궁에 천부를 보아 칠살조두격처럼 자미 대신 천부를 굽어 본다고 이런 용어를 사용한 것 같다.

부동산 중개업을 하는 이양이 료무거사에게 물었다. 료무거사는 이양에게 점의 규칙을 설명해 주었고, 이양은 생각을 하다가 탁자 위의 신문에 나온 사진에 말타는 사진을 보고 있었다.

이양 : 타이페이에서 온 손님이 새 아파트를 두 번이나 와서 보고도 결정을 안하는데 과연 그 손님이 결정을 하겠습니까?
료무거사 : 시를 선택해 보거라.
이양 : 신문에 보이는 '馬'자로 시를 잡으렵니다.

馬는 지지로 수가 되고 획수로는 10획이라 유시가 된다. 료무거사는 오는 버리고 유시를 취해서 명반을 작성해서 보고는 '성사된다'고 판단하면서 그 이유를 이렇게 설명했다.

료무거사 : 장사는 당연히 사업궁을 봐야한다. 지금 사업궁에 록성·염정이 있고 또 록존을 보아 쌍록교치의 형세다. 록은 본래 재록을 나타내니 상대방이 아파트를 사서 네가 수수료를 받는다는 의미가 아니겠냐!
이양 : 그럼 염정이 록을 가지고 있지만 겁공의 충파를 보는데 두수부문에 "길한 가운데 흉이 숨어 있다."해서 먼저 길하고 뒤에 흉하다 했는데요?

료무거사 : 괘상의 결과와 길흉은 왕왕 마음이 움직이는 사이에 결정되므로 지나치게 너무 깊게 생각할 필요는 없다. 이미 사업궁에서 록을 보고 또 화기성을 보지도 않았으므로 중도에 변

고가 생기지는 않을 것이다. 공겁이 록성을 충하는 것은 이 집의 가격을 깎아야 계약이 된다는 암시다.

이양 : 얼마나 깎아줘야 한다고 봅니까?

료무거사 : 이런 부분은 파악할 수 없다만 염정화廉貞火가 금궁에 있고 왕도도 평평한 정황으로 봐서, 상대방이 지나치게 깎지는 않고 보기에 0.5%정도 깎지 않을까 한다. 너는 얼마나 받을 생각이냐?"

이양 : 240만원정도 받을 생각입니다.

료무거사 : 아마 230만원 안팎으로 성사 되겠다.

이양 : 그럼 이 계약이 아주 늘어지겠습니까?

료무거사 : 이것은 유월流月로 추산해야 한다. 두군이 술궁에 있으니 12월은 유궁에 있다. 아마 내년으로까지 늘어지지 않을 것이다. 그것은 을축년내에는 화기성이 있으니[24] 그때까지 가면 일은 어그러질 것이다. 그렇게 되면 본괘에서 원래 암시한 결과와 맞지 않으니 이달 안에(지금이 음력 12월임) 일정하게 성사가 되겠다.

과연 3일 후에 230만원으로 깎아서 성사가 되었다 한다.

---

[24] 축궁의 일월에 화기가 있는 것을 염두에 두고 한 말이다.

(3) 천금결千金訣25)

묻는 질문에 일초 만에 판단할 수 있는 이 방법은, 옛날에 자미두수 대사들이 비장으로 가지고 있으면서 사용했던 방법이라고 하는데 아주 간단하다. 명미거사明微居士가 그의 책에서 소개하였다.

방법은 십이사항궁을 배치한 후, 명궁이 정해지면 명궁이 어느 궁에 좌해 있느냐로 길흉을 판단한다.

① 십이사항궁 정하기

- 이 십이사항궁은 손님이 온 달과 온 시를 기준으로 명궁을 정해서 십이사항궁을 배치한다.
- 예를 들어 손님이 기축년 음력 2월 24일 술시에 왔다고 하면, 인궁에서 1월을 일으켜 음력 2월까지 순행으로 갔다가 해당 월에서 자를 일으켜 역행으로 술시까지 간 자리가 명궁이 된다.
- 이것은 자미두수의 원 명반을 작성할 때 본인의 생월과 생시를 가지고 명궁을 배치하는 방법과 완전히 같지만, 손님이 온 달이나 질문한 달과 질문한 시를 가지고 명궁을 배치한다는 점에서 다르다.

---

25) 명미거사·옹신호 합저, 『자미두수문사일초종 속판천금결』, 무릉출판사.

② 명반 그리기

명궁 巳	부모궁 午	복덕궁 未	전택궁 申
형제궁 辰	2월 술시		관록궁 酉
부처궁 卯			노복궁 戌
자녀궁 寅	재백궁 丑	질액궁 子	천이궁 亥

③ 명궁이 자오묘유궁에 떨어진 경우

- 파란불, 결혼을 물으면 성사, 이혼을 물어도 성사, 다시 합치겠는가를 물으면 다시 합친다.
- 묻는 일은 성사된다.
- 먼 곳
- 재액을 물었다면 엄중하다.
- 시끄러운 곳(큰 길가)
- 개성 활발·명랑·열락熱絡·적극
- 병을 물었다면 빨리 치료된다.
- ※ 이유 : 자오묘유궁은 천지사정의 자리로 적극·즉시·민첩·총명·행운 등을 의미하기 때문에 묻는 일이 성공하게 된다.

④ 명궁이 진술축미궁에 떨어진 경우
- 빨간불, 결혼을 물으면 성사 안되고, 이혼을 물어도 성사가 안되며, 다시 합치겠는가를 물어도 가망이 없다.
- 묻는 일은 성사되지 않는다.
- 가까운 곳
- 재액을 물었다면 가볍다.
- 가볍고 편안하고 조용한 곳(아파트지역)
- 개성이 엄격하고 근신 보수·내향적이며 사려가 많음
- 병을 물었다면 만성병이다.
- ※ 이유 : 진술축미궁은 토에 속하기 때문에 수收·잠潛·장藏의 의미를 가지고 있으므로 보수적이고 돌파성이 없다. 고로 이 궁에 입명하면 발전하지 못한다는 뜻이 있으므로 범사에 성공하지 못한다.

⑤ 명궁이 인신사해궁에 떨어진 경우
- 노란불, 결혼을 물으면 적극적으로 하면 성사되고, 이혼을 물어도 당사자가 이혼하려면 이혼이 되고, 다시 합치겠는가를 물어도 적극적으로 하면 합쳐진다.
- 묻는 일은 적극적으로 하면 이뤄진다.
- 먼 곳과 가까운 곳의 사이
- 찻길과 주택지역 사이
- 재액을 물었다면 심하지도 가볍지도 않다.
- 중용을 잘 지킨다.(단 움직이기를 좋아한다)

- 병을 물었다면 엄중과 그렇지 않은 것 중간이다.
- ※ 이유 : 인신사해는 사마지로 많이 움직이는 뜻이 있어서 이 궁에 입명하면 신로辛勞하면 성공한다는 것을 상징한다.

이 법은 재·관·각종행업·승진·합자·투자와 학교가는 것 사람 찾는 것 등에 다 이용할 수 있다.

⑥ 실례 1/ 채양이 병인년 2월 유시에 합자하려고 하는데 되겠나? 돈 벌겠나?

- 저자 판단 : 명궁이 오궁이므로 성공하고 돈 번다.
- 결과 : 현재 사림구에서 패스트푸드점을 개업해서 장사가 잘되고 있으며 날마다 돈이 쌓인다.

巳	명궁 午	未	申
辰	2월 유시		酉
卯			戌
寅	丑	子	亥

⑦ **실례 2/** 을축년 5월 해시에 어떤 여사가 마음에 드는 집을 보고 왔는데 살 수 있을까?

- 저자 판단 : 명궁이 미궁에 있으므로 살 수 없다.
- 결과 : 못 샀다.

巳	午	명궁 未	申
辰	5월 해시		酉
卯			戌
寅	丑	子	亥

⑧ **실례 3/** 갑자년 2월 신시에 모 부인이 아버지가 병으로 입원했는데 병이 엄중하다. 생명의 위험이 있겠는가?

- 저자판단 : 명궁이 미궁에 있으므로 병이 비록 위험해도 생명의 위험은 없다.
- 결과 : 과연 그랬다.

巳	午	명궁 未	申
辰	2월 신시		酉
卯			戌
寅	丑	子	亥

⑨ 실례4/ 계해년 3월 미시에 모 선생이 선을 봤는데 결혼 할 수 있는가?

- 저자판단 : 명궁이 유궁이므로 할 수 있다.
- 결과 : 현재 이미 결혼해서 딸 하나가 있다.

巳	午	未	申
辰	3월 미시		명궁 酉
卯			戌
寅	丑	子	亥

(4) 자미두수 심역신단법결[26]

이 법은 명미거사가 두 번째 낸 책에서 소개된 방법인데, 위에서 말한 「천금결千金訣」과는 방법이 조금 다르고 복잡한 감이 있으나 조금만 시간을 투자하면 어렵지 않게 익힐 수 있다.

---

[26] 명미거사, 『자미두수심역신단법결紫微斗數心易神斷法訣』, 무릉출판사

① 운용방법

- 본인의 명반에 시를 배합해서 다시 12궁을 배치한다.[27]
- 예를 들어 오는 손님이 재백을 물었다면 자기명반에(손님 명반이 아님) 이 방법으로 다시 십이궁을 배치해 노복궁의 재백궁의 천간(원명반의 천간)으로 사화를 돌려 길흉을 판단한다.

② 사화의 의미

- 반드시 사화가 붙을 때의 의미를 이해하여야 한다.
- 록권과는 길하다. 그래서 록권과가 좌하거나 대궁에서 비치는 해는 길하다.[28]
- 기忌는 흉하다. 그래서 기가 좌하거나 충하는 년은 흉하다.[29]

③ 시의 분류법

---

[27] 명반의 성과 궁간은 변하지 않는다.

[28] 비치는 해가 길함이 많고, 좌하는 해는 비록 길함이 있어도 바쁘고 고생스러우며 금전 소비가 많다.

[29] 기가 좌하는 년이나 충하는 년 모두 흉하다.

자시		
시	분	명궁
오후 11시	정각	자궁
	1~10	축궁
	11~20	인궁
	21~30	묘궁
	31~40	진궁
	41~50	사궁
	51~59	오궁
오전 12시	정각	오궁
	1~10	미궁
	11~20	신궁
	21~30	유궁
	31~40	술궁
	41~50	해궁
	51~59	자궁

축시		
시	분	명궁
오전 1시	정각	축궁
	1~10	인궁
	11~20	묘궁
	21~30	진궁
	31~40	사궁
	41~50	오궁
	51~59	미궁
오전 2시	정각	미궁
	1~10	신궁
	11~20	유궁
	21~30	술궁
	31~40	해궁
	41~50	자궁
	51~59	축궁

인시		
시	분	명궁
오전 3시	정각	인궁
	1~10	묘궁
	11~20	진궁
	21~30	사궁
	31~40	오궁
	41~50	미궁
	51~59	신궁
오전 4시	정각	신궁
	1~10	유궁
	11~20	술궁
	21~30	해궁
	31~40	자궁
	41~50	축궁
	51~59	인궁

묘시		
시	분	명궁
오전 5시	정각	묘궁
	1~10	진궁
	11~20	사궁
	21~30	오궁
	31~40	미궁
	41~50	신궁
	51~59	유궁
오전 6시	정각	유궁
	1~10	술궁
	11~20	해궁
	21~30	자궁
	31~40	축궁
	41~50	인궁
	51~59	묘궁

진시		
시	분	명궁
오전 7시	정각	진궁
	1~10	사궁
	11~20	오궁
	21~30	미궁
	31~40	신궁
	41~50	유궁
	51~59	술궁
오전 8시	정각	술궁
	1~10	해궁
	11~20	자궁
	21~30	축궁
	31~40	인궁
	41~50	묘궁
	51~59	진궁

사시		
시	분	명궁
오전 9시	정각	사궁
	1~10	오궁
	11~20	미궁
	21~30	신궁
	31~40	유궁
	41~50	술궁
	51~59	해궁
오전 10시	정각	해궁
	1~10	자궁
	11~20	축궁
	21~30	인궁
	31~40	묘궁
	41~50	진궁
	51~59	사궁

자미두수 점법

오시		
시	분	명궁
오전 11시	정각	오궁
	1~10	미궁
	11~20	신궁
	21~30	유궁
	31~40	술궁
	41~50	해궁
	51~59	자궁
오후 12시	정각	자궁
	1~10	축궁
	11~20	인궁
	21~30	묘궁
	31~40	진궁
	41~50	사궁
	51~59	오궁

미시		
시	분	명궁
오후 1시	정각	미궁
	1~10	신궁
	11~20	유궁
	21~30	술궁
	31~40	해궁
	41~50	자궁
	51~59	축궁
오후 2시	정각	축궁
	1~10	인궁
	11~20	묘궁
	21~30	진궁
	31~40	사궁
	41~50	오궁
	51~59	미궁

신시		
시	분	명궁
오후 3시	정각	신궁
	1~10	유궁
	11~20	술궁
	21~30	해궁
	31~40	자궁
	41~50	축궁
	51~59	인궁
오후 4시	정각	인궁
	1~10	묘궁
	11~20	진궁
	21~30	사궁
	31~40	오궁
	41~50	미궁
	51~59	신궁

유시		
시	분	명궁
오후 5시	정각	유궁
	1~10	술궁
	11~20	해궁
	21~30	자궁
	31~40	축궁
	41~50	인궁
	51~59	묘궁
오후 6시	정각	묘궁
	1~10	진궁
	11~20	사궁
	21~30	오궁
	31~40	미궁
	41~50	신궁
	51~59	유궁

술시		
시	분	명궁
오후 7시	정각	술궁
	1~10	해궁
	11~20	자궁
	21~30	축궁
	31~40	인궁
	41~50	묘궁
	51~59	진궁
오후 8시	정각	진궁
	1~10	사궁
	11~20	오궁
	21~30	미궁
	31~40	신궁
	41~50	유궁
	51~59	술궁

해시		
시	분	명궁
오후 9시	정각	해궁
	1~10	자궁
	11~20	축궁
	21~30	인궁
	31~40	묘궁
	41~50	진궁
	51~59	사궁
오후 10시	정각	사궁
	1~10	오궁
	11~20	미궁
	21~30	신궁
	31~40	유궁
	41~50	술궁
	51~59	해궁

실례1 관록편 官祿篇

天天天年鳳天文太 福傷才解閣鉞曲陽 　　　　　◯◯◯	解天天八破 神官空座軍 ◎　　　　祿	旬輩天天台天 空廉使壽輔機 　　　　　陷	紅孤三天天紫 艷辰台刑府微 　　　　△◯
喜指太　74~83　丁 神背歲【奴僕】生巳	飛咸晦　64~73　戊 廉池氣【遷移】養午	奏月喪　54~63　己 書煞門【疾厄】胎未	將亡貫　44~53　庚 軍神索【財帛】絕申
寡陰天火武 宿煞喜星曲 　　　　X◎	성명：◯◯◯, 陰男 陽曆　1954年 1月 22日 2:59 陰曆　癸巳年 12月 18日 丑時		破龍天文太 碎池貴昌陰 　　　　◯◯ 　　　　　科
病天病　84~93　丙 符煞符【官祿】浴辰	命局：金四局, 海中金 命主：貪狼, 身主：天機		小將官　34~43　辛 耗星符【子女】墓酉
封天左天 誥魁輔同 　　◎陷◎			大紅地貪 耗鸞空狼 　　　陷◎ 　　　　忌
大災弔　94~　乙 耗煞客【田宅】帶卯			青攀小　24~33　壬 龍鞍耗【夫妻】死戌
天七 月殺 　◎	截天恩擎天 空哭光羊梁 　　　　◎◎	天祿地天廉 姚存劫相貞 ◯陷◎△	天天天天鈴陀右巨 廚虛巫馬星羅弼門 　　　　△◎陷X◎ 　　　　　　　　權
伏劫天　　　甲 兵煞德【身福德】冠寅	官華白　　　乙 府蓋虎【父母】旺丑	博息龍　4~13　甲 士神德【　命　】衰子	力歲歲　14~23　癸 士驛破【兄弟】病亥

점시 (시의 분류법 참조)

- 오전 9시 40분에 점을 쳤다. 명궁이 유궁이 된다. 노복궁은 인궁이 되고 그 노복궁의 관록궁은 오궁이 되는데 오궁의 궁간은 무戊다.[30]

---

[30] 이런 방법은 흔히 북파에서 많이 쓰는 방법이지만 익숙하지 않더라도 따라 하다보면 어렵지 않다. 자기의 명반에서 시간으로 명궁을 따로 정하고, 그 명궁을 기준으로 십이사항궁을 배치해 노복궁을 찾은 다음 그 노

무간으로 사화를 돌리면
- 탐랑화록 - 술궁에 있다.
- 태음화권 - 유궁에 있다.
- 우필화과 - 해궁에 있다.
- 천기화기 - 미궁에 있다.

저자판단(명미거사)
- 1977년은 밖에서 남성귀인의 도움이 있으며 일이 안정된다.
- 1979년은 일에 변동에 불안정한 현상이 있다.
- 1981년은 하는 일이 이상스럽게 바쁘고 고생스럽다.
- 1982년은 사업에 접대가 많다.
- 1985년은 사업추진이 안된다.

이두해석
- 1977년은 정사년으로 대궁 천이궁에 우필화과가 있어 밖에서 귀인의 도움이 있다고 판단한 것이다.
- 1979년은 기미년으로 천기화기가 좌하고 있기 때문에 일에 변동이 있고 불안정함이 있다고 판단했다.
- 1981년은 신유년으로 태음화권이 좌하고 있으므로 그럴

복궁입장을 명궁으로 생각하고 관록궁을 찾아서 그 관록궁의 궁간으로 사화를 붙여 그 사화가 어느 궁에 떨어지는가를 보고 어느 해 길했던가 흉했던가를 파악한다.

게 판단했다.
- 1982년은 임술년으로 술궁에 탐랑화록이 좌하므로 사업에 접대가 많다고 판단했다.
- 1985년은 을축년으로 대궁에 천기화기가 있어 사업추진이 안된다고 판단했다.
- 일반적으로 점이라고 하면 주로 미래사를 예측하는 것인데 이 방법은 주로 과거사를 알아맞히는 것으로 매우 독특한 점이 있다.
- 또 판단하는 술사 자신의 명반에다 손님이 묻는 시간으로 다시 명궁을 배치해서 노복궁의 관록궁 궁간으로 판단하는 것도 독특한 면이 있다.

실례2 재백편

天天天年鳳天文太 福傷才解閣鉞曲陽 　　　◎◎◎ 喜指太 74~83 丁 神背歲【奴僕】生巳	解天天八破 神官空座軍 　　　　◎ 　　　　祿 飛咸晦 64~73 戊 廉池氣【遷移】養午	旬輩天天台天 空廉使壽輔機 　　　　　陷 奏月喪 54~63 己 書煞門【疾厄】胎未	紅孤三天天紫 艷辰台刑府微 　　　　△◎ 將亡貫 44~53 庚 軍神索【財帛】絶申
寡陰天火武 宿煞喜星曲 　　　Ｘ◎ 病天病 84~93 丙 符煞符【官祿】浴辰	성명 : , 陰男 陽曆 1954年 1月 22日 2:59 陰曆 癸巳年 12月 18日 丑時 命局 : 金四局, 海中金 命主 : 貪狼　身主 : 天機		破龍天文太 碎池貴昌陰 　　　◎◎ 　　　　科 小將官 34~43 辛 耗星符【子女】墓酉
封天左天 誥魁輔同 ◎陷◎ 大災弔 94~ 乙 耗煞客【田宅】帶卯			大紅地貪 耗鸞空狼 　　陷◎ 　　　忌 青攀小 24~33 壬 龍鞍耗【夫妻】死戌
天七 月殺 　◎ 伏劫天 甲 兵煞德【身福德】冠寅	截天恩擎天 空哭光羊梁 　　　◎◎ 官華白 乙 府蓋虎【父母】旺丑	天祿地天廉 姚存劫相貞 　○陷◎△ 博息龍 4~13 甲 士神德【命】衰子	天天天鈴陀右巨 廚虛巫馬星羅弼門 　　　△◎陷Ｘ○ 　　　　　　　權 力歲歲 14~23 癸 士驛破【兄弟】病亥

점시 (시의 분류법 참조)

- 오후 10시 10분에 점쳤다.
- 명궁은 오궁이 되고 노복궁은 해궁이 되며 노복궁의 재백궁은 미궁이 되는데 궁간은 己가 된다.

기간으로 사화를 돌리면

- 무곡화록은 진궁에 있다.

- 탐랑화권은 술궁에 있다.
- 천량화과는 축궁에 있다.
- 문곡화기는 사궁에 있다.

저자판단(명미거사)
- 1977년은 돈이나 금전에 불리하다.(수표문제)
- 1979년은 금전적으로 약간 길하다.
- 1980년은 금전적으로 풍요롭다.
- 1982년은 돈을 적지 않게 번다.
- 1985년은 금전적으로는 평온하지만 문서에 문제가 있다.

이두해석
- 1977년은 정사년으로 문곡화기가 좌하므로 저렇게 판단했다.
- 1979년은 기미년으로 대궁에 천량화과가 있으므로 그렇게 판단했을 것이다.
- 1980년은 경신년으로 본궁 신궁·대궁 인궁에 사화가 안 붙어 있는데도 저렇게 판단했는데, 그 이유를 살펴보면 아마 경신유년의 재백궁이 진궁으로 여기에 무곡화록이 좌하고 있기 때문에 그렇게 판단한 듯싶다.
- 관록편에서도 이와 유사한 해석을 자주 하는데, 성계가 저렇게 자미천부·칠살같이 록이나 기가 붙을 수 없는 성계의 유년에서는 저렇게 판단하는 것 같다.
- 이 책의 특징이 군더더기 하나 없이 결론만 써놓으니까

더 이상 자세한 부분은 알 수 없는 아쉬움이 있다.
- 1982년은 임술년으로 탐랑화권이 좌하고 대궁에 무곡화록이 있으므로 그렇게 판단한 듯 하다.
- 1985년은 을축년으로 축궁에 천량화과가 좌해서 이렇게 판단했다.

④ 금전(물품) 숫자의 운용

이 방법은 돈의 액수가 얼마인가를 알아내는 방법이다.
- 가령 '얼마를 벌겠나? 얼마를 빌려줬나? 얼마에 당첨되나?' 등등 생활속에서 응용할 여지는 많다.
- 이 방법의 수는 낙서수가 기준이 되며 여기에 오행국수를 배합해서 판단한다.

천간수
- 갑 3 / 을 8
- 병 7 / 정 2
- 무 5 / 기 0
- 경 9 / 신 4
- 임 1 / 계 6

지지수
- 자궁 1 / 축궁 0 / 인궁 3 / 묘궁 8
- 진궁 5 / 사궁 2 / 오궁 7 / 미궁 0
- 신궁 9 / 유궁 4 / 술궁 5 / 해궁 6

오행궁
- **수2국** 예를들어 생년록권과가 있으면 7로 판단하고 자화 自化[31]가 있으면 2로 판단한다.(자화와 생년사화가 없으면 2다)

- **목3국** 예를 들어 생년록권과가 있으면 8로 판단하고 자화가 있으면 2가 된다.(자화와 생년사화가 없으면 3이다)
- **금4국** 예를 들어 생년록권과가 있으면 9로 판단하고 자화가 되면 4로 판단한다.(자화와 생년사화가 없으면 4다)
- **토5국** 예를 들어 생년록권과가 있으면 5가 되고 자화가 있으면 0이 된다.(자화와 생년사화가 없으면 5다)
- **화6국** 예를 들어 생년록권과가 있으면 6으로 판단하고 자화가 있으면 1이 된다.(자화와 생년사화가 없으면 6이다)

운용법
- 이 방법을 운용하는데 있어 오행국수가 첫째, 천간이 둘째, 지지가 셋째가 된다.
- 수의 대소는 궁에 좌한 성의 성질로 판단한다. 예를 들어 무탐은 재성이므로 크게 보고, 천기·천량·창곡 등은 재성이 아니므로 적게 본다.

---

31) 여기서 자화란 명반에서 어느 궁이 무간인데 해당궁에 탐랑이 있어 탐랑화록이 된다든지 태음이 있어 태음화권이 된다든지, 우필이 있어 우필화과가 된다든지 천기가 있어 천기화기가 된다든지 하는 것을 자화가 된다라고 한다. 자기 궁에서 자기스스로 사화가 생성되어 있는 것이라고 이해하면 되겠다. 자화는 주로 북파식 논명법에서 자주 쓰는 사화의 추론법 중의 하나다.

실례1)

辛巳	壬午	癸未	甲 재백궁 申
庚辰			乙酉
己卯			丙戌
戊寅	己丑	戊 명궁 子	丁亥

점시
- 오전 10시 10분
- 명궁은 자궁으로 재백궁은 甲숨이 된다.

판단
- 재백궁 갑신이다. 갑신의 오행국수는 수2국, 천간 갑의 수는 3, 지지 申은 9, 그러므로 239원이다.
- 만약 이 궁에 무탐이 있다면 2390원, 천기라면 239원으로 본다.
- 무탐에 생년 록권과가 있다면 7390원, 자화기가 된다면 239원이 된다.

이두해석
- 상황에 따라 239만원 2390만원·2억 3천 9백만원 등으로 응용하면 되겠다.

天年鳳地地天貪廉 福解閣劫空鉞狼貞 X◎◎陷陷 忌 喜指太　5~14　丁 神背歲【身命】冠巳	天天天天巨 月官空刑門 ○ 權 飛咸晦　　　戊 廉池氣【父母】帶午	旬輩天 空廉相 　X 奏月喪　　　己 書煞門【福德】浴未	紅孤封天陰天天天 艷辰詰貴煞巫梁同 　　　　　　陷○ 將亡貫　95~　庚 軍神索【田宅】生申
解寡天鈴文太 神宿喜星昌陰 ○○X 科 病天病　15~24　丙 符煞符【兄弟】旺辰	성명 :, 陰男 陽曆　1953년 11월 18日 12:59 陰曆　癸巳年 10月 12日 午時 命局：土五局, 沙中土 命主：武曲　　身主：天機		破龍火七武 碎池星殺曲 　　陷X○ 小將官　85~94　辛 耗星符【官祿】養酉
天天 魁府 ◎△ 大災弔　25~34　乙 耗煞客【夫妻】衰卯			天天天大紅天文太 傷壽才耗鸞姚曲陽 　　　　　　陷陷 青攀小　75~84　壬 龍鞍耗【奴僕】胎戌
恩八 光座 伏劫天　35~44　甲 兵煞德【子女】病寅	截天擎右左破紫 空哭羊弼輔軍微 ◎◎◎◎◎ 祿 官華白　45~54　乙 府蓋虎【財帛】死丑	天台三祿天 使輔台存機 ○○ 博息龍　55~64　甲 士神德【疾厄】墓子	天天天陀 廚虛馬羅 　　　△陷 力歲歲　65~74　癸 士驛破【遷移】絕亥

점시

　– 오후 3시 20분.

　– 명궁 술궁, 재백궁 오궁

판단

　– 재백궁궁간 무오, 오행국수 화6국, 천간 무는 5, 지지 오는 9, 그러므로 659원이다.

- 재백궁내에 생년거문화권이 있고 자화가 없으므로 6590원으로 판단한다.

⑤ 띠의 판단법

이 방법은 손님이 마음에 염두에 두는 것이나 제출하는 인물을 판단할 때 사용한다.

奴 巳	午	未	申
辰			酉
卯			戌
寅	丑	命 子	亥

점시
- 10시 10분.
- 명궁 자궁, 노복궁 사궁, 노복궁의 재백궁 축궁

판단
- 노복궁이 사궁에 있고 노복궁의 재백궁은 축궁에 있으므로 뱀띠 아니면 소띠로 판단한다.(노복궁이 우선고려대상이고, 노복궁의 재백궁이 두 번째 고려대상이다)

6. 쌍둥이 명은 어떻게 보는가?

(1) 삼명통회의 설

 쌍둥이 명에 대한 고민은 지금 명학을 공부하는 사람들에게도 고민거리일 뿐만 아니라, 먼저 명학을 접했던 고인들도 이 문제에 관에서는 고민이 있었던 모양이다.
 명리의 고전의 하나인 『삼명통회三命通會』에도 이러한 고민의 흔적이 있는데, 아래 그 부분만 발췌해 보기로 한다.[32]

 혹 우연히 한 어머니에게서 같이 나오면 귀천영고를 어떻게 구별합니까?
 대개 한 시간은 8각 12분이 있기 때문에 심천深淺과 전후의 길흉에 다름이 있다. 동시에 한 어머니에게서 난 자가 있으면 반드시 심천과 일시의 음양을 나눠야 한다.
 예를 들어 양일시陽日時면 형이 뛰어나고, 음일시면 동생이 낫다. 천淺이라 함은 먼저 태어난 기를 점하는 것이고, 심深이라는 것은 뒤에 태어난 때의 기를 점하는 것이다.

---

[32] 『삼명통회』, 무릉출판사, 1996년, 439p.

고가古歌에 말하기를 "쌍둥이의 법은 기문에 있다. 영고榮枯를 맞추고 싶으면 일진을 봐야한다. 음일은 동생이 강하고 형은 반드시 약하며, 양시陽時면 형이 귀하고 동생은 반드시 가난하게 된다."고 했고, 이구만李九萬이 말하기를 "대개 소아가 사생四生을 띠면 쌍둥이가 많다"고 했다.

신백경神白經에 말하기를 "양명陽命이 뒤에 태어나면 죽고 음명陰命이 먼저 태어나면 죽는다. 남녀를 막론하고 그렇다."고 했다.

또 일설에 "한시간으로 방향을 나누는데, 예를 들어 목명木命이 동방을 향하면 생기를 받고, 서방을 향하고 있으면 극기剋氣를 받으니 귀천수요가 이로서 다르게 된다."고 했다.

내가 삼하왕씨三河王氏에게 듣기로 "형제가 쌍둥이인데 동생이 먼저 합격하고 형은 뒤에 합격했는데, 공명수요는 대부분 비슷했지만 형이 결국 동생만 못했다. 예주이씨 형제도 쌍둥이인데 한시간 차이가 난다. 고로 동생이 과거에 급제한 반면 형은 수재秀才에 그쳤다."

이상을 보면 쌍둥이 명이면 사주를 어떻게 뽑을까 하는 방법론적인 것보다는, 쌍둥이 명이라도 그대로 사주를 보면서 일간의 음양에 따라 형·동생의 귀천이 달라진다는 유의 관법에만 치중이 되어 있다. 정작 '쌍둥이 명은 명반을 어떻게 작성해야 하나? 사주는 어떻게 뽑아야 하나?' 하는 질문에는 답을 얻을 수 없다.

과연 쌍둥이 명은 시를 어떻게 잡아야 할까?

명리에서도 이런 질문은 골치 아픈 문제지만 자미에서도 이 부분에 대한 정해진 공식이 없다. 고전인 『자미두수전집』이나 『자미두수전서』에 쌍둥이에 대한 언급이 없기 때문이다.

쌍둥이 대해서 몇몇 학자들의 견해를 들어본다.

(2) 문창거사文昌居士의 설33)

"쌍둥이의 명반을 볼때는, 먼저 나온 아이는 형제자매궁으로 명궁을 보고, 뒤에 나온 아이는 명궁으로 명궁을 본다."

 문창거사의 말을 명반실례를 통해서 이해해보자.
 예를 들어 이렇게 1970년 10월 8일 술시에 태어난 쌍둥이 여아의 명(위 문창거사의 책에 내용에 의거 작성한 명반)이 있다하면 태어난 시로 우선 명반을 이렇게 작성한다.
 그리고 먼저 태어난 아이는 위 명반의 형제궁을 그 아이의 명반으로 보고, 뒤에 태어난 아이는 원 명궁 축궁을 그대로 명궁을 삼아서 본다는 것이다.

 문창거사는 친구 딸의 결혼식에 갔다가 그 친구 딸이 쌍둥이라는 것을 알았는데, 큰딸이 결혼하는 애고 작은딸은 아직 미혼이라는 것을 안다.
 문창거사는 '비전'이라 하면서 "쌍둥이의 명반을 볼때는 먼저 나온 아이는 형제 자매궁으로 명궁을 보고, 뒤에 나온 아이는 명궁으로 명궁을 본다"라고 밝히고 있다.

---

33) 문창거사, 『자미두수상천하지紫微斗數上天下地』, 평씨출판유한공사.

실례	여명 1970년 10월 8일 戌시			
大紅 耗鸞 小亡龍　86~95　辛 耗神德【官祿】絶巳	截天天天恩八天天 空月福傷光座刑機 　　　　　　　◎ 青將白　76~85　壬 龍星虎【奴僕】墓午	寡天陀天破紫 宿壽羅鉞軍微 　　　◎◎◎◎ 力攀天　66~75　癸 士鞍德【遷移】死未	天天天三陰天祿天 使哭貴台煞巫存馬 　　　　　　◎◎ 博歲弔　56~65　甲 士驛客【疾厄】病申	
解天台太 神虛輔陽 　　　◎ 　　　祿 將月歲　96~　庚 軍煞破【田宅】胎辰	성명 : ◯◯◯, 陽女 陽曆　1970年 11月 6日 20:59 陰曆　庚戌年 10月 8日 戊時 命局 : 火六局, 霹靂火 命主 : 巨門, 身主 : 文昌		地攀天 劫羊府 　△陷陷 官息病　46~55　乙 府神符【身財帛】衰酉	
七武 殺曲 陷陷 　　權 奏咸小　　　己 書池耗【福德】養卯			紅天太 艷姚陰 　　◎ 　　科 伏華太　36~45　丙 兵蓋歲【子女】旺戌	
旬天龍文天天 空廚池曲梁同 　　△◎Ｘ 　　　　　忌 飛指官　　　戊 廉背符【父母】生寅	破地鈴天右左天 碎空星魁弼輔相 陷陷◎◎◎◎ 喜天貫　6~15　己 神煞索【　命　】浴丑	蜚年封鳳文巨 廉解誥閣昌門 　　　　◎◎ 病災喪　16~25　戊 符煞門【兄弟】帶子	天孤天天天火貪廉 官辰才空喜星狼貞 　　　　△△陷 大劫晦　26~35　丁 耗煞氣【夫妻】冠亥	

그 이론에 따라 위 자매의 명반을 아래와 같이 분석하고 있다.

이렇게 하면 두 자매의 명궁의 궁이 다르고, 개성도 자연히 분명한 차이를 드러내게 된다. 또 두 사람의 질병도 또 다름을 인증할 수 있다. 결혼연령 또한 당연히 대한이 다르기 때문에 다를 것이다.

언니는 결혼하고 자매는 미혼이라는 것으로 인증할 수 있다. 언니의 명궁은 자궁으로 거문·문창이 자명하고 삼방에서 천기 등을 보아 개성이 선량하고 유약하며, 아주 훌륭한 비서형의 인재다. 심사가 세밀하나 우유부단하다.

그 질액궁은 자파로 삼방에서 탐랑·도화를 많이 만나는데 이는 질병상 혈질血疾과 혈액과 관계가 있다.

이러한 추단은 모두 긍정적인 대답을 들었다.

동생은 자파·영성이 명궁을 충하므로 개성이 비교적 대담하며, 일반 여자들이 싫어하는 전기 같은 것도 만져보려고 한다. 또 파군은 10월에 태어났으므로 왕하니 대담하고 활발하다. 이것도 그 동생과 들어맞는다.

그녀의 질액궁은 동량인데 무슨 특수한 질병이 없이 건강하다.

(3) 료무거사의 설

료무거사는 이 부분에 대해 아주 명쾌한 답변을 하고 있는데 "그냥 똑같이 본다"는 것이다.

즉 쌍둥이든 세쌍둥이든 똑같은 명반으로 본다는 것이다.

이런 관점을 견지했을 때 명반이 같은 부분에 대한 답변도 "어쩔 수 없는 일이다. 명리는 본래 결함이 많다."라고 넘어간다.

이렇게 쌍둥이 명을 동일명반으로 보는 방법은 풍수로 유명한 종의명 선생도 『자미일득紫微一得』에서 채용하고 있다.

이 책에는 종의명선생과 같은 견해를 가진 『자미간단紫微簡單』의 임금랑林金郞의 주장도 인용했는데, 임금랑이라는 학자가 쌍둥이를 동일 명반으로 보는 이유에 대해 이렇게 설명하고 있다.

"동일 명반의 사람은 후천적으로 부딪치는 부분이 다르기 때문에 다른 상황이 생긴다. 여러 쌍둥이의 형제도 이와 같다. 그러므로 쌍둥이 혹 그 이상의 쌍둥이든 동일한 명반으로 사용하되 목전의 발전의 같고 다름에 따라 수정해야 한다."

(4) 천을상인의 설34)

　북파학자 중에서 아주 저명한 천을상인의 쌍둥이에 대한 관점은 아주 자세하다. 아래 그 내용을 전재한다.

① 쌍둥이가 다른 시간에 태어났다면 각기 각자 시간으로 명반을 작성한다.

② 쌍둥이가 동일시간에 출생하면 먼저 출생한 아이는 해당시로 명반을 작성해서 보통의 논법대로 논한다.

③ 뒤에 출생한 아이는 해당시간으로 명반을 배치한 다음, 해당 명반의 천이궁을 그 명궁으로 삼고 다른 성은 움직이지 않고 단지 십이궁만 변동해서 논한다. 첫아이의 형제궁은 뒤 아이의 노복궁이 되는 식이다. 기타도 이렇게 유추한다.

④ 먼저 태어난 아이의 신궁身宮은 일반적인 이치에 따라 추론하고, 뒤에 태어난 아이는 그 명궁을 정점으로 삼고 신궁을 추리해서 배치하는 방법으로 추론한다.
　예를 들어 먼저 태어난 아이의 명궁이 오궁에 있고 신궁이 관록궁 술궁에 있다면, 뒤에 태어난 아이는 명궁이 자궁이 되고 신궁은 진궁 관록궁이 되는 식이다.

---

34) 『현대두수진결(6)』(연전출판사, 2003)에서 인용하였다.

⑤ 대한을 추론하는 방법도 보통 때와 같다. 각자 그 소속된 명궁의 자리에서 대한을 일으킨다. 만약 쌍둥이가 1남 1녀라면 반드시 순행 혹 역행으로 구분해야 하며 소한도 마찬가지다.

⑥ 유년·소한을 추론할 때는 제 1·3태胎는 태세를 위주로 보고 소한을 보조로 보며, 제 2·4태는 소한을 위주로 보고 태세를 봐서는 안된다.

⑦ 자미두수로는 최대 네 쌍둥이까지 추론할 수 있다.
만약 동일한 시간 안에 태어난 네 쌍둥이라면
- 세 번째는 해당 명반을 위주로 하되 첫째 아이의 형제궁이 명궁이 되며
- 네 번째는 첫째 아이의 노복궁을 명궁으로 삼으며 여전히 성은 움직이지 않고 십이궁만 움직인다.

⑧ 쌍둥이의 명궁이 동일한 명반의 명천선에 나뉘어 있으면
- 만약 그 중 한사람이 명궁에 정성이 없어 대궁의 성을 끌어다 쓴다면, 이때는 두 사람의 명궁에 좌한 별이 같으므로 이러한 쌍둥이는 반드시 생김새가 아주 유사하다.
- 예를 들어 한 사람이 명궁이 묘궁의 자탐인데, 다른 한사람은 명궁이 유궁이고 자탐을 끌어다 쓴다면 이러한 정형은 의학상 일란성 쌍둥이라고 하는 것이다.

⑨ 쌍둥이가 만약 각자 명궁에 주성이 있으면 대궁의 성을 차성

할 필요가 없다.

> – 이 두 사람의 생김새나 개성에는 반드시 다른 사람이 능히 가려볼 수 있는 다른 점이 있다. 이는 이란성 쌍둥이에 속한다.

⑩ 위의 ⑧번에서 말한 것처럼 동일한 시간에 출생한 네 쌍둥이라면 제 1태와 제 2태가 비교적 비슷할 수 있고, 제 3태와 제 4태가 비슷할 수 있다.

⑪ 만약 쌍둥이들이 본인의 생시가 무엇인지 확정할 수 없을 때는 ⑧·⑨번의 이론에 따라 다시 그 형모가 비슷한지의 여부로 교정한다.

(5) 대만 학자들이 쓰는 쌍둥이 명반

① 일반적으로 쓰는 방법
- 처음에 나온 아이는 해당 년월일시로 작성한 명궁 그대로 본다.
- 두 번째 나오는 아이는 형제궁이 명궁이 된다.
- 세 번째 나온 나이는 부처궁(즉 두 번째 아이의 명궁의 형제궁)이 된다.
- 네 번째 나온 아이는 자녀궁(세 번째 아이 명궁의 형제궁)을 명궁으로 삼아 십이사항궁을 배치하는 방법이다.

② 이 네 가지 방법 외에
- 천을상인의 방법대로 쌍둥이 중 동생의 명반 원명반의 천이궁으로 명궁을 삼는다.
- 혹은 원명반의 형제궁을 명궁으로 삼아 보든지 간에 해당 궁의 납음으로 다시 자미를 찾아 십사정성을 배치하고 십이사항과 대운을 배치하여 본다.
- 나머지 보좌성과 잡성은 원명반과 똑같이 작성한다.

(6) 실례35)

실례	1967년 10월 1일 인시 남명		
天天天陀天 廚貴馬羅機 △陷△ 科	天天祿文紫 月刑存曲微 ○陷◎	紅恩擎 艷光羊 ◎	孤天天台陰天紅文破 辰壽空輔煞巫鸞昌軍 ○陷
力歲帛 45~54 乙 士驛客【財帛】冠巳	博息病 35~44 丙 士神符【子女】帶午	官華太 25~34 丁 府蓋歲【夫妻】浴未	伏劫晦 15~24 戊 兵煞氣【兄第】生申
解寡天天封七 神宿使才詰殺 ○	성명 : ○○○, 陰男 陽曆 1967年 11月 2日 4:59 陰曆 丁未年 10月 1日 寅時 命局 : 土五局, 大驛土 命主 : 文曲, 身主 : 天相		地天 空鉞 ◎◎
靑攀天 55~64 甲 龍鞍德【疾厄】旺辰			大災喪 5~14 己 耗煞門【命】養酉
旬截蜚年鳳天太 空空廉解閣梁陽 ◎◎			天天廉 姚府貞 ◎◎
小將白 65~74 癸 耗星虎【遷移】衰卯			病天貫 庚 符煞索【父母】胎戌
天天天武 官傷喜相曲 ◎X	破天八三地右左巨天 碎空座台劫弼輔門同 陷◎◎◎陷 忌權	大鈴貪 耗星狼 陷○	天天龍火天太 福哭池星魁陰 △○◎ 祿
將亡龍 75~84 壬 軍神德【奴僕】病寅	奏華歲 85~94 癸 書煞破【身官祿】死丑	飛咸小 95~ 壬 廉池耗【田宅】墓子	喜指官 辛 神背符【福德】絶亥

① 1967년 음력 10월 1일 인시에 쌍둥이가 태어났다면

- 일단 첫째는 일반적인 방법으로 위의 예처럼 명반을 작성한다.
- 만약 천을상인처럼 천이궁을 동생으로 보는 관점을 취한

---

35) 『현대자미 4집』 128p (료무거사, 용음문화, 1993)에서 인용하였다.

다면 천이궁 계묘의 납음(금)을 국수로 삼아 다시 자미를 찾는다. 즉 계묘가 납음으로 금에 해당하므로 금4국이 되며 생일/국 해서 해궁에 자미가 떨어지게 된다.
- 명궁은 원명반의 천이궁이 되어 십이사항궁을 다시 배치한다.

府福	同陰田	武貪官	巨陽奴
父 貞破命 (4-13)			相遷 機梁疾
兄 (14-23)	夫 (24-33)	子	紫殺財

- 위의 명반처럼 십이사항궁과 대한을 배치하고 나머지 보좌성·잡성은 원명반과 똑같이 배치한다.
- 원명궁의 형제궁을 동생으로 보는 방법을 취한다면 위의 예를 참고하여 명반을 작성하면 된다. 즉 원명반의 형제궁 무신의 납음 토로 국수를 정해 생일/국 해서 자미가 오궁에 배치되는 명반을 작성하면 무신궁에 파군이 좌명하게 된다. 나머지도 위의 예에 준해서 작성하면 된다.

(5) 필자의 관점

필자가 보는 쌍둥이의 간명법은 처음에 난 아이는 그 아이가 태어난 연월일시로 명반을 작성해서 보고, 그 다음에 태어난 아이는 태어난 시를 다음 시로 해서 본다.

실례	쌍둥이 간명법		
天天天陀天 廚貴馬羅機 △陷△ 科	天天祿文紫 月刑存曲微 ○陷◎	紅恩擎 艷光羊 ○	孤天天台陰天紅文破 辰壽空輔煞巫鸞昌軍 ○陷
力歲弔 45~54 乙 士驛客【財帛】冠巳	博息病 35~44 丙 士神符【子女】帶午	官華太 25~34 丁 府蓋歲【夫妻】浴未	伏劫晦 15~24 戊 兵煞氣【兄弟】生申
解寡天天封七 神宿使才詰殺 ○	성명 : ○○○, 陰男 陽曆 1967年 11月 2日 4:59 陰曆 丁未年 10月 1日 寅時		地天 空鉞 ◎◎
青攀天 55~64 甲 龍鞍德【疾厄】旺辰	命局 : 土五局, 大驛土 命主 : 文曲 身主 : 天相		大災喪 5~14 己 耗煞門【 命】養酉
旬截蜚年鳳天太 空空廉解閣梁陽 ◎◎			天天廉 姚府貞 ◎◎
小將白 65~74 癸 耗星虎【遷移】衰卯			病天貫 庚 符煞索【父母】胎戌
天天天天武 官傷喜相曲 ◎X	破天八三地右左巨天 碎虛座台劫弼輔門同 陷◎◎◎陷 忌權	大鈴貪 耗星狼 陷○	天天龍火天太 福哭池星魁陰 △○◎ 祿
將亡龍 75~84 壬 軍神德【奴僕】病寅	奏月歲 85~94 癸 書煞破【身官祿】死丑	飛咸小 95~ 壬 廉池耗【田宅】墓子	喜指官 辛 神背符【福德】絶亥

즉 위 명이 쌍둥이 명이라면 1967년 10월 1일 寅時는 먼저 태어난 아이의 명반으로 보고, 그 다음에 태어난 아이라면 1967년

10월 1일 묘시로 보며, 그 다음 세 번째 쌍둥이라면 1967년 10월 1일 진시로 본다는 것이다.

7. 같은 사주는 같은 삶을 사는가?

자미두수를 공부하지 않는 이유로, 흔히 하는 말 중에 '생년월일시가 다른데도 동일한 명반이 너무 많이 나오기 때문에 신빙성이 없어서'라고 한다.

자미두수의 추론 근거는 명반이기 때문에, 이론적으로 명반이 같으면 운명도 같다. 생년월일시가 같다면 자미두수 명반도 당연히 같겠지만 명리로 본 사주팔자도 같게 된다. 그럼 그렇게 같은 생년월일시에 태어났다면 똑같은 운명을 살게 되나? 결론은 그렇지 않다.

동일한 생년월일시에 태어난 사주가 삶의 궤적이 유사할지언정 — 어느 경우는 정반대의 경우도 있다 — 똑같은 삶을 살지 않는다는 것은 역학을 깊이 있게 공부하는 학인들에게는 주지의 사실이다.

여러 가지 예를 들 수 있겠지만, 명리를 공부하는 학인들이 공통적으로 공감할 수 있는 자료, 즉 고전을 통해서 그 예를 찾아본다면 동일사주가 동일한 삶을 살지는 않는다는 것을 확인할 수 있을 것이다.

(1) 삼명통회에서 인용

아래 다소 길게 인용한 자료는 명리의 고전인 『삼명통회』[36]에 나오는 이야기다.

◆ **십간십이년생 대귀인(十干十二年生 大貴人)의 예**

戊乙丁甲 寅未卯○	乙甲己乙 亥戌卯○	丙丁庚丙 午巳寅○	丁壬丙丁 未辰午○	戊己壬戊 寅丑戌○
丙己辛己 寅未未○	辛庚甲庚 巳申申○	辛庚丙辛 巳午申○	丁壬辛壬 未辰亥○	戊丙丙癸 子辰辰○

※년지가 ○으로 표시된 것은 예를 들어 갑년생이면 갑자·갑인·갑진·갑오·갑신·갑술의 六甲생이 다 해당된다는 뜻이다.

이상의 년의 한날 한시에 태어나면 세상에서 대귀인이 되거나, 큰 공을 세워 업을 일으키는 명이 된다. 그러나 천한데서 신선이 나오는 것은 일반적인 학술로는 밝힐 수 없다.

대귀인으로 말하자면 제왕보다 더한 이가 없지만 역대로 창업한 임금과 명조明朝의 여러 황제들을 살펴보면 위와 합한 이가 하나도 없다.

내가 항상 말하기를 "천하가 크니 억조의 백성 중에서 이러한 연월일시에 난 자가 어찌 없겠는가만, 꼭 모두 대귀인이 되는 것

---

36) 『삼명통회』, 무릉출판사, 1996, 392~393p.

은 아니다.
  중요한 것은 하늘이 대귀인을 내는 것은 반드시 명수기운冥數氣運37)이 있느냐가 주가 되는 것이지, 연월일시에 의지해 그것을 알기에는 한참 부족하다"고 한다.

  내가 벼슬아치였기 때문에 평민이 벼슬아치처럼 사주가 같다할지라도 정해진 운명을 자세히 살필 수 없어 벼슬아치로만 한정해 논하겠다.

◆ 실례

① 황무관黃懋官 시랑侍郞과 신개申价 부사副使의 명은 같다. 그러나 황무관은 병화兵禍에 죽고 신개는 창문에서 죽었다.
  신개는 황무관보다 먼저 죽었으며, 관의 대소도 말할 것 없이 차이가 난다.

② 주형朱衡과 이정룡李庭龍은 사주가 같다.
  주형은 임진년에 등과 했으며, 이정룡은 계축년에 등과했다. 주형은 관이 상서尙書에 이르렀지만, 이정룡은 대참大參에 그쳤으며 수명도 또한 길지 않았다. 또 그 자손의 다과와 현명한가 여부도 말할 것 없이 차이가 난다.

---

37) 결국 알 수는 없으나 정해진 어떤 기운, 즉 저자 만민영도 이해하지 못하는 어떤 이유, 단순하게 풀어서 이야기하자면 업력 같은 것.

③ 만채萬寀와 요재饒才의 사주도 같다.
만채는 진사에서 시작해서 관이 경이卿貳에 이르렀지만, 요재는 거인에서 태수에 그쳤을 뿐이었다.
요재는 자식이 많았고, 만채는 적었다.
또 만채는 죄를 지어 군대에 충군充軍되어 갔다가 죽었으나, 요재는 그렇지 않았으니, 그 수요壽夭와 죽음도 같다고 말하기 어렵다.

④ 삼하왕三河王은 형제를 같은 시에 낳았음에도 공명에 선후가 있었으니 역시 서로 달랐다. 항차 천하가 크고 구주九州 또한 넓으니 억조의 많은 백성 중에 그 팔자가 같은 이가 어찌 이것뿐이겠는가!

⑤ 또 오가烏哥의 예를 들어 논하면서 내가 짧은 이야기를 적어본다.
졸병으로 종군한 오가를 본 적이 있는데, 노공魯公의 사주와 같았다. 노공을 만났을 때 노공은 조정에서 큰 은총을 받고 있었고 이 병사는 큰 책벌을 받고 있었다.
즉 노공은 작은 희경사가 있었지만 이 졸병은 작은 질책을 받았는데 그 상반됨이 이와 같았다.

⑥ 또 염가染家가 아들을 낳았는데 노공과 명이 같았다.
전후로 60년의 차이가 있지만38) 술사들은 노공의 명이 앞으로 살아갈 내력을 증명해 주었기에 그 집안이 크게 기뻐하며 "먼

훗날 반드시 귀하게 될 것이다."라고 했다.
그러나 그 아들은 어릴 때부터 방자하게 굴다가 커서는 점점 술에 빠지고 방탕하게 놀더니 술에 취해 물에 빠져 죽었다. 그 때 나이가 19세에 불과하였으니 어찌 가르치지 못한 소치가 아니었겠는가!

⑦ 또 낙선록樂善錄에 사주가 같은 태학太學의 자리에 있는 두 사람의 벼슬아치 명이 기록되어 있는데, 둘 다 똑같이 발달하고 풀렸으며, 역임한 성省도 서로 가까워 벼슬살이하면서 서로 놀러 다니다 보니, 아마도 피차간의 재복災福을 알게 되었던 모양이다.

후에 한 사람은 악주鄂洲에 부임하고 한 사람은 황주黃洲에 교수로 부임했는데, 얼마 안되어 황주에 부임한 사람이 죽자 악주에 부임한 이가 뒷일을 처리하면서 말하기를 "나와 공은 생년월일시가 같고 같은 곳에서 태어 났으나 공은 먼저 나를 버리고 가니 내가 지금 죽고 공이 일주일 뒤에 죽었으면 좋았을 걸…. 만약 영혼이 있다면 꿈에라도 나타나서 말해주오!" 라고 했다.

그날 밤 과연 꿈에 나타나서 말하기를 "나는 부귀하게 태어나서 복을 지나치게 향유했기 때문에 먼저 죽은 것이고, 공은 한미하게 태어나서 아직 복을 다 누리지 못해서 산 것이네." 라고 하였다.

---

38) 노공보다 60년 뒤에 태어났다는 말.

후에 악주에서 관이 전군典郡에 이르렀는데 복을 지나치게 쓰는 것에 대해 어찌 경계하는 바가 있지 않은가!

⑧ 또 우리 군에 안수방顔守芳이라는 생원과 광부 원대강袁大綱도 사주가 같았는데, 안수방은 가난하고 원대강은 부유하였으며 안수방은 자식이 많고 원대강은 아들 둘 뿐이었다.
안수방은 살아있으나 원대강은 이미 죽었고 안은 책을 읽고 예의를 지키고 위험한 병이 있을 때 능히 스스로를 지킬 수 있었는데 결국 세공歲貢[39]에 뽑혀 출세하였다.
그러나 원대강은 반대였다.

◆ 결론

이 여러 사람을 합해서 보건데 태어난 집안이 다르고 각 사람이 닦은 업이 또 다르다 해도 그 몸을 보하고 근신하며 닦아 장년까지 근검하고 우리 스스로 구함이 있다면 어찌 다복하지 않겠는가!

만약 말하기를 "나의 명이 부귀장수를 갖췄다."고 덕을 닦지 않고 나아가 배우지 않으며 교만방자하게 법을 어기며 산다면 어찌 명이 그렇다한들 명대로 살아지겠는가!

---

[39] 명청시대 해마다 지방 학생 중에서 우수한 자를 선발하여 서울로 보내어 국자감에서 공부시키던 제도.

8. 외국에서 태어난 사람의 명은?

외국에서 태어난 사람의 명은 어떻게 볼 것인가?
상담을 하다보면 시대의 추세가 그런지 외국서 아이를 출생하는 경우도 많고, 베트남이나 필리핀·조선족들이 한국에 시집와서 사는 일도 많아졌다.
그래서 이런 유의 고객을 상담하는 일도 생기게 되는데, 그때마다 생년월일시를 어떻게 잡아야 하는 문제가 생기게 된다.

즉 외국인이라면 시를 어떻게 잡아야 할까?
외국에서 태어난 한국 사람이라면 시를 또 어떻게 잡아야 할까?
어떤 분들은 처음부터 외국에서 태어난 날과 시를 한국의 날과 시로 환산을 해서 생년월일시를 이야기 하는 분도 있는데 어떻게 하는 것이 맞을까?

필자가 자미두수를 공부하는데 있어 가장 영향을 깊게 받은 학파가 『중주파』인데, 중주파에서조차 아래와 같은 주장을 하고 보면 어떤것이 맞을까 헷갈리게 된다.

(1) 중주파의 출생시 환산법

① 환산법

『중주파자미두수 초급강의』 앞머리에 명반 작성법 중에 「출생시를 환산하는 법」에 보면 이런 구절이 있다.

"자미두수명반을 작성하는데 있어 가장 중요한 것은 출생시간을 결정하는 것이다. 본파는 출생시를 잡는데 있어 낙양지구洛陽地區를 절대표준으로 삼는다."

즉 중주파에서는 자미두수는 낙양에서 흥기해서 만들어진 술수기 때문에 모든 시간을 낙양시간을 절대표준으로 하고 있다. 낙양지역 외에 태어난 사람들은 낙양과의 거리를 동경으로 환산해서 시간을 잡아야 한다는 것이다.

중주파의 이론의 정밀하고 치밀함에 감탄하며 거의 모든 이론을 정설로 받아들이는 필자지만, 출생시를 결정하는 이러한 방법은 도저히 찬동할 수 없다. 그것은 사주추명이든 자미두수든 이론이 천문학[40]에서 비롯되었으며, 천문현상과 밀접한 관계가 직간접적으로 있는 것이 주지의 사실인데, 인위적으로 이런 식의 시간을 낙양기준으로 잡는다면, 여러 가지 모순이 생기게 되기 때문이

---

[40] 사주든 자미두수든 그 원류는 동양의 점성술이라 할 수 있는 칠정사여산에서 비롯되었음.

다.

　가장 단적인 예를 들어서 자미두수에서 태양·태음의 묘왕지를 정할 때, 태양태음이 좌한 궁도 중요하지만 '그 태양·태음이 주성主星이 되느냐의 여부는 밤에 태어났느냐? 낮에 태어났느냐?'가 핵심 변수가 된다.
　즉 태양이 명반상에서 인묘진사오미궁에 있어 묘왕지에 있더라도 밤에 태어났다면 주성이 안되고, 낮에 태어났다면 주성이 되어 백관조공이 필요해진다.
　태음도 마찬가지로 신유술해자축에 있어 묘왕지에 있더라도 낮에 태어났다면 주성이 안되고, 밤에 태어나면 주성이 되어 역시 백관조공이 필요해진다.

② 중주파 관점의 모순
　중주파의 관점으로 시를 계산해서 봐야한다면 여러 가지 모순이 생기게 된다.
　가령 어느 지역에서 그 지역의 시간으로 정오에 태어났는데, 낙양기준으로 환산해서 자시가 되었다면, 이렇게 환산한 생시가 자시로 엄연히 밤시간인데 이것을 두고 낮시간에 태어났다고 해야 할까? 밤시간에 태어났다고 해야 할까?
　낙양시간을 절대기준으로 삼고 다른 지역은 상대적 시간으로 환산해서 봐야하는 관점은 이렇듯 모순이 생기기 때문에 필자는 외국에서 태어난 명이면 무조건 그 곳의 날짜와 시간을 기준으로 명반을 잡는것이 타당하고 생각하고 그렇게 보고 있다.

(2) 자운선생의 관점

이렇게 외국인의 명을 볼 때 출생한 그 곳의 날짜와 시간을 사용해서 명반을 작성하는 관점은 대만의 유명한 두수명가 자운선생[41]도 사용하고 있다.

① 외국인의 명은 당지의 출생일자를 가지고 양력을 음력으로 바꿔서 본다. 출생시도 지지의 시진으로 바꿔서 본다.

② 나는 직장 때문에 이십 몇 년 동안 회사와 거래하기 위해 오는 적지 않은 외국 사람들을 추명한 적이 있다.
나는 계속 이러한 외국바이어들과 단판에 참여하면서, 항상 차와 식사로 피차간에 거리를 좁힌 다음, 슬쩍슬쩍 관상에 대한 이야기부터 시작해서, 자미두수에 대한 이야기로 나아가면서 이런 유의 방식으로 명반을 작성해 두수를 보았다.
이러한 외국손님은 영국·미국·프랑스·이탈리아와 일본 등 서로 다른 국적의 인사들이 포함되어 있다. 그들은 모두 세계에서 유명한 회사들의 직원으로 모두 국제적인 거래에 담당자들로 평범한 사람들이 아니다. 어찌 경솔하게 어영부영 할 수 있겠는가!

---

41) 자운선생의 외국인에 대한 출생시 잡는 관점을 『두수논혼연斗數論婚緣』(시보출판공사)이라는 책에서 인용한 것이다.

하노사何老師(자운선생의 스승)께서도 그동안 셀 수 없을 정도로 외국인 명례를 보아오면서도 모두 이러한 방법을 채용했다고 말씀하셨다. 그래서 나도 이러한 종류의 시간 채용법에 대한 믿음에 의심이 없다.

③ 자미두수는 태음력42)에 의거하고 있는데, 음력 15일 밤(16일 될 수도 있다)이 「중원」 지구에 보름달이 뜰 때지만, 지구상의 다른 한쪽은 같은 시간인데도 낮으로 달을 볼 수 없다.
두수명리로 인명의 길흉화복을 추론하는데 사용할 수 있다고 가정한다면 그것은 하늘의 성이 인간에게 감응작용을 일으킨다는 것에 근거를 둔다고 할 수 있다.
그렇다면 우리가 어찌 일개인이 태어난 그 시간에 하늘의 성이 그에게 감응하는 정황에 의지하지 않고 논명할 수 있겠는가?

④ 가령 어떤 사람이 미국 뉴욕 당지에서 오전 9시 몇 분인 사시에 태어났다고 하면, 이 시간은 대만에서 그 다음날 저녁 10시 몇 분의 해시가 된다.
만약 무슨 지방에서 태어난 사람인지를 따지지 않고 반드시 「중원」시간으로 환산해서 명반을 작성해야 한다면 뉴욕에서 태어난 그 사람은 반드시 해시로 명반을 작성해야 할 것이다.
두수명리를 아는 사람이라면 단지 몇 십명의 외국인의 명반을 작성해보면 이러한 유의 시간을 정하는 문제는 아주 쉽게 해결

---

42) 달이 차고 기우는 현상을 가지고 역법의 기준을 삼는다.

할 수 있을 것인데, 어찌 하필 고담준론에다가 경전까지 끌어들이면서 합리화시키려 하는가!

제 2부

자미두수 부문賦文 써머리

※ 賦文 : 부는 시와 산문의 요소들을 결합한 한문문체의 하나이다. 자미두수를 집필한 고인들도 자미두수에 필요한 내용들을 외우기 쉽게 요점 정리한 구절들을 부賦라는 형식으로 만들어서 골수부骨髓賦니 태미부太微賦니 여명골수부女命骨髓賦니 하는 식으로 작성해서 전서에 실었다.

부문이란 자미두수에서 알아야 할 내용을 써머리한 요점 정리 문장이라 생각하면 되겠다.

이 부분은 『자미두수전서』 하권 1362P에 실린 「별의 동궁과 각기 마땅한 만남에 의한 부귀·빈천·요수를 논함」의 내용이다.
　내용은 자미두수 전체에 산재해 있는 구결들을 요약해 놓은 형식을 취하고 있는데, 이 부분만 잘 숙지하고 있어도 자미두수를 추론하는데 있어 많은 도움을 얻을 수 있다.

　먼저 원문을 배치하고 나중에 원문에 대한 토를 달고 부문과 원주를 해석하고 역자주와 해석을 달았으며, 『전서』에 없는 부분은 왕정지 선생의 『두수사서』 3권 중 「팔희루초본고결八喜樓鈔本古訣」의 내용에서 발췌해 넣었다. 이 구결의 역자주는 왕정지 선생의 주석을 주로 참고하였다.

　필자도 이런 부류의 압축 파일 같은 고결들이 싫다.
　지루하고 딱딱하고, 욕 나오게 하기 딱 쉽고, 머릿속에 들어가지도 않고, 순 한문이고…!! 그래서 한글세대인 독자들에게는 이런 내용은 건너 뛰어버리고, 억지로 참고 보다보면 수면제로서 이보다 더한 약이 없을 정도로 따분한 내용들 투성이다.

　그러나…. 그러나 말이다.
　이런 걸 해석 없이 한문만으로 공부하며 엉덩이에 땀띠나게 무식하게 공부했던 필자 같은 사람의 성의를 생각해서라도 이 부분은 읽어주시라!
　『자미두수입문』에서처럼 감칠나게 씹어 먹여주기에는 여러분들의 실력이 늘어 버렸다. 『왕초보자미두수』도 입문보다 더한 깊이가 있는 책임은 틀림없지만, 그 책에서도 이런 부문을 소개하고 싶은 마음이 굴뚝같았지만 참았다.
　명색이 "왕초보"라는 타이틀을 붙여두고 이런 식의 딱딱한 구결들은 감히 넣을 수 없었기 때문이다.

　그렇다고 이런 내용을 고급과정에 넣을 수도 없는 노릇이다.
　물론『자미두수전서』에 여기서 인용하는 부문들 외에 수 많은 부문들이 있어, 필자는 독자들이 자연스레 이 책을 통해서 중급과정은 해결하겠거니 했는데, 너무 두껍다 보니 지레 포기가 되는가 보다.
　그래서 중급이라는 책을 따로 써야겠다고 결심하고 미적거린지 벌써 3년이나 지났다.

　자미두수 입문을 뗀 독자들로서는 이 책이 중급과정으로 옮겨가기 좋은 디딤돌이 되리라 싶어 정말 필요한 이 부문을 소개하기로 결심했다.

　자미두수는 성학이라는 점을 누차 강조했다. 그래서 성에 관한 이해가 없으면 자미두수 공부는 포기해야 한다.『자미두수입문』에서 이미 자미두수에서 쓰이는 모든 성을 빠짐없이 설명했다.
　그러나 지금 소개 하려는 아래 부문과 같은 내용들을 알지 못하면 자미두수 추론에 많은 빈틈이 생기게 되어 무엇으로도 메울 수가 없다는데 문제가 있다. 반드시 알고 있어야 추론이 제대로 되는 소위 비법이라면 비법이 될 만한 부문들이다.

아래 부분들은 전서 상하권에 산재한 여러 부문들을 체계적으로 각 성별로 정리해뒀기 때문에, 자미두수를 공부하는데 필요한 핵심적인 여러 성의 조합의 특성을 거의 대부분 알 수 있게 된다.

될 수 있으면 이 부분들을 백독하고 암송하라!
한문은 왜 토를 안달아 줬냐고?
한문에 관심이 없는 분들은 한글만으로 읽으면 되고 한문에 관심이 있는 독자들은 사전 찾아라! 사전 뒤적거리느라 묻은 땟꾹물의 농도만큼 여러분들의 실력은 비례하게 될 것이다.
가능하다면 문장 그대로 외우면 좋다.
멋도 있고 외우다보면 한문글자의 의미가 조합되어 의미를 파악하는 것도 어렵지 않다.

그리고 실상 까발겨보면 어렵지도 않다.
단지 복잡해 보이니 머리 아파하고 건너뛰게 되는 것이다. 단언컨대 이 내용을 숙지 않으면 자미두수를 제대로 공부했다고 할 수 없다.

그리고 이 부분을 충분히 소화했다면 『자미두수전서』를 사서 읽어라! 그 책에는 오리지널 부문인 골수부骨髓賦니 태미부太微賦니 여명골수부女命骨髓賦니 하는 부문들이 많다.
옛사람들은 이런 부문을 비결로 여기며 통으로 암기하였다. 더 진일보한 공부를 위해서는 중급을 떼고 난 뒤에 반드시 전서를 읽기 바란다.

대만에서는 『전서』에 있는 「골수부」나 「태미부」「여명골수부」 등의 부문을 해석한 단행본까지 발행되고 있는 실정이다. 이러한 부문은 명리를 공부한 사람들이 한 번씩 읽어봤을 『사주첩경』에 있는 추명가와 같은 거라고 보면 된다.
　　명반을 해석하고 운을 추론하는데, 단언컨데 도움이 되니 귀찮아 하지 말고 꼭 읽어야 한다. 여기에 소개한 부문들은 이러한 부문들의 중요한 내용만을 편집한 것에 불과한 것이니 오리지널로 보려면 전서를 꼭 읽으시라!

1. 14정성

(1) 자미紫微

> 廟 寅丑未午 旺 申亥卯巳 平 子 無陷
>
> ✪ 묘:인·축·미·오궁 / 왕:신·해·묘·사궁 / 평:자궁 / 함궁은 없다.

> 紫微居午無刑忌 甲丁己[43]命至公卿
> ★ 加刑忌平常 刑乃擎羊也
>
> ✪ 자미가 오궁에 있으면서 형기가 없고, 갑·정·기년생의 명이면 공경의 지위에 이른다.
> ☆ 형기가 더해지면 보통인데, 형刑이란 경양을 말한다.

> 紫微居子午 科權祿照最爲奇
> ★ 科權祿三方照是也 爲仰面朝斗格
>
> ✪ 자미가 자오궁에 있으면서 화과·화권·화록이 비추면 가장 기특하다.
> ☆ 과·권·록이 삼방에서 비추는 것을 말하는데, 앙면조두격仰面朝斗格이라 한다.

---

43) 옛날에는 목판본이나 필사본 관계없이 '己·己·巳'를 혼용하여 사용하였다. 여기서는 문맥에 따라 원문을 '己'와 '巳'로 구분하여 표시하였다.

> 紫微男亥女寅宮 壬甲[44]生人富貴同
> ★ 同 男女同也

◎ 자미가 남자는 해궁, 여자는 인궁에 있으면서 임·갑년생이면 부귀가 같다.

☆ 여기서 동同이란 남녀가 같다는 말이다.

이두주 인궁은 자미·천부가 동궁하고, 해궁은 자미·칠살이 동궁한다. 갑년생이면 인궁에서 쌍록과 무곡화과를 만나고, 해궁에서는 녹·권·과를 모두 만나므로 부귀를 모두 갖출 수 있는 조건이 되나, 임년생이라면 자미화권이 명궁에 좌하여 귀를 갖출 수 있는 조건이 될 수는 있겠으나, 해궁일 때는 녹존이 동궁하기는 하나 인·해궁 모두 재백궁이 무곡화기가 되므로 부하다고 말할 수는 없다.

> 紫微卯酉 劫空四煞 多爲脫俗之僧
> ★ 四煞 羊陀火鈴也

◎ 자미가 묘유궁에 있으면서 공겁과 사살을 보면 탈속한 스님이 되는 경우가 많다.

☆ 사살은 경양·타라·화성·영성을 말한다.

이두주 사실 이 묘유궁의 자탐이 공망을 만나면 탈속의 경향이 많다. 반드시 스님이 되는 것은 아니지만, 종교나 오술·기공·신비한 사물 등에 심취한다든가 하는 탈속적인 경향이 많은 것은 사실이다.

---

44) '申'으로 되어있는 판본도 있다.

> 紫微天府 全依輔弼之功
> ★ 紫府得輔弼同垣 及三方拱照嘉會 終身富貴

☘ 자미와 천부는 전적으로 보필의 공에 의지한다.

☆ 자부가 보필과 동궁하거나 삼방에서 공조하거나 비추면 종신 부귀한다.

이두주 이것은 자미나 천부가 보필과 동궁하거나 보필이 비추는 것을 말한 것으로, 자부가 동궁하는 것만을 말한 것이 아니다.

> 紫府[45]同宮無殺湊 甲人享福終身
> ★ 紫府同在寅申宮守命 六甲人富貴

☘ 자부가 동궁하면서 살성을 보지 않고 갑년생이면 종신 복을 누린다.

☆ 자부가 인·신궁에서 동궁하면서 수명할 때 갑년생이면 부귀하다.

이두주 이것 역시 녹존과 동궁한 것이 좋다는 말이다. 전서명례 23번 장자방의 명이 이러하다.

> 紫府朝垣活[46]祿逢 終身福厚至三公
> ★ 命坐寅申 再加吉星妙

☘ 자부가 조원하고 더불어 녹을 만나면 종신 복이 두터우며 삼공의

---

45) 원문은 '紫微'로 되어 있으나, 문맥상 자미·천부가 동궁하는 것을 뜻한다고 보아 원문을 '紫府'로 고치고 해석하였다.

46) '並'으로 되어있는 판본도 있다.

지위에 오른다.

☆ 인·신궁에서 좌명하고 다시 길성이 더해지면 묘하다.

이두주 紫府朝垣活祿逢 : '活祿'이란 움직이는 녹(화록)을 뜻한다. 녹존은 항상 양타의 협을 받고 있어서 활록活祿이라 할 수 없다.

紫府同臨巳亥 一朝富貴雙全

✪ 자부가 사해궁에서 동림하면 하루아침에 부귀를 모두 갖춘다.

이두주 이것은 사해궁의 자살이 수명하는 것을 말한다. 사해궁에서는 자미·칠살이 동궁하는데, 여기서는 '紫府同臨巳亥'라고 했다. 왜 그랬을까?

그것은 고인들이 성계를 자오묘유·인신사해·진술축미의 사정四正으로 파악했기 때문이다. 자미는 인신사해궁에서 천부와 동궁 하거나 마주보면서 만나게 되므로 사해궁 자살성계인 경우에서도 대궁의 천부가 주가 된다고 보고 '紫府同臨'으로 표현하고 있다.

'一朝'라는 말을 붙인 이유는 무엇일까?

살파랑은 변화의 원동력이 되는 별인데, 그 중에서 칠살은 개창력이 있고 돌파하는 능력이 뛰어나서, 자미가 칠살과 동궁하면 '돌발'하는 상황이 많기 때문에 그냥 부귀를 모두 갖추는 것이 아니라, 단시간 내에(一朝) 부귀를 모두 갖추게 된다는 것이다.

이것을 뒤집어 생각해 보면, 사해궁 자살성계의 명이 상황이 좋지 않으면 일생 중에 변화가 극심하다는 것을 엿볼 수 있다.

여기서 '一朝富貴雙全'이라 한 것은 모든 자살성계의 명이 그렇다는 것이 아니라 화살위권하는 조건에 부합되어야 그러한 것이고, 오히려 많은 살성을 만난다면 인생에서 부침이 극심하여 갑자기 발달했다가도 갑자기 실패하기 쉽다.

> 紫府日月居旺地 必定出佳公卿器
> ★ 紫午府丑 無殺加又化祿是也

○ 자부·일월이 왕지에 거하면 반드시 공경이 될 수 있는 좋은 그릇이 된다.

★ 자미가 오궁·천부가 축궁에 있으면서 살이 더해지지 않고 화록이 있으면 그렇다.

이두주 중주파에서는 이 구절을 천부가 축궁이 아니라 자궁에 있을 때를 가리킨다고 설명하고 있다. 즉 자미가 오궁에 있으면 태양이 왕지가 되고, 천부가 자궁에 있으면 태음이 왕지가 되는데, 역시 살성을 보지 않고 녹을 만나야 한다.

즉 이 말은 자미가 오궁, 천부가 자궁에 있을 때 공경의 그릇이 되기 쉬운 궁이라는 것이다. 이 말에 대한 근거로 「골수부」에 "紫微居午 無煞湊 位至公卿(자미가 오궁에 거하면서 살이 비추지 않으면 지위가 공경에 이른다)"이라 했으며, 이것을 극향리명격極嚮離明格이라 해서 종신 부귀한 지위에 있을 수 있다고 했다.

그리고 천부가 자궁에서는 무부조합이 되는데, 아래에 "紫府武曲居財宅 更兼權祿富奢翁(자미·천부·무곡이 재백·전택궁에 있으면서 다시 권·록을 보면 부하고 호사스런 늙은이가 된다)"이라 한 부문 역시 무부가 자궁에 있을 때를 포함하여 말하는 것으로 볼 수 있다.

> 紫府武曲臨財宅 更兼權祿富奢翁
> ★ 得左右 祿存亦同

❂ 자미·천부·무곡이 재백·전택궁에 있으면서 다시 화권·화록이 있으면 부하고 호사스런 늙은이가 된다.

☆ 보필·녹존을 얻어도 역시 그러하다.

이두주 이 말은 재백궁이나 전택궁에서 이 세 별과 동회하면서 화권·화록을 얻는 것을 말한다.

> 紫微輔弼同宮 一呼百諾居上品
> ★ 或作三方爲次吉 在財帛宮則爲財賦之官

❂ 자미가 보필과 동궁하면 한번 호령할 때 뭇사람이 머리를 조아리는 상품의 자리에 있게 된다.

☆ 혹 삼방에서 그러하면 차선으로 길하다. 재백궁에 있으면 돈을 맡는 관리가 된다.

이두주 자미가 보필과 동궁할 수 있는 경우는 축미궁에서다. 그러므로 이 구절은 자파가 축미궁에 있을 때를 말한다. 원주에서 재백궁에 있으면 재부지관이 된다는 것은 의미심장하다. 왜냐하면 자파는 본질적으로 공직에 적합한 속성이 있는데, 이러한 속성을 띤 자파가 재백궁에 있으면 돈(세금 등)을 관리하는 공무원(財賦之官)이 된다는 말이다. 현대에서는 기업에서 경리나 회계업무를 보는 직책이나 은행이나 증권회사·보험회사 등에서 중책을 맡는 경우도 해당한다고 볼 수도 있으므로 의미를 확대해서 통변하는 것이 필요하다.

아래의 부문에서는 "紫微破軍無左右無吉曜 凶惡胥吏之徒(자미·파군이 보필이 없고 길성이 없으면 흉악한 하급관리의 무리가 된다)"라고 하여 여기의 부문과 대비를 이루고 있는데, 이것으로 알 수 있는 것은 자파가 축미궁에 있을 때 격의 고하는 보필의 유무라는 것을 알 수 있다. 자파의 명국에서는 백관조공하는 다른 길성 중에서 특히 보필의 회조 여부가 관건이 된다는 뜻이다.

紫府夾命爲貴格

✪ 자미·천부가 명을 협하면 귀격이 된다.

이두주 인신궁의 기월을 말하는데, 기월은 명반조합의 구조상 기본적으로 자부의 협을 받고 있으므로 이것만으로 귀격이라 할 수 없다. 이 명이 귀격이 되려면 자미·천부가 가진 귀貴에 의지하고 있으므로, 협하고 있는 자미와 천부가 깨끗해야 귀격이 이루어진다고 본다.

이외에 인신궁에 주성이 없이 대궁 동량을 차성안궁하면서, 주성이 없는 궁을 묘유궁의 천부와 축미궁의 자파가 협하는 경우도 있다. 이런 경우에는 반드시 신궁身宮이 묘왕하고 깨지지 않아야 한다.

紫府擎羊在巨商
★ 得武曲居遷移者吉[47]

✪ 자부가 경양과 있으면 거상巨商이 된다.
☆ 무곡을 천이궁에서 얻으면 길하다.

<blockquote>이두주</blockquote> 자부는 인신궁에서 동궁하는데, 배치상 인신궁에서 자부와 경양은 동궁할 수 없고 타라와 동궁할 수 있을 뿐이다. 사해궁의 자살과 천부가 상대하는 조합 역시 경양과 동궁할 수 없다. 인신사해궁에서 경양이 동궁하려면 진술축미궁에 녹존이 배치되어야 하는데, 진술축미궁에는 녹존이 배치되지 않기 때문이다. 그러므로 이 부문은 자미가 경양과 동궁할 때나 천부가 경양과 동궁할 때를 가리킨다고 보아야 한다.
원주에서 무곡이 천이궁에서 얻으면 길하다 했으나, 자미가 명궁에 있으면 무곡은 반드시 재백궁에 있게 되므로 해당되지 않고, 천부가 명궁에 있을 때 무곡이 천이궁에 있는 경우라면 묘유궁의 천부조합이 해당한다. 그리고 거상이 되려면 무곡화록이 되거나 녹존과 동궁해야 할 것이다.

紫祿同宮日月照 貴不可言
★ 紫微祿存同宮 日月三合拱照

✪ 자미·녹존이 동궁하고 일월이 비추면 귀를 말로 다할 수 없다.
☆ 자미·녹존이 동궁하고 일월이 삼합에서 공조한 것을 말한다.

<blockquote>이두주</blockquote> 선천명궁에서 자미가 녹존과 동궁하고 일월이 비추는 운한으로 행할 때 갑자기 귀하게 됨을 말하고 있다. 역자의 사

---

47) 원문에는 '多'라고 되어 있으나 문맥상 『무릉판전서』의 '弟'이 맞아보여 원문을 수정하였다.

주로 예를 들자면 계묘년 9월 18일 자시생으로 술궁 자상이 명궁이다. 비록 부문에서처럼 자미가 녹존과 동궁하지 않았지만, 대궁인 진궁 천이궁에서 파군화록이 비추고 있다. 자미와 녹존이 동궁하는 정격은 아니지만 대궁의 영향력도 무시할 수 없으므로 자록동궁의 아격亞格은 되겠다.

기미대한 일월의 운에 이르자 나름대로 명예적인 측면이 있었다. 부문에서 '貴不可言'은 과장된 감이 있기는 하지만, 나름대로 증험이 있으므로 이 부문이 허언이 아님을 알 수 있다. 그리고 역자처럼 자미가 녹존과 동궁하지 않고 화록이 대궁에서 비쳤는데도 이러한 현상이 있음을 보면, 고인의 부문을 바탕으로 융통성 있게 통변한다면 많은 유사한 추론을 할 수 있다고 생각한다.

녹존과 화록은 다르지만 녹이라는 점에서 별들 간의 기질이 비슷한 면이 있고, 자미가 녹과 동궁하지는 않아도 대궁에 있다면, 본궁과 대궁은 일체양면이므로 동궁할 때의 상황과 비슷한 효과가 있다는 것은 응용을 위한 충분한 단서가 될 것이다.

> 紫微昌曲 富貴可期

✪ 자미와 창곡이 있으면 부귀를 기약할 수 있다.

이두주 자미와 창곡이 동궁하거나 삼방에서 회조하는 경우를 말하는데, 고대와 같이 과거에 합격해야 부귀할 수 있던 시대에서나 가능한 이야기다. 부하려면 녹이 비추어야 하고 귀하려고 해도 보필 등의 백관조공이 있어야 할 것이다.

紫微七殺化權 反作禎祥

✪ 자미·칠살·화권이면 오히려 상서롭게 된다고 본다.

이두주 반드시 녹을 얻어야 하나, 반드시 화권을 얻을 필요는 없다. 이 말은 자미·칠살이 화권을 만나야 된다는 말이 아니라, 자미가 칠살과 동궁하면 칠살의 살을 변화하여 위권하게 한다는 뜻이다. 문자 그대로 자살 자체가 권위가 있는 조합인데, 만약 여기에 다시 화권이 되면 자미화권과 칠살이 동궁하기는 하나 재백궁에서 무곡화기를 보게 되므로, 너무 권력이 지나쳐서 오히려 좋지 않게 되어 버린다. 그래서 자살조합이 녹을 얻으면 살을 권으로 화하여 상서롭게 된다는 것이다.

여기서 '反作'이라 한 것을 유의해 볼 필요가 있다. 이것은, 본래는 좋지 않은 조합인데 녹을 얻어야 하는 등의 일정한 조건이 충족되면 도리어 좋게 된다(反作)는 뜻이다. 점험파의 견해에 의하면, 사해궁 중에서 사궁이 좋다고 하는데, 사궁의 火가 자미 土·칠살 金을 순생하기 때문이라 한다.

紫微[48]太陰殺曜逢 一生曹吏逞英雄

✪ 자미가 태음과 살성을 만나면 일생 관아의 벼슬아치로 영웅이 된다.

이두주 자미는 선천명반 내에서 태음과 만날 수 없는 구조로 되어있다. 따라서 이것은 운에서 만나는 것을 말하는 것이다. 원문에서 '一生'이라 한 것은 지나친 감이 있다.

---

48) 중주파의 『팔희루초본』에는 '紫破太陰'으로 되어있다.

원명의 성계가 대운에서 어떤 성계를 만날 때 생기는 반응을 설명한 것인데, 이와 같은 이론들은 적중률이 높은 경우가 많으므로 후학들은 유심히 살펴보아야 한다.

紫微破軍無左右無吉曜 凶惡胥吏之徒

★ 자미·파군이 보필이 없고 길성이 없으면 흉악한 서리의 무리가 된다.

이두주 이 말은 자파가 백관조공이 없는 경우를 말하는데, 자파성계는 보필과 길성이 없다 하더라도 흉악한 공무원일망정 공무원이 된다고 한 것을 보면, 이 성계의 특징이 공직이나 공공과 관련된 색채를 진하게 띠고 있음을 알 수 있다.

紫微武曲破軍會羊陀 欺公禍亂
★ 只宜經商

★ 자미·무곡·파군이 양타를 만나면 공직에서 속이고 화란을 일으킨다.

☆ 장사하는 것이 좋다.

이두주 이 말 역시 자파가 수명하는 것을 말하는데, 윗 부문과 같은 말이라 하겠다. 자미가 명궁에 있으면 배치상 무곡은 재백궁에 있게 되고, 자미가 파군을 만나는 조합은 자파조합이므로 자파가 양타를 만나면 공직에서 속이다가 화란을 일으킨다는 뜻이다.

「별에 대한 문답 자미」에 "擎羊火鈴聚 鼠竊狗偸群(자미가 경양·화령과 모여 있으면 좀도둑의 무리가 된다)"으로 된 부문이 있고, 그 앞 절에는 "衆星皆拱照 爲吏協公平(뭇 좀도둑의 별들이 모두 공조하면 관리가 되어도 공평하게 일을 처리한다)"한 다고 한 부분이 있는데, 여기서 자미의 중요한 성질을 추측해 볼 수 있다. 자미가 길성을 많이 보면 '관리가 되어도 공평무사'하게 일을 하는 공공적인 속성이 있는 반면에, 자미가 살성을 많이 보면 '쥐와 개처럼 좀도둑을 일삼는' 사리사욕을 채우려는 이기적인 속성으로 변질될 수 있다는 것을 알 수 있을 것이다.

주성인 천부 역시 자미와 비슷한 면이 있다.

「천부입명」에 "喜紫微昌曲左右祿存魁鉞權祿居廟旺 必中高第(자미·창곡·보필·록존·괴월·권·록과 함께 묘왕지에 있는 것을 좋아하여, 반드시 높은 점수로 과거에 합격한다)"라 해 놓고는 그 뒤에 "羊陀火鈴會合 好詐(양타·화령이 회합하면 거짓말하는 것을 좋아한다)"고 하고 있다. 또 「천부 입남명결」에는 "火鈴羊陀三方會 爲人好詐多勞碌(화령·양타를 삼방에서 만나면 위인이 거짓말을 좋아하여 고생스러움이 많다)"이라고 되어 있다.

천부가 자미를 좋아한다고 한 뒤에 사살이 회합하면 호사好詐라고 했는데, 즉 자미가 천부와 같이 있을 때도 이러한 속성은 여전히 있으며, 오히려 이런 속성은 다른 별들의 조합에서보다 더욱 심하다고 볼 수도 있다.

그것은 기본적으로 자부가 모두 주성이면서 제왕의 별이라는 데서 기인한다. 자미는 황제성 천부는 '令'으로 대변되는 보수적인 별들로써, 둘 다 체면을 좋아하고 명분을 좋아하는 본질 때문에 체면상 드러내놓고 서절구투鼠竊狗偸(좀도둑질)할 수는 없어서 체면과 명분의 허울 속에서 살다보니 위인이 간사하고 고생스러움이 많다고 보는 것이다. 소위 호박씨를 제일 많이 까는 조합인 것이다. 그래서 자부가 인신궁에서 살성을 많이 보면 자미의 여러 조합 중에서 가장 간사할 소지가 많다. 그 기본적인 본성은 체면때문에 드러내놓고 하지 못하고 내심 음흉하게 꾀를 부리는 것이 된다.

그러나 자미가 파군을 만나는 것에 대해서는 고인들이 '凶惡胥吏之徒 爲臣不忠 爲子不孝 欺公禍亂' 등으로 말하는데, 그것에 대한 평가가 좀 강렬하여 툭 터놓고 일을 저지르는 듯한 인상을 주고 있다. 그것은 체면과 명분을 좋아하는 자미가 파군의 저돌적이고 파괴적이며 개창적인 속성의 영향을 받아서 체면불구·염치불구하면서 서절구투鼠竊狗偸하기 때문에 다른 조합에서 보다 강렬하게 표현했던 것이다. 그래서 이 조합은 길성과 살성을 볼 때의 상황이 극단적으로 나타나는 조합이 된다. 많은 살성을 볼 때는 간사하고 이기적인 속성을 유감없이 드러내므로, 이런 조합의 사람이라면 개인의 수양에 힘을 써야 할 일이다.

紫微七殺加空亡 虛名受蔭

❋ 자미·칠살에 공망이 더해지면 이름뿐인 음덕을 입는다.

이두주 자살조합이 화살위권하기 위해서는 반드시 녹을 얻어야 하는데, 이러한 상황에서 공망이 더해지면 녹봉충파하는 상황이 되어 버리므로, 화살위권이 진정한 역할을 발휘하기보다는 허명으로 나타나게 되어버린다는 것을 뜻한다. 쉽게 말하자면 실속보다는 허울만 좋게 된다는 말이다.

우리 주변에서 그럴싸한 명분은 있지만 실속은 하나도 없는 허관虛官을 둘러쓴 사람들이 이런 예에 속한다 할 수 있겠다. 또 이런 것을 뒤집어서 생각해 보면, 이런 구조의 명은 실속 없는 허명을 좋아한다고 판단할 수도 있다.

> 紫微權忌[49] 遇羊陀 雖獲吉而無道
> ★ 爲人心術不正

✪ 자미가 화권과 화기를 보면서 양타를 만나면 비록 길을 본다해도 무도하다.

☆ 위인이 마음씀이 바르지 못하다.

이두주 이것은 자미화권이 무곡화기를 만나는 것을 말한다. 즉 자미화권이면 무곡화기를 반드시 만나게 되어 아주 강경한 권위적인 조합이 되는데, 여기에 양타의 살성까지 비추면 그 성격이 지나치게 강하게 표출되므로 과격하고 극단적인 성향을 보인다는 것을 이렇게 표현한 것이다.

자미화권이 무곡화기를 만나고 양타를 동시에 만날 수 있는 경우는 두 가지 경우가 있다.

첫 번째로 임년생 오궁 자미 좌명인 경우, 본궁에 자미화권이 좌하고 재백궁 무곡·천상에 무곡화기가 되면서 관록궁 염정·

---

49) 원문은 '祿'으로 되어있다. 『팔희루초본』에는 '忌'로 되어 있는데, 임년생으로 자미화권이 되면서 무곡화기를 만나는 경우를 지칭하는 것으로 보고 원문을 '忌'로 고치고 해석하였다.

천부에 타라가 좌하고 천이궁 탐랑에는 경양이 좌하여 자미화권·무곡화기에 양타를 다 만난다.

두 번째로 임년생 진궁 자미·천상 좌명인 경우, 본궁 자상에 자미화권이 좌하고 재백궁 무곡·천부에 무곡화기가 되면서 경양이 동궁하며 천이궁 파군은 타라와 동궁한다. 위 부문에 합하려면 이 두 가지의 경우에 해당하는데, 길하다 할지라도 무도無道하게 될 소지가 큰 조합이 된다.

紫破命臨於辰戌丑未 再加吉曜 富貴堪期

○ 자파가 진술축미궁에서 명궁이 되고 다시 길성이 더해지면 부귀를 기약해 볼 수 있다.

이두주 자미는 진술축미의 사묘궁을 꺼리는데, 더욱 진술궁을 꺼린다. 여기에 길성이 더해지면 중년 후에 발달한다는 것을 뜻한다.

紫破辰戌 君臣不義

○ 자파가 진술궁에 있으면 군신간에 불의하다.

☆ 안록산·조고의 명이 이렇다.

이두주 주로 반발한다. 점험파의 해석에 의하면 진술궁 자상이 파군과 상대하는 조합에서, 명궁이 자상이면서 신궁身宮이 파군이 되거나, 명궁이 파군이면서 신궁身宮이 자상인 경우를 말한다고 본다. 이렇게 되면 위신불충할 뿐더러 부할 수는 있지만 귀할 수는 없다. 만약 명궁이 자상일 때 신궁身宮이 파군이 아니라면 별도로 논한다고 한다.

그러나 역자는 진술궁의 자파상조합은 신궁身宮이 어느 궁에 있든지 '爲臣不忠'하는 성향이 있다고 본다. 점험파의 이론대로 신궁身宮이 파군이라면 위신불충의 경향이 더욱 클 수는 있으나, 신궁身宮이 파군이 아니라면 그렇지 않다고 하는 것은 바른 해석이 아니라고 본다. 이것을 개혁적이고 틀에 박힌 것을 싫어하며 권위적인 것을 거부하는 성향을 가지는 것으로 보는 것이 타당하다고 보고, 변화가 많고 다양한 가치관이 지배하는 현대에서라면 오히려 장점으로 작용할 수도 있다고 역자는 보고 있다.

> 紫破貪狼爲至淫 男女邪淫

❂ 자파·탐랑은 지극히 음란하여 남녀간에 삿된 음행을 한다.

이두주 이 말은 묘유궁의 자탐이 도화성을 본 경우를 말하는데, 자오궁의 자탐조합도 해당된다고 할 수 있다. 중주파에서는 범수도화격도 지칭한다고도 하고 있다. 자오묘유궁의 자탐 조합은 변화가 많은 조합이기 때문에 함부로 이렇게 판단하면 매우 곤란하다. 주로 탈속하는 성계의 조합으로 구성되면 '邪淫'과는 전혀 상관없는, 단정하고 순수한 모습을 보이는 사람도 많기 때문이다.

여기서 자탐이라 하지 않고 파군을 더하여 '紫破貪'이라고 한 것은, 자미가 탐랑과 동궁하면 자연히 삼방사정에서 파군을 만나기 때문에 이렇게 표현했을 수도 있을 것이나, 이것을 자탐 명궁에 파군 신궁身宮일 경우에 더욱 그럴 가능성이 있다고 볼 수도 있고, 또 자파가 명궁일 때 도화성을 보면 남녀사음한다고 볼 수도 있다. 물론 이럴 경우에도 자파가 명궁에 있고 탐랑이 신궁身宮에 있는 경우라면 더욱 그럴 가능성이 있다고도 볼 수 있을 것이다.

역자의 경험에 의하면, 자탐은 말할 것도 없지만 축미궁의 자파조합도 도화성을 보면 확실히 부문에서와 같이 '男女邪淫'하는 경향이 있었다.

> 女命紫微太陽星 早遇賢夫信可憑

✪ 여명에 자미·태양이 있으면 일찍 현명한 남편을 만나 믿고 의지할 수 있다.

> 女命 紫微在寅午申宮 吉貴美 旺夫益子
> ★ 陷地平常 惟子酉及巳亥加四殺 美玉瑕玷 日後不美

✪ 여명에서 자미가 인·오·신궁에 있으면 길하여 귀하고, 남편을 왕하게 하며 자식을 이롭게 한다.

☆ 함지이면 보통이다. 자·유·사·해궁에서 사살이 더해지면 아름다운 옥에 흠이 있는 것과 같아 나중에 좋지 않게 된다.

이두주 고인들이 인신궁의 자부 조합·오궁의 자미 조합은 비교적 좋게 보고, 자궁의 자미 조합·유궁의 자탐 조합·사해궁의 자살이 살성을 보는 조합을 안좋게 보았음을 볼 수 있다.

(2) 천기天機

> 廟 子午辰戌 旺 卯酉 陷 丑未

❂ 묘 : 자·오·진·술궁 / 왕 : 묘·유궁 / 함 : 축·미궁

> 機梁會合善談兵 居戌亦爲美論
> ★ 孟子遷移宮 戌宮有機梁

❂ 기량이 회합하면 병법을 논하기를 좋아하고, 술궁에 있어도 역시 좋다고 본다.

☆ 맹자는 천이궁 술궁에 기량이 있다.

이두주 점험파에서는 진토는 수고水庫가 되면서 木의 여기를 얻고, 술토는 화고火庫가 되면서 金의 여기가 있기 때문에 진궁이 더 좋다고 한다.

> 機梁守命加吉曜 富貴慈祥
> ★ 加刑忌 僧道

❂ 기량이 수명하고 길성이 더해지면 부귀하고 자비롭고 자상하다.

☆ 천형·화기가 더해지면 승도가 된다.

이두주 동궁해도 그렇지만 두 별이 각각 왕지에 있으면서 명·신궁이 되어도 이와 같이 논한다. 예를 들어 천기가 오궁에 있고 천량이 인궁에 있으면서 명·신궁이 되는 경우도 해당할 것이다.

> 機梁同照命身空 偏宜僧道
> ★ 機同單守 命身又逢空亡

✪ 기량과 천동이 명·신궁에 있으면서 공망을 만나면 스님이 되는 것이 좋다.

★ 천기·천동이 명·신궁을 홀로 지키면서 다시 공망을 만나는 것을 말한다.

이두주 기량이 명궁에 좌하고 천동이 신궁身宮에 좌하는 것을 말한다. 점험파의 해석에 의하면, 진술궁 명궁에 주성이 없고 대궁에 기량을 차성안궁하는 명이면서, 명궁에 절공이나 순공이 있으면 주로 고독하고 빈한하여 출가해서 승도가 되는 것이 좋은데, 이 때 절공이나 순공을 만나지 않고 겁공이 좌수하면 대부분 만년에 출가하는 명이 된다고 한다.

> 機梁七殺破軍沖 羽客僧流命所逢
> ★ 若兼帝座 加太陽吉

✪ 기량·칠살·파군이 충하면 도사나 스님 등이 된다.

★ 만약 겸하여 자미(帝座)에 태양이 더해지면 길하다.

이두주 기량이 수명하는데 파군·칠살의 운을 만나면 주로 출가한다는 말이다. 물론 살성과 공망성을 만나야 한다.

이런 문장은 중주파의 이론을 모르면 해석이 쉽지 않은 구절이다. 명궁의 성계는 본질이고, 운에서 만나는 성계는 그 본질에 대한 반응이라는 개념으로 해석해야 위의 구절을 이해할 수 있다.

이 구절을 꼭 진술궁의 기량성계로만 국한해서 생각할 필요는 없을 것 같다. 축미궁의 천기 대 천량조합도 해당될 수 있고, 명·신궁에서 각각 천기·천량을 보는 경우도 해당된다.

그러나 기량이 칠살·파군 운으로 간다고 반드시 도사나 스님이 되는 것은 아니다. 고인들이 이러한 문장을 남겨둔 것은, 기량조합이 칠살 운이나 파군 운으로 갈 때 주로 큰 인생관의 변화가 있음을 경험했기 때문일 것이다. 즉 기량이 칠살이나 파군 운으로 갈 때 정신적으로 변화가 있기 쉽다는 것으로 위 문장을 이해하는 것이 옳다.

> 機月同梁作吏人
> ★ 命在寅申方論 加吉亦不論 無吉無殺亦是平常人 命四殺空劫化忌宿爲下格

✪ 기월동량격이 되면 하급관리가 된다.

★ 명궁이 인신궁에 있어야 그렇게 논한다. 길성이 더해지면 그렇게 보지 않고, 길성도 없고 살성도 없으면 평상인으로 보며, 명궁에서 사살과 공겁·화기를 보면 하격이 된다.

이두주 동량 좌명에 기월을 만나는 것을 말한다. 왜 하필 인신궁에서만 기월동량격으로 논한다고 했을까? 이렇게 규정한 가장 큰 이유는 인신궁에 있을 때 순수한 기월동량을 삼방에서 균형을 이루면서 만나기 때문인 것 같으나 그렇지 않다. 이러한 삼방의 배치는 기월동량격의 구성 요소이기는 해도 작리인이라고 한 것은 삼방과의 관계 때문에 그런 것이 아니다.

삼방으로 보자면 기월동량격은 몇 군데서 이뤄지고 있다. 인신 사해궁에서는 통상 기월조합이 되기 때문에 사해궁도 역시 기월동량격이라고 논할 법도 한데, 왜 이 궁은 말하지 않았을까? 사해궁에서는 천기가 본궁에 있으면 대궁에 태음이 있고 재백궁엔 거동·관록궁엔 주성이 없고 차성안궁한 양량을 만난다. 차성안궁하기는 하지만 삼방사정에서 기월동량을 다 만난다. 그리고 자오궁의 기거 성계에서도 기월동량을 모두 만난다. 물론 이 경우에는 동량이 재백궁에 동궁하고 있어서 별의 균형이 무너진다고는 해도 역시 만난다는 사실에는 변함이 없다. 또 진술궁 기량성계 역시 재백궁에서 동월을 다 만나 기월동량이 이루어진다. 역시 별의 불균형은 보인다.

인신궁의 기월동량만 '작리인'으로 논한다는 말의 근본적인 이유는 아래와 같다. 그것은 기월이 인신궁에 동궁할 때는 반드시 자미·천부가 협하고 있다는 사실이다.

다 알다시피 자미는 북두주성·천부는 남두주성이다. 기월입장에서는 이 두 주성의 협을 받고 있는 것이다. 이 사실은 왜 작리인이라고 했는가에 대한 중요한 단서를 제공한다. 즉 기월이 명궁이라면 부모궁에는 자탐 형제궁에는 천부가 있게 된다. 부모궁은 윗 사람 형제궁은 인간관계에서의 동료·동창·아랫 사람·부하 등을 의미한다.

이렇게 윗사람도 북두주성의 강왕한 별, 아랫사람도 내가 부리기 어려운 남두주성이니 기월은 하는 수 없이 이 두 별의 작리인作吏人(문자 그대로 하급 공무원이나 관리) 노릇을 해야 하는 것이다.

그래서 이것이 기월의 조합 자체에 길성과 길화가 비추면 자부의 귀인적인 조력 즉 인인위귀因人爲貴의 상황으로 그 귀인들의 심부름을 하는 하급관리가 되는 것이고 살기형성 등을 보면 그도 저도 못되는 하격이 되는 것이다.

자미는 귀를 맡은 별이고 천부는 부를 맡은 별로써, 기월의 입장에서 보면 권력과 돈에 협되어 있는 상황이 된다. 그 권력과 돈을 쟁취하려면 기월의 약한 힘을 가지고서는 아부나 잘 보이는 것으로 얻을 수 밖에 없기 때문에 이 기월의 작리인적인 속성이 여기에서 비롯되는 것이다.

즉 꾀가 많고 탐재하며 지나치게 트집잡기를 좋아하고―특히 아랫사람이나 윗사람에게는 어찌 해볼 수 없으니까!―또 성실하게 일하는 것은 싫어하고 자기 권력 한도내에서 권력을 남용하고 자기 책임을 완수하는 데는 게으르며 변화를 싫어하고 자기 자리에 안주해 버리는 전형적인 하급 공무원과 같은 본질이 있게 되는 것이다.

이러한 속성은 사해궁의 기월일 때도 아주 분명하게 드러난다. 자부의 눈치를 살펴야 하니까 줏대가 없는 것은 물론이다. 그러나 길성을 만나고 길화를 이루면 꼭 이렇지는 않으며 실지 경험으로 보면 인신궁의 기월이라고 항상 하급공무원만 하는 것은 아니었다. 종합적으로 살펴서 활간해야 한다.

> 機梁貪月同殺[50]會 暮夜經商無眠睡
> ★ 遇凶星奔波

✪ 기량이 탐랑·태음·천동·칠살과 만나면 저녁늦게까지 장사하느라 잠자지 못한다.

☆ 흉성을 만나면 분파한다.

이두주 기량이 탐랑·태음·천동·칠살을 만나면 밤낮으로 잠못자고 장사하느라 바쁘다는 것이다. 일설에는 대개 기량·탐랑·태음이 좌명한 사람은 천동·천기 운에 그러하다고 한다. 자세한 설명은 「태미부 주해」를 참고하라.

> 天機加惡 殺同宮 狗偸鼠竊

✪ 천기에 악성이 더해지고 살성이 동궁하면 좀도둑이 된다.

이두주 천기와 양타·화령의 사살, 천형·화기·대모 등의 살성이 동궁한 것이다. 즉 천기가 한궁이나 함지에 있으면서 명·신궁이 되는 것을 말하는 것으로, 위인이 교활하고 이익을 좋아하는데 만일 다시 악살이 더해지면 주로 위인이 도둑질하는 습성이 있게 된다고 한 것이다. 역자의 경험상 사해궁의 천기가 여러 살성을 볼 때 이러한 경향이 있음을 많이 보고 있다.

---

50) 원문은 '機'로 되어 있다. 『전서』의 「논 인유무상매지명」에는 "貪月同殺 會機梁 因財計利作經商 須知暮夜 無眠睡 潮海營營自走忙(탐랑·태음·천동·칠살이 기량을 만나면 돈을 벌어서 이익을 남길 요량으로 장사를 하는데, 밤낮으로 자지 않고 아침저녁으로 운영하느라 스스로 분주하고 바쁘다)"으로 되어 있어서 '殺'이 옳다고 보고 원문을 수정하고 해석하였다.

> 天機巳亥逢[51] 好飮離宗奸狡重

○ 천기를 사해궁에서 만나면 마시기 좋아하고 조종을 떠나며 간교함이 심하다.

이두주 이 구절은 『전집』에도 「논 천기사해」라 해서 나와 있다. 또한 「제성 입명한 길흉론 천기」를 참고하라. 『팔희루초본』에는 "天機巳宮卯酉逢(사·묘·유궁에서 천기를 만난 것)"으로 되어 있다.

> 巨陷天機爲破格
> ★女命在寅申卯酉 雖富貴 不免淫慾下賤 寅申守照 福不全美

○ 거문이 함지에 있고 천기와 있으면 파격이 된다.

☆ 여명이 인·신·묘·유궁에 있으면 비록 부귀하나 음욕하천함을 면치 못하며 인·신궁에 수조하면 복이 온전하지 못하다.

이두주 이것은 기거가 묘유궁에 안명하는 것을 말하는 것으로, 남명은 간사하고 여자는 음란하다. 점험파에서는 "천기·거문의 두 별이 명·신궁이면서 함지에 있는 것을 뜻하는데, 예를 들어 천기가 축궁에 있고 거문이 사궁에 있는 것으로 남명은 일생 실패가 많아서 이루는 것이 적고 분주하게 떠돌아다니면서 고생하며, 여명은 음천하여 남편이 많고 형극이 심하며 일생 음란하고 객을 따라 타향으로 표탕할 명이다."라고 해석하고 있다.

---

51) 원문에는 '巳酉逢'이라고 되어 있으나 문맥상 '巳亥逢'을 말한 것을 보고 원문을 수정하였다.

(3) 태양 太陽

> 廟 卯午 旺 寅辰巳 陷 戌亥子丑

✪ 묘 : 묘·오궁   / 왕 : 인·진·사궁   / 함 : 술·해·자·축궁

> 日照雷門于震卯地[52] 晝生富貴聲揚

✪ 태양이 뇌문雷門인 묘궁에 있으면서 비칠 때, 낮에 태어난 사람이면 부귀하여 이름을 날린다.

이두주 태양이 묘궁에 있으면 일조뇌문이 되는데, 녹을 봐야 부귀하다 할 수 있다. '晝生'이라 하여 낮에 태어나는 것을 강조한 것을 눈여겨 보자.

> 太陽居午 庚辛丁己 人富貴雙全

✪ 태양이 오궁에 있으면서 경·신·정·기년생이면 부귀를 모두 갖춘다.

이두주 태양이 오궁에 있으면 일리중천日麗中天이라 해서 고격으로 보았다. 경년생이면 본궁에 태양화록이 좌하고 신궁申宮에서 기월의 태음화과와 녹존을 차성안궁하여 쌍록을 보고, 신년생은 거문화록과 태양화권을 보며, 정년생은 본궁에 녹존과 차성안궁한 태음화록·천기화과를 보고, 기년생은 본궁에 녹존과 대궁에서 천량화과를 본다.

---

[52] 원문에는 '子辰卯地'라고 되어 있으나 문맥상 『무릉판전서』의 '于震卯地'가 맞아보여 원문을 수정하였다.

太陽文昌在官祿 皇殿朝班
★ 文曲同亦然

✪ 태양·문창이 관록궁에 있으면 황제가 계시는 조정에서 문무백관과 함께 임금을 알현한다.

☆ 문곡이 동궁해도 역시 그렇다.

이두주 태양이 반드시 묘왕해야 하고 문창에 비해 문곡은 약간 떨어진다.

太陽化忌 是非日有目還傷

✪ 태양화기가 되면 날마다 시비가 있고 눈을 상함이 있다.

이두주 살이 동회하는 것을 아주 꺼리고 또 천형을 보는 것을 꺼린다. 『팔희루초본』에는 "太陽戌亥子 一生是非勞碌目還傷(태양이 술·해·자궁에 있으면 일생 시비가 많고 고생하며 눈을 상한다)"고 되어 있다. 거문화기면 고생과 시비가 많고 태양화기면 주로 눈을 상한다고 한다.

日落未申在命位 爲人先勤後懶

✪ 태양이 미신궁에 떨어져 명궁에 있으면 위인이 먼저는 부지런하다가 뒤에는 게을러진다.

이두주 미궁보다는 신궁申宮에 있을 때 더욱 그러하며 주로 용두사미 격이다. 점험파의 해석에 의하면 "태양이 미궁에 있으면 일월이 동궁하는데, 이때는 반드시 그 사람의 얼굴 생김새를 살펴보아야 한다. 만약 태양의 상이면 먼저는 부지런하다가 나중에는 흐지부지 된다고 논하나, 태음의 상으로 외모가 조용하고 차분하며 안으로 성급하면 이렇게 논하지 않는다. 신궁申宮은 태양이 거문과 동궁하여 서쪽으로 지는 태양이 암성暗星을 만나므로 크게 불리한데, 만약 길성이 더해지면 부귀가 있다 하더라도 매사에 용두사미하고 허풍을 좋아하여 결국은 좋지 않게 된다"고 해석하고 있다.

반자어 선생 역시 축미궁에 태양이 있을 때 그 사람의 생김새로 태양의 성정이 강한지 태음의 성정이 강한지를 가려야 한다고 주장하고 있다.

> 女命端正太陽星 早配賢夫信可憑
> ★ 太陽守命 陷 平常 居卯辰巳午 無煞 旺夫益子

✪ 여명에 태양이 있으면 단정한데, 일찍 현명한 남편과 결혼하여 믿고 의지할 수 있다.

☆ 태양이 수명할 때 함지에 있으면 보통이고, 묘·진·사·오궁에 있으면서 살이 없으면 남편을 왕하게 하고 자녀를 이롭게 한다.

※ 이하는 『팔희루초본』에서 발췌한 것이다.

> 팔희루초본/ 太陽酉宮守命 貴而不顯 苗而不秀

✪ 태양이 유궁에 수명하면 귀기는 있어도 현달하지는 못하고, 자질은 있어도 두각을 나타내지 못한다.

[이두주] 유궁에 있으면 일락서산이 되기 때문에 그렇다.

> **팔희루초본/** 日巨拱助亦爲奇

✪ 거문·태양이 공조해도 역시 기특하게 된다.

이두주 이것은 태양이 사궁에 있고 거문이 해궁에 있으면서 거문이 수명하는 것을 말한다.

> **팔희루초본/** 日巨同宮 官封三代

✪ 태양과 거문이 동궁하면 삼대에 걸쳐 관에서 책봉을 받는다.

이두주 인궁에 있을 때 그러하며, 반드시 녹·권·과를 만나야 한다.

> **팔희루초본/** 日守夫妻諸吉聚 因妻得貴

✪ 태양이 부처궁에 있으면서 여러 길성이 모여 있으면 처로 인해 귀를 얻는다.

이두주 반드시 창곡을 봐야하며 또 묘왕지에 있어야 한다.

> **팔희루초본/** 日守夫妻居陷地 加煞傷妻

✪ 태양이 함지이면서 부처궁에 있고 살이 더해지면 상처傷妻한다.

이두주 화기가 아니라도 그렇다. 다음 쪽의 일반명례 상부명을 참조하라.

> **팔희루초본/** 太陽旺宮財宅位 若無空煞主積財

✪ 왕궁의 태양이 재백·전택궁에 있으면서 만약 공망과 살성 등이 없으면 돈을 모은다.

이두주 공겁을 가장 꺼리고 화령은 그 다음이며, 또 전택궁에서 보면 주로 윗사람의 음덕을 입는다.

> **팔희루초본/** 太陽居遷移 難招祖業主離家

❂ 태양이 천이궁에 있으면 조업을 지키지 못하고 집을 떠난다.

이두주 만약 함지이면 집을 떠나도 발달하지 못한다.

(4) 태양太陽·태음太陰 공조拱照

> 日巳月酉丑宮 安命步蟾宮

❂ 태양이 사궁·태음이 유궁에 있으면서 축궁의 명궁을 비추면 쉽게 과거급제한다.

이두주 일월이 묘왕지에 있으면서 쌍비호접식으로 축궁 명궁을 비추는 것을 말하는 것으로 단지 청귀하다.

> 日卯月亥 安命未宮多折桂

❂ 태양이 묘궁·태음이 해궁에 있고 미궁이 명궁이면 과거급제함이 많다.

이두주 미궁에 정성이 없고 삼합궁에서 일월이 묘왕지에 있으면서 쌍비호접으로 비추는 것을 말하며 녹·권·과 등의 길성이 비쳐야 기격奇格이 된다.

> 日月同未命安丑 侯伯之材

❂ 일월은 미궁에 동궁하고 명궁이 축궁이면 제후의 재목이다.

이두주 축궁에 정성이 없고 일월이 대궁인 미궁에서 비추는 것으로, 미궁이 명궁이면서 일월이 동궁하고 있는 것보다 좋다.

> 日月命身居丑未 三方無吉反爲凶
> ★ 子午辰戌身命更佳

❂ 일월이 축미궁에서 명·신궁일 때 삼방에 길성이 없으면 흉하다.

☆ 자·오·진·술궁이 명·신궁이면 더욱 아름답다.

이두주 일월이 동궁할 때 반드시 길성을 보아야 하고, 없으면 파격이 된다. 이 부문은 축미궁의 일월의 본질을 짐작하게 하는 구절이다. 축미궁에 일월이 동궁하면서 명·신궁이 같이 있을 때는 반드시 길성을 봐야하며 그렇지 않으면 흉하다고 한 것은, 고인들의 경험에서 비롯된 것으로 본다. 이럴 경우라면 신궁身宮이 다른 궁에 있으면 좀 나을 것이다.
원주는 본문과는 상관없다.

日月守命 不如照合並明
★ 守命吉多主吉 凶多主凶 若吉少 亦不爲美論

✪ 일월이 수명하면 각기 다른 곳에서 비춰 들어오는 것만 못하다.
★ 수명할 때 길성이 많으면 길하지만 흉이 많으면 흉하며, 만약 길성이 적으면 좋지 못하다고 논한다.

日辰月戌並爭耀 權祿非淺

✪ 태양이 진궁, 태음이 술궁에서 다투어 비추면 권세와 녹봉이 가볍지 않다.
이두주 반드시 살기가 없어야 하고, 창곡을 보는 것을 좋아한다.

日月來命夾財加吉曜 不權則富
加羊陀沖守 宜僧

✪ 일월이 명궁을 협하거나 재백궁을 협하며 길성이 더해지면 권력이 있지 않으면 부하게 된다.

☆ 양타가 충하거나 좌하고 있으면 스님이 되는 것이 좋다.

日月最嫌反背

★ 如日月同宮 看人之生時 日喜太陽 夜宜太陰 若反背 日戌月辰 日亥月巳 日子月午 若出外離宗成家也吉 勿槪以反背論

✪ 일월은 반배되는 것을 가장 싫어한다.

☆ 예를 들어 일월이 동궁하면 그 사람의 생시를 본다. 낮에 태어났다면 태양에 좋고 밤에 태어났다면 태음에 좋은데, 만약 반배 즉 태양이 술궁·태음이 진궁에 있거나, 태양이 해궁·태음이 사궁에 있거나, 태양이 자궁·태음이 오궁에 있으면 조종을 떠나 자수성가하면 길하므로 무조건 반배를 꺼린다고 논해서는 안된다.

陰陽左右合爲佳

✪ 태음·태양·보필이 만나면 아름답다.

[이두주] 태양과 좌보가 동궁하고 태음과 우필이 동궁하는 것이 정격이고, 태양이 우필과 태음이 좌보와 동궁하면 그 다음이다.

日月羊陀 多剋親

✪ 일월이 양타를 만나면 육친을 극하는 일이 많다.

[이두주] 묘왕지라면 극한다고 할 수 없다.

日月陷宮逢惡殺 勞碌奔波

✪ 일월이 함지에 있으면서 악한 살성을 만나면 고생하고 분파한다.

이두주 역자의 경험상 확실히 그랬다. 만약 묘왕하면서 길화를 얻으면 주로 많은 노력을 통하여 부를 얻는다.

> 日月更須貪殺會 男多奸盜女多淫

✪ 일월이 다시 도화성과 살성을 만나면 남자는 간사한 도둑이 많고 여자는 음란함이 많다.

이두주 부문 중 '貪'이란 도화제성을 말하는 것으로, 탐랑을 뜻하는 것이 아니다.

> 日月疾厄命宮空 腰駝目瞽
> ★ 如日月在疾厄宮逢空亡 必主腰陀目瞽 命宮亦然

✪ 일월이 질액궁·명궁에서 공망을 만나면 허리가 구부러지고 눈이 멀게 된다.

☆ 예를 들어 일월이 질액궁에서 공망을 만나면 반드시 허리가 비틀어지고 눈이 멀며, 명궁에서 이와 같이 만나도 그렇다.

이두주 이것은 질액궁에 있을 때를 말하며, 명궁에서 공겁을 볼 때를 말한다.

(5) 무곡武曲

廟 丑未戌 旺 子午 平 巳亥 無失陷

✪ 묘 : 축·미·술궁 / 왕 : 자·오궁 / 평 : 사·해궁 / 실함궁은 없다.

武曲廟垣 威名赫奕

★ 辰戌丑未生人 安命在辰戌丑未宮 主富貴 若不在辰戌丑未次之[53)]

✪ 무곡이 묘왕지에 있으면 위명이 혁혁하다.

☆ 진술축미년생이 진술축미궁에 안명하면 부귀한다. 만약 진술축미궁이 아니면 그 다음이 된다.

이두주 무곡이 진술축미 사묘궁에서는 묘왕지다.

武曲[54)]相遇昌曲逢 聰明巧藝定無窮

★ 武曲或與天相同垣逢昌曲

✪ 무곡·천상天相이 창곡과 만나면 총명하고 교예가 무궁하다.

☆ 무곡이 천상과 동궁하면서 창곡을 만나는 것을 말한다.

이두주 인신궁에서 무곡과 천상이 동궁한다.

---

53) 원문은 '在忌戌丑未宮 爲四墓 若但佐辰戌丑未次之'이라고 되어 있으나 문맥상 『무릉판전서』의 '在辰戌丑未宮 主富貴 若不在辰戌丑未次之'이 맞아보여 원문을 수정하였다.

54) 원문은 '武破'라고 되어 있으나, 문맥상 『무릉판전서』의 '武曲'이 맞아보여 원문을 수정하였다.

武曲祿馬交馳 發財遠郡

✪ 무곡이 녹마교치가 되면 먼 곳에서 돈을 번다.

이두주 인신궁의 무상이나 사해궁의 무파가 명·신궁이 되면서 녹마를 만나는 것으로, 대운에서 만나도 그러하나 명·신궁에서 만나는 것보다는 못하다.

武曲遷移 巨商高賈
★ 吉多方論

✪ 무곡이 천이궁에 있으면 큰 상인이 된다.

★ 길성이 많아야 그렇게 논한다.

이두주 인신사해궁 무파상조합은 파군을 만나므로 행동력이 있어 행상行商을 하고, 자오묘유궁 무부살조합은 천부의 보수적인 수성守成의 성질로 인해서 앉아서 하는 장사인 좌고坐賈를 한다.

武曲魁鉞居廟旺 財賦之官

✪ 자오궁의 무곡이 괴월을 만나고 묘왕지에 있으면 재부지관財賦之官이 된다.

이두주 중주파에서는 축미궁의 무탐이면 좋다고 해석한다.

武曲貪狼財宅位 橫發資財

✪ 무곡탐랑이 재백궁이나 전택궁에 있으면 횡발한다.

이두주 횡발하려면 반드시 화령을 만나 화탐·영탐격이 이루어져야 한다.

武曲廉貞貪殺 便作經商

✪ 무곡이 염정·탐랑·칠살과 만나면 상인이 된다.

이두주 이것은 묘유궁의 무살조합을 말한다.

武曲貪狼加殺忌 技藝之人

✪ 무곡·탐랑에 살성과 화기가 더해지면 기예技藝로 먹고 사는 사람이다.

이두주 화령을 보면 그렇게 보지 않는다. 여기서 살성은 양타·공겁을 말한다.

武曲破軍 破祖破家勞碌

✪ 무곡·파군은 조업을 없애고 집안을 말아먹으며 고생한다.

이두주 사해궁의 무파를 말하는데, 조합이 좋으면 큰 사업을 이루는 사람도 많다. '破祖破家勞碌'하는 경우가 되려면 살성과 화기를 보아야 한다.

武曲破貞於卯地 木壓雷驚

✪ 무곡·파군·염정이 묘궁에 있으면 나무에 깔리고 천둥소리에 놀란다.

이두주 이 말은 묘궁의 무살이 미궁의 자파와 해궁의 정탐을 만나는 것을 말하는 것으로 주로 사고를 뜻한다. 혹 묘궁의 정파가 미궁의 무탐을 만나는 경우, 두 궁에서 모두 살성과 화기를 만나야 그렇다. 반드시 사고가 생기는 것을 뜻하는 것은 아니고, 여의치 못한 다른 일도 포함된다.

> 武曲劫殺會擎羊 因財持刀

❂ 무곡과 겁살이 경양을 만나면 돈 때문에 칼을 쥔다.

이두주 묘유궁의 무살조합이 화령과 동궁하면서 삼방에서 경양을 만나는 것을 말한다. 점험파에서는 이 부문에 대해 "행한이 유궁의 무살일 때 경간 유년이 되면 유년경양이 동궁 하므로 역시 돈으로 인해 칼을 쥐는(因財持刀) 상이 있다. 다른 살이 더해지면 더욱 흉하며, 백호가 있으면 반드시 형을 당하고 다치게 된다고 한다"고 주를 달고 있다.

> 武曲羊陀兼火宿 喪命因財

❂ 무곡이 양타에 화성을 보면 돈 때문에 목숨을 잃는다.

이두주 화성·타라가 동궁하면 중하다.

> 武曲之星爲寡宿
> ★ 火星柔弱 婦奪夫權方免刑剋 若兩剛相敵 必主刑剋生離

❂ 무곡은 과수가 된다.

★ 화성은 유약하여 여자가 부권을 빼앗으면 형극을 면하지만, 만약 둘 다 강해서 서로 맞붙으면 반드시 형극하고 생이별한다.

이두주 과수격은 남명에게 있다고 좋다고는 할 수 없으나, 여명에게는 더욱 치명적이다.

※ 이하는 『팔희루초본』에서 발췌한 것이다.

> **팔희루초본/** 武曲天府同宮子午 主有壽

✪ 무곡·천부가 자오궁에서 동궁하면 오래 산다.

이두주 화령을 보면 그렇게 보지 않는다.

> **팔희루초본/** 武曲七殺火星逢 因財被劫

✪ 무곡·칠살이 화성을 만나면 돈 때문에 겁탈 당한다.

이두주 묘유궁의 무곡칠살조합을 말한다.

> **팔희루초본/** 武曲七殺會擎羊 因財持刀

✪ 무곡·칠살이 경양을 만나면 돈 때문에 칼을 쥔다.

> **팔희루초본/** 武破貪狼居子位 投河溺水

✪ 무곡·파군·탐랑이 자궁에 있으면 물에 빠진다.

이두주 자궁의 무부가 파군·탐랑을 상회하는 운에 이를 때 원국에 살기가 있는데 다시 살기를 보면 그러하다.

(6) 천동天同

> 廟 卯巳亥 旺 子申 陷 丑未酉午

- ✪ 묘 : 묘·사·해궁 / 왕 : 자 / 신궁·함 / 축·미·유·오궁

> 天同會吉壽元辰

- ✪ 천동이 길성을 만나면 수명이 길다.
- **이두주** 녹존을 만나야 가장 좋다.

> 同月陷宮加殺重 技藝贏黃

- ✪ 동월이 함궁에 있으면서 살성이 많으면 기예技藝가 있으나 여위고 창백하다.
- **이두주** 동월이 살성을 많이 보면 주로 공장工匠이 되고 또 다병하다. 오궁에서 낙함하면 더욱 그렇고, 자궁에서도 이와 같은 경향이 있으며 화기를 보면 더욱 그렇다.

> 天同戌宮化忌 丁人命遇反爲佳

- ✪ 천동이 술궁에서 화기가 되면 정년생은 도리어 좋게 된다.
- **이두주** 정확하게는 정년생으로 술궁에 천동이 좌명하면서 대궁 진궁에 거문화기가 될 때라야 반배격국을 이루게 된다.

> 天同貪羊陀居午位 丙戌鎭禦邊疆
> ★ 爲馬頭帶箭 富且貴

- ✪ 천동·탐랑이 오궁에서 양타를 보면 병·무년생은 변방의 오랑캐를

진압한다.

☆ 마두대전격으로 부하고 귀하다.

女命天同必是賢

★ 子生人命坐寅 辛人命卯 丁人命戌入格 丙辛人 命中吉 巳亥逢此化吉 雖美必淫

✪ 여명의 천동은 반드시 현명하다.

☆ 자년생이 명궁이 인궁에 좌하고, 신辛년생이 묘궁에, 정丁년생이 술궁에 안명하면 입격하나, 병·신년생이 명 중에서 길성을 보고 사·해궁에서 이러한 길화를 보면 좋기는 하나 반드시 음란하다.

이두주 정확히 이러하다고는 할 수 없다. 예를 들어 거동성계라면 감정상의 근심 곤란이 많다.

(7) 염정廉貞

| 廟 | 寅申 | 利 | 辰戌丑未 | 陷 | 巳亥 |

✪ 묘 : 인·신궁 / 리 : 진·술·축·미궁 / 함 : 사·해궁

이두주 염정의 성계로는 인신궁 염정독좌·자오궁 정상·묘유궁 정파·축미궁 정살·사해궁 염정탐랑·진술궁 염정천부가 있다. 이 중에서 묘유궁 정파와 자오궁 정상은 아주 대조적인 조합이다. 염정은 화에 속하고 파군과 천상은 수성이다. 그러나 염정과 파군은 화수미제적인 특성이 엿보이고 염정·천상은 수화기제적인 특성이 엿보인다.

「별에 대한 문답 염정」을 보면 "逢財星耗合 祖業必破 …(재성이 파군과 합하면 반드시 조업을 들어먹는다 …)"라고 하고, 또 "破軍與日月以濟行 目疾不免 限逢至此 災不可攘(파군과 일월이 같이 행하면 안질을 면치 못하며 운이 여기에 이르면 재앙이 물러가지 않는다)"이라 하고 있고, 「별에 대한 문답 천상」을 보면 "化廉貞之惡(염정의 악을 화한다)"이라 하였다. 그래서 염정은 천상(天相)의 제화를 좋아하고 파군과 동궁하는 것은 좋아하지 않는다.

염정칠살조합은 염정은 火 칠살은 金으로 단련의 의미가 있으므로, 염정이 칠살과 만나 상황이 좋으면 고격을 이룬다. 「별에 대한 문답 염정」에 "遇殺曜 顯武職 在官祿 有威權(살성을 만나면 무직에서 드러나며 관록궁에 있으면 위권한다)"이라 하였다. 염정·탐랑은 목화통명으로 성계의 조합상으로는 가장 원만하고, 자유분방한 면도 있다.

정살과 정파조합은 둘 다 상극으로 격을 이루기 때문에 염정의 조합 중에서도 격렬하여 염정의 양강한 면을 두드러지게 하고, 염정천상과 염정탐랑은 천상의 인印·탐랑의 도화로 인해 앞의 두 성계보다 부드러움을 내포하고 있다. 이 둘 중에서도 정상조합은 공적인 성격이 강하고, 정탐조합은 사적인 면이 강하다. 그것은 염정도 품질品秩을 주관하는 별이고 천상도 인성印星으로 관록의 의미가 있으므로 방정한 의미가 짙어 염정의 속성 중 품질의 의미가 두드러지고, 염정·탐랑조합은 탐랑의 도화 속성으로 인해 염정의 화기인 차도화가 두드러진다.

그리고 정부조합은 염정의 불안정한 수囚의 경향이 천부의 장藏을 주관하는 속성과 화생토로 배합이 잘되어서 염정의 조합 중에서 가장 안정적인 조합이 되며 격도 높게 되는 것이다. 그러므로 같은 염정이라도 어떤 별과 조합이 되느냐에 따라서 조금씩 성격상의 차이가 있게 되는 것이니 이 점을 유의해야 한다.

廉貞申未宮無殺 富貴聲揚播遠名
★ 雄宿朝元格 加殺平常

● 염정이 미·신궁에 있으면서 살이 없으면 부귀하고 이름을 멀리까지 떨친다.

★ 웅수조원격으로 살성이 더해지면 보통이다.

廉貞卯酉宮加殺 公胥無面官人
★ 或巧藝人

✪ 염정이 묘유궁에서 살이 더해지면 염치없는 공무원이 된다.
☆ 혹 교예巧藝가 있는 사람이다.

이두주 이 말은 정파가 묘유궁에 있는 것을 말하며 무면이란 체면없고 염치없는 것을 말한다. 정파가 묘유궁에 있으면 공서적公胥的(공무원)인 속성이 있다고 하였는데, 이 말은 언뜻 보기에는 그 속성과 어긋나 있는 것이 아닌가 생각이 드는 문장이다.

묘유궁 정파가 명궁이 될 때는 재백궁에 자살의 권위조합 관록궁에 무탐의 선빈후부하는 조합 천이궁 천상으로, 재백궁과 관록궁에 강왕한 주성이 배치되어 있음에도 왜 사업이나 장사의 명이라고 하지 않고 공직에 적합하다고 했을까?

여러 가지 면이 있겠지만 다음과 같은 이유도 있을 것으로 본다. 묘유궁 정파가 명궁이면서 대운이 역행한다면 두 번째·세 번째·네 번째의 세 개 대한이 주성이 없는 공궁이 된다. 이렇게 주성이 없는 대한은 그 자체로 함약한 속성이 있어서 사업이나 큰 경영을 하는 데는 역부족이기 쉬운데, 염정파군의 강성한 조합이 연속 세 대한을 무력하게 보내기 쉽게 되기 때문에 공직이나 교예로 먹고사는 것이 가장 좋은 경우가 될 것임을 짐작해 볼 수 있다. 결국 다섯 번째 대한에서 사해궁 정살의 운을 만나므로 만발한다거나 자수성가한다는 것도 여기서 비롯된 것으로 보인다. 정파가 가진 공직·교예의 속성은 대운이 역행하는 명에 있어서 더욱 절실한 속성이라 하겠다.

> 廉貞暗巨曹吏貪婪

✪ 염정이 암성인 거문과 만나면 탐욕스러운 하급관리가 된다.

> 廉貞貪殺破軍逢 武曲遷移作賊[55]
> ★ 恐是文曲

✪ 염정이 탐랑·칠살·파군을 만나고 무곡을 천이궁에서 보면 도적이 된다.

☆ 문곡을 두려워한다.

이두주 이 부문은 사해궁의 정탐이 대궁에서 문곡을 보는 것을 꺼려한다는 것을 말한다.

> 廉貞七殺居廟旺 反爲積富之人
> ★ 殺居午 奇格 若陷地化忌 貧賤殘疾

✪ 염정·칠살이 묘왕지에 있으면 오히려 부유한 사람이 된다.

☆ 살이 오궁에 거하면 기격奇格으로, 만약 함지에 화기를 만나면 빈천하고 신체장애가 된다.

이두주 정살이 미궁에선 기격奇格이라 할 수 있으나 축궁이면 그렇게 보지 않는다.

> 廉貞破火居陷地 自縊投河

✪ 염정·파군이 화성과 함지에 거하면 물에 빠져 자살한다.

---

[55] 원문은 '具戎'으로 되어 있으나, '賊'을 잘못 쓴 것으로 보고 원문을 수정하고 해석하였다. 『무릉판전서』에는 '作吏戎'으로 되어있다.

이두주 묘유궁의 정파가 화성과 동궁하며 또 화기를 보는 경우를 말한다. 자오궁의 정상 대 파군조합도 화성을 보고 화기를 보면 그런 경향이 있다.

廉貞七殺居巳亥 流蕩天涯

❂ 염정·칠살이 사해궁에 있으면 천지를 떠돌아 다닌다.

仲由威猛 廉貞入廟會將軍

★ 甲生人命坐酉 乙生人命坐亥 丙戊56)生人命坐酉 丁己生人命坐寅 庚生人命坐子 辛生人命坐卯 癸生人命坐申

❂ 중유가 맹렬했던 것은 염정이 입묘하면서 장군을 만났기 때문이다.

☆ 갑년생이 유궁에, 을년생이 해궁에, 병·무년생이 유궁에, 정·기년생이 인궁에, 경년생이 자궁에, 신辛년생이 묘궁에, 계년생이 신궁申宮에 좌명한 것을 말한다.

이두주 신궁申宮에서 염정이 독수한 것을 말한다. 원주는 부문과 상관없는 내용으로 보인다.

廉貞四殺 遭刑戮

★ 同羊陀火鈴是也 若安佈此星同 必遭刑戮終身

❂ 염정이 사살을 보면 형을 받아 죽는다.

☆ 양타·화령과 동궁하면 그렇다. 만약 이 별들이 동궁하면 반드시 형을 받아 죽게 된다.

---

56) 원문은 '戍'라고 되어 있으나 문맥상 『무릉판전서』의 '戊'가 맞아보여 원문을 수정하였다.

이두주 염정이 살성을 보면서 화기나 무곡화기를 보는 것을 말한다.

廉貞白虎 刑杖難逃
★ 流年太歲併小限坐宮又值白虎加臨 主官非遭刑杖

✪ 염정이 백호와 있으면 곤장형을 면치 못한다.

☆ 유년태세에 소한이 좌궁하고 또 백호가 있으면 주로 관재에 형장을 맞는다.

廉貞破殺會遷移 死於外道

✪ 염정이 파군·칠살을 천이궁에서 만나면 길에서 죽는다.

이두주 천이궁에서 정파에 칠살을 보고 또 살성과 화기를 만나는 것을 말한다.

廉貞羊殺居官祿 枷杻難逃

✪ 염정·경양과 살성이 관록궁에 있으면 감옥에 갇히는 것을 면치 못한다.

이두주 염정·경양이 관록궁에 있으면서 유년의 살성이 충기하는 경우를 말한다. 여기서 살성이란 칠살을 말하는 것이 아니라 유년의 살성을 말하는 것이다.

廉貞淸白能相守
★ 女人甲己庚癸 安命申酉亥子宮 丙辛乙戊 安命寅卯巳午是也 若辰戌丑未反賤

✪ 염정이 청백격이 되면 능히 절개를 지킬 수 있다.

☆ 여명에 갑·기·경·계년생이 신·유·해·자궁에 안명하거나 병·신·을·무년생이 인·묘·사·오궁에 안명하면 그렇다. 만약 진술축미궁에 있으면 도리어 천하다.

이두주 염정이 인·신·미궁에 있으면서 길성과 길화가 있는 경우를 말한다.

※ 이하는 『팔희루초본』에서 발췌한 것이다.

팔희루초본/ 廉貞同文昌 好禮樂

✪ 염정이 문창과 동궁하면 예악을 좋아한다.

이두주 살성과 화기가 없어야 그렇다.

팔희루초본/ 廉貞纏祿 主富貴

✪ 염정이 녹과 있으면 주로 부귀한다.

이두주 만약 염정화록에 녹존을 보면 더욱 좋다.

팔희루초본/ 廉貞遇羊陀 膿血不免

✪ 염정이 양타를 보면 종기가 생김을 면치 못한다.

이두주 염정화기는 피를 보는 재앙을 만나기 쉽다.

팔희루초본/ 廉貞逢武破 祖業必破

✪ 염정이 무파를 만나면 조업을 반드시 파한다.

이두주 무곡화기라야 그렇다.

(8) 천부天府

> 廟 子丑寅未 旺 午酉辰戌 地 卯巳申亥 無陷

✪ 묘 : 자·축·인·미궁 / 왕 : 오·유·진·술궁 / 지 : 묘·사·신·해궁 / 함지는 없다.

> 天府戌宮無殺湊 甲己人腰金又且富
> ★ 加四殺有疵

✪ 천부가 술궁에 있으면서 살성을 보지 않으면 갑·기년생은 허리에 금띠를 띠고 부유하게 된다.

☆ 사살이 더해지면 흠이 있다.

이두주 갑년생은 쌍록을, 기년생도 쌍록을 만난다.

> 天府天相天祿[57] 同 君臣慶會

✪ 천부·천상天相·록존이 같이 있으면 임금과 신하가 기뻐하며 모인 것과 같다.

이두주 여기서 천부는 군君이 되고 천상은 신臣이 되며, '天祿'은 녹존을 말한다.

> 天府居午戌[58] 天相來朝 甲人一品之貴

---

[57] 원문은 '天梁'으로 되어 있다. 『팔희루초본』에는 '天祿'으로 되어 있는데, 문맥상 '天祿'이 옳다고 보고 원문을 수정하고 해석하였다.

[58] 원문은 '午戌'로 되어 있으나, 문맥상 『무릉판전서』의 '午戌'이 옳다고 보고 원문을 수정하였다.

● 천부가 오·술궁에 있으면 천상天相이 래조하는데, 갑년생이면 일품의 귀를 얻는다.

이두주 오궁의 천부는 무곡과 동궁하고 천상을 관록궁에서 만나는데, 갑년생이면 인궁에서 녹존을 보고, 관록궁 천상은 쌍록과 파군화권을 만나게 된다. 술궁의 천부라면 염정화록과 동궁하면서 관록궁에서 녹존을 보고 관록궁 천상도 쌍록과 무곡화과를 보게 된다.

> 府相朝垣 千鍾食祿
> ★ 命寅申 府相在財帛官祿宮朝者 上格 別宮次之

● 천부·천상이 조원하면 천종의 식록이 있다.

☆ 인신궁이 명궁이면서 부상이 재백·관록궁에서 비추면 상격이 되고, 다른 궁에서는 그 다음이다.

이두주 원주에서는 인신궁의 염정이 명궁에 있을 때 재백궁·관록궁에서 부상이 쌍비호접으로 들어오는 것을 말하고 있으나, 『팔희루초본』에는 "府相同來會命宮 千鍾食祿(천부·천상이 같이 명궁을 래회하면 천종의 식록이 있다)"이라고 되어 있는데, 이것은 정성이 없는 사해궁에 안명하면서 부상이 내조하는 경우를 말한다.

> 天府祿存昌曲 巨萬之資

● 천부가 녹존·창곡을 보면 큰 부자다.

이두주 천부가 길하면 귀보다 부가 많고, 자미가 길하면 부보다 귀가 많다.

> 天府昌曲左右 高第恩榮

❂ 천부가 창곡·보필을 보면 높은 등급으로 합격하는 영화로움이 있다.

이두주 창곡·괴월을 만나도 그렇다.

> 天府武曲居財宅 更兼權祿富奢翁
> ★ 有左右祿存亦美

❂ 천부·무곡이 재백·전택궁에 있으면서 다시 화권·화록을 겸해서 보면 부유하고 호사스러운 삶을 누린다.

☆ 보필·녹존이 있어도 아름답다.

이두주 재택이란 재백궁과 전택궁을 말한다.

※ 이하 세 구절은 『팔희루초본』에서 발췌한 것이다.

> **팔희루초본/** 左府同宮 尊居萬乘

❂ 좌보·천부가 동궁하면 존귀하여 만승의 자리에 거한다.

이두주 술궁에 안명하면 그렇다.

> **팔희루초본/** 天府守命會四煞 爲人奸詐

❂ 천부가 수명하고 사살을 보면 위인이 간사하다.

이두주 이 경우는 부고府庫가 공고·로고가 되는 것으로, 녹이 없으면 더욱 좋지 못하다.

> **팔희루초본/** 天府守命忌空亡

★ 팔희루초본/ *有左右祿存亦美*

❂ 천부가 수명하면 공망을 꺼린다.

☆ 보필·녹존이 있으면 괜찮다.

이두주 여기서 '空亡'이란 공겁·절공과 천공을 가리키는 것으로, 고립을 뜻한다.

(9) 태음太陰

> 廟 亥子丑 旺 酉戌[59] 陷 午寅辰巳卯
>
> ✪ 묘 : 해·자·축궁   / 왕 : 유·술궁   / 함 : 오·인·진·사·묘궁

> 太陰居子 丙丁富貴忠良
> ★ 夜生人合局

✪ 태음이 자궁에 있으면서 병·정년생이면 부귀하고 충량하다.

★ 밤에 태어난 사람이라야 합국한다.

이두주 이러한 주를 보면 고인들이 태양태음을 볼 때 별의 묘왕리함 뿐만 아니라 주야를 구분하였다는 것을 알 수 있다. 이 경우에도 낮에 태어난다면 밤에 태어난 명에 비해서 흠이 있을 것이다.

> 太陰同文曲於妻宮 蟾宮折桂
> ★ 文昌同亦然 在身命巧藝之人

✪ 태음이 문곡과 부처궁에서 동궁하면 과거급제한다.

★ 문창이 동궁해도 역시 그러하며 명·신궁에 있으면 교예지인이다.

이두주 왕정지 선생은 총명교예가 있다고 해석했다.

> 太陰武曲祿存同 左右相逢富貴翁

---

59) 원문은 '酉戌'라고 되어 있으나 문맥상 『무릉판전서』의 '酉戌'이 맞아보여 원문을 수정하였다.

✪ 태음·무곡·녹존이 동궁하고 보필을 만나면 부귀하게 된다.

이두주 왕정지 선생은 이 구절을 "밤에 태어난 사람의 태음이 묘왕지에서 명궁에 있고 무곡운으로 행하면서 녹존을 보면 발달하게 되는데, 여기서 보필은 조력에 불과할 뿐이다"라고 하였는데, 이는 매우 탁월한 해석이라고 보인다. 태음과 무곡·녹존은 모두 재성으로 별들 간의 기질이 비슷하여 궁합이 맞기 때문에 자연히 태음 좌명인이 무곡에 녹존을 보는 운을 행한다면 발재하게 되는 것이다.

太陰羊陀 必主人離財散

✪ 태음이 양타를 보면 반드시 사람과 헤어지고 재물은 흩어진다.

이두주 역자의 경험상 함지의 태음일수록 이러한 경향이 많았다. 왕정지 선생은 단순히 양타만 보면 그렇다는 것이 아니고, 반드시 양영이나 화타를 봐야 그렇다고 해석하고 있다.

月朗天門於亥地 登雲職掌大權
★ **子生人夜時生合局 不貴則大富**

✪ 해궁에서 월랑천문月朗天門이 되면 등과하여 대권의 직책을 쥐게 된다.

★ 자년생이면서 밤 시간에 태어난 명이 합국하는데, 귀하지 않으면 대부한다.

이두주 밤시간에 태어난 해궁 태음이 명궁이 되면서 다시 길화와 녹존 등을 보는 것을 말하는데, 원주에서 밤 시간에 태어난 명(夜時生)이라도 자년생(子生人)이 합국한다고 한 것은 눈여

겨봐야 할 구절이다. 역자도 왜 자년생이어야만 합국하는지 그 구체적인 이유는 잘 모르겠다.

月曜天梁女淫貧
★ 太陰寅申巳 多主淫貧 或偏房侍婢 若貪狼文曲文昌同於夫宮 必招賢明之夫

✪ 여명에서 태음·천량이 있으면 음란하고 가난하다.

★ 태음이 인·신·사궁에 있으면 음란하고 가난함이 많거나 첩 또는 시중드는 여자가 된다. 만약 탐랑·문창·문곡이 부처궁에서 동궁하면 반드시 현명한 남편과 짝짓는다.

이두주 태음이 낙함하고 낮에 태어나면서 사궁에 있고 또 살성을 보거나 복덕궁에서 살성을 보면 좋지 못하다.
원주의 뒷부분에서 말한 탐랑·문창·문곡이 부처궁에서 동궁하면 반드시 현명한 남편과 짝짓는다는 말은, 위의 부문과 관계없는 구절이다.

※ 이하 6개의 부문은 『팔희루초본』에서 발췌한 것이다.

팔희루초본/ 太陰落陷 夜生人傷母刑妻

✪ 태음이 낙함하고 밤에 태어난 사람이라면 어머니를 상하고 처를 극한다.

팔희루초본/ 太陰落陷且化忌 日生人 隨娘過繼

✪ 태음이 낙함하고 화기면서 낮에 태어난 사람이면 어머니가 개가하

여 계부의 성을 따른다.

이두주 태음화기에 낮에 태어났다면 상부傷父한다.

팔희루초본/ 太陰落陷遇羊陀 肢體傷殘

✪ 태음이 낙함하면서 양타를 만나면 사지를 상하고 못쓰게 된다.

이두주 양령이나 화타를 봐야 그렇다.

팔희루초본/ 太陰天機同昌曲 男爲奴僕女爲娼

✪ 태음천기가 창곡과 동궁하면 남자는 노복이 되고 여자는 창기가 된다.

이두주 인궁이라야 그렇다. 신궁申宮에서는 그렇지 않다. 또 반드시 화기와 살모성을 봐야한다.

팔희루초본/ 太陰文曲 定是九流術士

✪ 태음이 문곡을 보면 정히 구류술사가 된다.

이두주 문곡은 편재偏才를 뜻하므로 그렇게 보는 것이다. 음양가는 구류십가 중 아홉 번째였으므로 구류술사라 하였다.

팔희루초본/ 太陰疾厄遇陀羅火鈴 目疾爲災

✪ 태음이 질액궁에 있으면서 타라·화령을 만나면 눈에 질환이 있다.

이두주 태음과 타라가 동궁하면서 화령을 만나면 그렇다.

(10) 탐랑貪狼

| 廟 辰未戌 旺 子午 陷 巳亥 |

○ 묘 : 진·미·술궁   / 왕 : 자·오궁   / 함 : 사·해궁

| 貪狼遇鈴火四墓宮 豪富家資侯伯貴
★ 辰戌宮佳 丑未宮次 若守照俱可論吉 |

○ 탐랑이 화령을 사묘궁에서 만나면 부호로써 재산이 많으며 제후가 되는 귀함이 있다.

★ 진·술궁에서 좋고 축·미궁에서는 그 다음이며 수조해도 모두 길로 논한다.

이두주 화령과 탐랑이 동궁하는 것이 좋고, 대궁에 있으면 격이 떨어진다.

| 貪狼入廟壽元長 |

○ 탐랑이 입묘하면 수명이 길다.

이두주 진술축미 사묘궁의 탐랑을 말하는데, 축미궁에서는 그 다음이 된다.

| 貪狼加吉坐長生 壽考永如彭祖
★ 寅午戌 火生人 命坐寅木申金 |

○ 탐랑에 길성이 있고 장생에 좌하면 오래 산 팽조처럼 수명이 길다.

★ 인오술 화생인火生人이면서 명궁이 인신궁이면 그렇다.

이두주 원주의 '命坐寅木申金'은 명궁이 인궁이나 신궁申宮이

되는 것을 말하는 것으로, 인신궁의 탐랑을 말한다. 여기서 '加會'한다는 것은 길성이 더해진다는 뜻인데, 괴월과 보필을 말하며, 창곡은 탐랑과 만나는 것을 좋아하지 않아서 제외해야 한다.

> 貪狼會殺無吉曜屠宰之人

✪ 탐랑이 살성을 만나고 길성이 없으면 도살이나 요리하는 사람이다.

> 貪狼巳亥加殺 不爲屠戶亦遭刑
> ★ 享福不久

✪ 탐랑이 사해궁에서 살이 더해지면 백정이 되지 않으면 형을 만난다.

☆ 복을 길게 누리지 못한다.

이두주 여기서 '도호屠戶'란 도살을 업으로 하는 집이라는 뜻으로 백정을 의미한다.

> 貪狼子午卯酉鼠竊狗偸之輩終身不能有爲
> ★ 申子辰人命坐子宮 寅午戌人命坐午宮 亥卯未人命坐卯宮 巳酉丑人命坐酉宮是也

✪ 탐랑이 자오묘유궁에 있으면 좀도둑의 무리가 되며 종신 쓸모없는 사람이 된다.

☆ 신자진년생이 자궁에, 인오술년생이 오궁에, 해묘미년생이 묘궁에, 사유축년생이 유궁에 좌명하면 그러하다.

이두주 중주파에서는 사유축년생인 경우 명궁이 축궁에 있어야 한다고 주장한다.

> 貪武[60]同行 晚景邊夷神服
> ★ 三十年後發財 坐命武曲守照 辰戌宮佳 丑未宮次之

☯ 탐랑·무곡이 동궁하면 만년에 변방에 오랑캐를 마음으로 복속시킨다.

★ 명궁에 무곡이 진술축미에 있으면 30세 후에 발재하는데, 진·술궁이 좋고 축·미궁은 그 다음이다.

이두주 중년 후에야 비로소 발달한다는 말이며, 운에서 반드시 길화를 만나야 한다.

> 貪武[61]先貧而後富
> ★ 利己損人命有紫微日月左右昌曲 限逢祿權科則貴顯論

☯ 탐랑·무곡은 먼저는 가난했다 나중엔 부하게 된다.

★ 자기만 알고 다른 사람을 손해케 하며, 명궁에서 자미·일월·보필·창곡이 있고 운에서 녹·권·과를 만나면 귀가 드러난다고 논한다.

> 貪武申宮爲下格
> ★ 化忌方論

☯ 탐랑·무곡이 신궁申宮에 있으면 하격이 된다.

★ 화기라야 이렇게 논한다.

---

60) '狼'으로 되어있는 판본도 있다.
61) '狼'으로 되어있는 판본도 있다.

> **이두주** 탐랑이 신궁申宮에 있으면 대궁에 염정이 있다. 원주에서 화기라야 하격이 된다고 했는데, 탐랑화기가 되면 관록궁에 녹존 재백궁에 파군화록이 있어 하격이 되지 않고, 대궁의 염정이 화기가 된다면 재백궁에서 타라를 만나면서 다른 길화를 보지 못하므로 병년생으로 염정화기를 만날 때 하격이 된다고 보아야 한다.

貪狼加殺同鄕[62] 女偸香而男鼠竊

❂ 탐랑이 살성과 동궁하면 여자는 바람을 피우고 남자는 좀도둑이 된다.

> **이두주** 자오묘유의 사패지에 탐랑이 있을 때를 말한다.

貪武四生四墓宮 破軍忌殺百工通

❂ 탐랑·무곡이 사생·사묘궁에 있으면서 파군·화기와 살성을 만나면 여러 가지 만드는 것에 정통하다.

> **이두주** 이것은 무탐이 파군·화기와 사살을 만나는 것을 말한다.

貪狼武曲同守身[63] 無吉命反不長
★ 命無吉曜 身有貪武 孤貧

---

62) 『팔희루초본』에는 "貪狼忌煞同鄕(탐랑이 화기와 살성과 동궁하면)"이라고 되어 있다.

63) 『팔희루초본』에는 "貪狼武曲同守身命(탐랑·무곡이 명·신궁에서 동궁하면)"으로 되어있다.

✪ 탐랑·무곡이 신궁身宮에 동궁할 때, 길성이 없으면 도리어 오래 살지 못하게 된다.

☆ 명궁에 길성이 없고 신궁身宮에 탐무가 있으면 고독하고 가난하다.

이두주 길성이 없으면서 다시 양타를 만나는 것을 말한다.

> 貪武破軍無吉曜 迷戀花酒以忘身
> ★ 或作手藝

✪ 탐랑·무곡·파군에 길성이 없으면 술과 여자에 빠져 자신을 잃어버린다.

☆ 혹 수예로 나간다.

이두주 도화성을 봐야 그렇다. 살성을 만나면 주로 수예手藝가 있다고 보아야 한다.

> 貪月同殺會機梁 貪財無厭作經商

✪ 탐랑·태음·천동·칠살이 기량을 만나면 재를 탐함에 끝이 없는 장사꾼이 된다.

이두주 위의 「천기」에 같은 의미의 구절이 있다. 「천기」의 가결을 참고하라.

> 貪狼廉貞同度 男多浪蕩女多淫

✪ 탐랑·염정이 동궁하면 남자는 방탕함이 많고 여자는 음란하다.

이두주 살성과 도화성을 만나면서 천마를 만나지만 녹이 없거나, 화성은 보는데 녹이 없는 경우 등이 그렇다.

> 貪遇羊陀居亥子 名爲泛水桃花
> ★ 男女貪花迷酒喪身 有吉曜則吉

✪ 탐랑이 해·자궁에서 양타를 만나면 범수도화泛水桃花라고 이름한다.

☆ 남녀 모두 주색에 빠져 몸을 상하나, 길성이 있으면 길하다.

> 貪狼陀羅在寅宮 號曰風流彩杖

✪ 탐랑·타라가 인궁에 있으면 풍류채장風流彩杖이라고 부른다.

> 女命貪狼多嫉妬
> ★ 在亥子遇羊陀 娼妓之流 逢祿馬不美

✪ 여명에 탐랑이 있으면 질투가 많다.

☆ 해·자궁에서 양타를 만나면 창기와 같은 류이고 녹마를 만나면 좋지 못하다.

※ 아래는 『팔희루초본』에서 발췌한 부문이다.

> 팔희루초본/ 貪狼昌曲同宮 多虛小實

✪ 탐랑이 창곡과 동궁하면 실속이 없다.

  이두주 창곡이나 화과를 보는 경우는 제외한다.

(11) 거문巨門

> 廟 卯寅申酉 旺 子丑午亥 平 辰巳未戌

❂ 묘 : 묘·인·신·유궁　/ 왕 : 자·축·오·해궁　/ 평 : 진·사·미·술궁

> 巨日寅宮 立命申 先驅名而食祿

❂ 거일이 인궁에 있고 명궁이 신궁申宮인 경우에는 먼저 이름을 날리고 난 뒤에 식록이 있다.

> 巨日命宮寅位 食祿馳名

❂ 거일이 인궁에서 명궁이 되면 식록이 있은 다음 이름을 날린다.

> 巨日申宮 立命寅 馳名食祿

❂ 거일이 신궁申宮에 있고 명궁이 인궁에 있으면 먼저 이름을 날리고 난 뒤에 식록이 있다.

> 巨門子午科權祿 石中隱玉福興隆
> ★ 富而且貴 辛癸人上格 丁己人次 丙戊生人 主困[64]

❂ 거문이 자오궁에서 녹·권·과를 만나면 석중은옥격이 되어 복이 흥하고 높아진다.

★ 부하고 또 귀하며 신·계년생이 상격이며, 정·기년생은 그 다음이고, 병·무년생은 곤란함이 많다.

---

[64] 원문은 '主男'이라고 되어 있으나 문맥상 『무릉판전서』의 '主困'이 맞아보여 원문을 수정하였다.

巨日命立申宮亦妙

✪ 거일이 신궁申宮에 있으면서 입명해도 역시 묘하다.

巨在亥宮日命巳 食祿馳名

✪ 거문이 해궁에 있고 태양이 사궁에 있으면서 명궁이면 식록이 있고 난 후에 이름을 날린다.

巨在巳宮日命亥 反爲不佳

✪ 거문이 사궁에 있고 태양이 해궁에 있으면서 명궁이 되면 도리어 좋지 않다.

이두주 태양이 사궁에 있으면 묘왕지라 좋고, 해궁에 있으면 함지라 좋지 않은 것이다.

巨日拱照亦爲奇
★ 假如日在午宮 巨在戌宮是也 吉多方論 日忌陷

✪ 거일이 공조해도 역시 뛰어나다.

★ 가령 태양이 오궁에 있고 거문이 술궁에 있으면 그렇다. 길성이 많아야 그렇게 논하고 태양이 함지에 있으면 꺼린다.

巨機居卯 乙辛己丙至公卿
★ 不貴則富 甲人平常 何也 因甲祿到寅 卯宮有擎羊 破格耳

✪ 기거가 묘궁에 있을 때 을·신·기·병년생은 공경의 지위에 오른다.

★ 귀하지 않으면 부하다. 갑년생은 보통의 명이 되는데, 갑간의 화록

이 인궁에 있으면 묘궁에 경양이 있어서 파격이 되기 때문이다.

이두주 이것은 녹을 얻으면 좋게 된다는 것을 말하는 것이다. 살성이 동궁하면 그렇지 않다.

> 巨機酉上化吉者 縱有財官也不終
> ★ 如値孤貧多有壽 巨富則夭亡 加化忌尤凶 若太歲在遷移宮財宮化祿

✪ 기거가 유궁에 있으면서 길화가 된 자는 비록 재관이 있어도 끝이 좋지 못하다.

☆ 예를 들어 고독하고 가난하면 오래 살지만, 거부가 되면 요망하게 되는데 화기가 더해지면 더욱 흉하다. 만약 태세가 천이궁·재백궁에서 화록이면 그렇다.

이두주 유궁에 기거가 좌할 경우, 부하면 장수하지 못하고 가난하면 도리어 오래 산다.

> 巨門辰宮化忌 辛人命遇反爲奇

✪ 거문이 진궁에서 화기가 되면 신년생이 명궁에서 만나면 도리어 기이하다.

이두주 이 부문은 잘못된 것처럼 보이기 쉽다. 부문대로 진궁에서 거문이 화기가 되려면 정년생이라야 할 것인데, 신년생이라고 한 것은 문창화기를 만나야 기격이 되기 때문이다.

> 巨機丑未爲下格

✪ 거문·천기가 축미궁에 있으면 하격이 된다.

이두주 『팔희루초본』에는 "巨同丑未爲下格(거동이 축미궁에 있으면 하격이 된다)"이라고 되어있다. 이것은 축미궁의 거동이 살기형모를 볼 때를 말한다.

巨門陀羅 必生異痣

❂ 거문·타라가 있으면 반드시 특이한 사마귀가 생긴다.

이두주 화성이 비추면 비로소 그러하며, 몽고반점같은 특이한 점이 있다.

巨門羊陀於身命疾厄 羸黃困弱盜而娼

❂ 거문이 명·신궁·질액궁에서 양타를 보면 누렇게 여위고 몸이 힘들고 약하며 도둑이 아니면 창기가 된다.

이두주 거문이 양타를 보는 경우는 흔하다. 그렇다고 모두 여위고 도둑 아니면 창기가 된다고 판단해서는 안된다. 반드시 다른 살성과 길화 등을 살펴서 판단해야 한다.

巨門四殺陷而凶

❂ 거문이 사살을 함지에서 만나면 흉하다.

이두주 거문이 진술궁에 있으면 낙함한다.

巨火擎羊陀逢惡曜[65] 防縊死投河

---

[65] 원문은 '惡限'이라고 되어 있으나 문맥상 『무릉판전서』의 '惡曜'가 맞아보여 원문을 수정하였다.

○ 거문이 화성·경양·타라에 악성을 보면 목매달아 죽거나 물에 빠져 죽는 것을 조심해야 한다.

이두주 악성은 화기와 형모성을 말한다.

> 巨火鈴星 逢惡限死於外道

○ 거문이 화성·영성을 만나는데 악한 운을 다시 만나면 바깥 길에서 죽는다.

> 巨宿天機爲破蕩
> ★ 女命巨機於卯酉 雖富貴不免淫佚 若陷地下賤

○ 거문·천기는 방탕 유랑하다.

★ 여명이 기거가 묘·유궁에 있으면 부귀하나 음란함을 면치 못하며 만약 함지이면 하천하다.

이두주 이것은 여명을 말한다. 화기에 살성을 보아야 비로소 그렇다.

※ 이하는 『팔희루초본』에서 발췌한 것이다.

> **팔희루초본/** 辰戌應嫌陷巨門

○ 진술궁에서는 거문이 함지므로 꺼린다.

이두주 「골수부」를 참조하라.

> **팔희루초본/** 巨宿同梁沖且合 子羽才能

○ 거문에 동량이 충합하면 자우와 같이 재능이 있다.

이두주 반드시 신궁申宮에 안명하면서 정성이 없고 대궁에 거일·자궁에 동월·진궁의 기량이 내회하고 또 정년생이 길화를 얻어야 그렇다.

팔희루초본/ 巨門守命 三合煞湊必遭火厄

✪ 거문이 수명하고 삼합에서 살성을 만나면 반드시 화재의 액을 당한다.

이두주 양령이나 화타를 봐야 그렇다.

팔희루초본/ 巨門守兄弟 骨肉參商

✪ 거문이 형제궁에 있으면 골육간에 의견이 맞지 않는다.

이두주 화기에 살성을 만나야 그렇다. 만약 태음화기를 만나면 시비가 동서로부터 비롯된다.

팔희루초본/ 巨門子女 損後方招

✪ 거문이 자녀궁에 있으면 첫 아기를 상한 후에 비로소 자녀를 얻는다.

이두주 살성이나 화기를 봐야 그렇다.

(12) 천상天相

> 廟 子丑寅申 地 巳未亥 陷 卯酉
>
> ⭐ 묘 : 자·축·인·신궁   / 지 : 사·미·해궁   /   함 : 묘·유궁

> 天相廉貞擎羊夾 多招刑杖難逃
> ★ 終身不美 招橫禍 只宜僧道

- ✪ 천상天相·염정·경양이 협하면 대부분 곤장 맞을 짓을 한다.
- ☆ 종신 좋지 못하고 횡화橫禍를 초래하기 때문에 승도가 마땅하다.

이두주 부문 그대로는 자오궁 정상이 경양과 동궁하는 경우를 말한다. 오궁에서 정상이 경양과 동궁하면 병년생이 되어야 경양과 동궁하는데, 더불어 염정이 화기가 된다. 『전서』에는 이것을 형수협인刑囚夾印이라고 하나, 중주파에서는 형수협인刑囚夾印이 되는 구조는 있을 수 없으므로 형기협인刑忌夾印이 맞다고 한다. 그래서 이 부문 역시 병년생 자오궁 정상성계를 말하는 것이 아니라, 정년생 자오궁 정상성계인 경우로 해석하고 있다. 오궁의 정상성계가 정년생이라면 녹존이 동궁하고 양타 협이 되며, 협궁인 거문에 거문화기가 되어 온전한 형기협인격이 구성되기 때문이다.

> 天相之星女命纏 必當子貴及夫賢
> ★ 女命己生子宮 甲生午宮 庚生辰宮 俱是貴格

- ✪ 천상天相의 별이 여명에 있으면 반드시 자식은 귀하고 남편은 현명하다.

☆ 여명이 기년생 자궁 명궁, 갑년생 오궁 명궁, 경년생 진궁 명궁이면 모두 귀격이 된다.

이두주 기년생 자궁이면 명궁으로 쌍록이 들어오고 부처궁으로는 녹권이 들어온다. 갑년생 오궁이면 역시 쌍록이 들어오고 역시 부처궁으로 녹권이 들어오며, 경년생 진궁 천상이라면 명궁으로 녹존과 무곡화권을 보면서 부처궁에서 녹존을 만난다. 이 부문은 단지 남편을 돕고 자식을 잘 가르칠 수 있다는 것을 말할 뿐으로 반드시 귀하고 현명한 것은 아니다.

특이한 것은 이 세 경우 모두 복덕궁에 칠살이 단수하고 있는데, 『전서』의 다른 곳에서 여명 복덕궁에 칠살이 있으면 창기가 된다고 한 구절이 있다. 이처럼 『전서』 곳곳에 앞뒤가 안 맞는 경우가 있으니 잘 가려 읽어야 한다.

右弼天相福來臨

★ 女命天相右弼諸宮吉 子宮癸生人 寅宮癸己生人 申宮甲庚癸生人 俱是貴格 丑未亥宮不貴 子午卯酉皆少福

✪ 우필과 천상天相이 있으면 복이 임한다.

☆ 여명에서 천상·우필은 모든 궁에서 길한데, 자궁 명궁이면서 계년생이거나, 인궁의 계·기년생이거나, 신궁申宮의 갑·경·계년생이면 모두 귀격이 되며, 축·미·해궁에서는 귀하지 못하고 자오묘유궁에서는 모두 복이 적다.

이두주 이것은 다른 사람의 발탁을 통하여 발복하는 것을 뜻하고, 여명 역시 좋다.

※ 이하는 『팔희루초본』에서 발췌한 것이다.

> **팔희루초본/** 天相陷地 貪廉武破羊陀湊 巧藝安身

✪ 천상天相이 함지이면서 탐랑·염정·무곡·파군·양타를 만나면 교예로 먹고 산다.

이두주 이것은 묘유궁 천상을 말한다.

> **팔희루초본/** 天相昌曲 逢沖波主作偏房

✪ 천상天相이 창곡의 충파를 보면 주로 첩이 된다.

이두주 이것은 여명을 말하는 것이다. 특히 창곡화기는 좋지 않은데, 화기가 되면 깨지는 것이고, 역시 화령의 충회를 보는 것도 좋지 않다.

> **팔희루초본/** 天相廉貞守命見羊刑 刑杖難逃

✪ 천상天相·염정이 수명하면서 경양·천형을 보면 형벌을 받아 곤장 맞게 된다.

이두주 자오궁 정상성계이면서 병년생으로 오궁에 좌명하거나, 임년생으로 자궁에 좌명하는 경우에 그러하며, 병년생은 염정화기 때문에 더욱 나쁘다.

(13) 천량天梁

> 廟 子寅辰午 旺 丑未 地 戌卯 陷 申巳亥

- 묘 : 자·인·진·오궁 / 왕 : 축·미궁 / 지 : 술·묘궁 / 함 : 신·사·해궁

> 天梁月曜 女淫貧
> ★ 梁巳亥陰寅申 主淫佚 不陷 衣祿遂 如陷 下賤

- 천량·태음의 여명은 음란하고 가난하다.
☆ 천량이 사·해궁 태음이 인·신궁에 있으면 음란하다. 함지에 있지 않으면 의록이 있으나, 만일 함지라면 하천하다.

이두주 사해궁은 동량조합 인신궁은 기월조합이다. 성계의 속성상 이성문제나 감정문제가 많을 수 있다.

> 天梁守照吉相逢 平生福壽
> ★ 在午位極佳

- 천량이 수조하면서 길성이 상봉하면 평생 수와 복을 누린다.
☆ 오궁이면 아주 좋다.

이두주 천량이 낙함하면 그렇지 못하다.

> 天梁居午位 官資淸顯朝堂
> ★ 丁己癸人 合格

- 천량이 오궁에 있으면 조정에서 관자청현官資淸顯한다.
☆ 정·기·계년생이면 합격한다.

이두주 정·기·계년생 모두 본궁이나 대궁에서 녹존을 보며, 기년생이라면 본궁에서 천량화과를 본다.

> 梁同機月寅申位 一生吏 業聰明
> ★ 煞⁶⁶⁾ 多不論

❂ 기월동량이 인신궁에 있으면 일생 관리로 총명하다.

☆ 살성을 많이 보면 이와 같이 논하지 않는다.

> 梁同巳亥 男多浪蕩女多淫
> ★ 加刑忌殺湊 多下賤

❂ 동량이 사해궁에 있으면 남자는 방탕함이 많고 여자는 음란함이 많다.

☆ 천형·화기에 살성이 더해지면 하천함이 많다.

이두주 천량이 사궁 또는 천동이 해궁에 있으면서 대조하거나 천량이 해궁에 있고 천동이 사궁에 있는 경우를 말하는데, 전자가 더 나쁘다.

> 天梁太陽昌祿會 臚傳第一名

❂ 천량·태양·문창과 녹이 만나면 과거에 일등으로 급제한다.

이두주 묘유궁에서 양량이 동궁하면서 문창과 녹을 만나는 것을 말한다. 이 네 별을 만나면 양양창록격이 이루어진다.

---

66) 원문은 '聲'으로 되어 있으나, 문맥상 '煞'이 옳다고 보고 원문을 수정하고 해석하였다.

天梁文昌居廟旺 位至臺綱

❂ 천량·문창이 묘왕지에 거하면 대강의 지위에까지 오른다.

이두주 천량은 사·신·해·유궁을 제외하고 모두 묘왕한데, '臺綱'이란 어사대의 수장을 말한다. 이렇게 되면 청귀함은 얻을 수 있지만 부하게 되는 것은 아니다.

梁武陰鈴 擬作棟梁之客

❂ 천량·무곡·태음·영성이 만나면 나라의 기틀이 될 객이 된다.

이두주 『팔희루초본』에는 "梁陀陰鈴(천량·타라·태음·영성)"으로 되어 있다. 이 네 별이 동회하면 도적이나 비천하게 탐하는 무리가 된다.

梁宿太陰 却作飄蓬之客
★ 梁居酉 月居巳是也

❂ 천량·태음은 회오리바람에 쑥대가 날리는 것과 같이 불안정하게 사는 사람이 된다.

☆ 천량이 유궁에 있고 태음이 사궁에 있어야 그렇다.

이두주 이것은 양량이 유궁에 있으면서 사궁의 태음을 만나는 것을 말하는데, 양량이 유궁에서 명궁이 되면서 신궁身宮이 사궁의 태음이 된다면 더욱 이러한 경향이 많다. 역자의 경험으로 유궁의 양량 좌명인은 거주지 변동이 잦은 것 외에도 외국 출입이 잦은 경우도 많았다.

天梁天馬 爲人飄蕩風流

○ 천량·천마는 위인이 표탕하고 풍류를 즐긴다.

이두주 사·신궁이 비교적 심하며, 인·해궁에서는 비교적 가볍다.

> 天梁加吉坐遷移 巨商高賈[67]
> ★ 加刑忌平常

○ 천량이 길성을 보면서 천이궁에 좌하면 큰 상인이 된다.
★ 천형·화기가 더해지면 보통이다.

※ 이하는 『팔희루초본』에서 발췌한 것이다.

> **팔희루초본/** 天梁陷地見羊陀 傷風敗俗

○ 천량이 함지에 있으면서 양타를 보면 미풍양속을 어지럽힌다.

이두주 천량이 사·신·해궁에서는 낙함한다. 경험상 낙함하면서 양타를 만난다고 하여 미풍양속을 어지럽히는 것은 아니었다. '傷風敗俗'이란 기존의 풍속을 손상하고 깨뜨린다는 뜻인데, 나쁘게만 볼 것은 아니다. 이와 같은 격이 이루어지지면 주로 조직생활에 적응이 어렵고, 자유분방하며 구속을 싫어하는 경향이 많다.

> **팔희루초본/** 梁機同在辰戌宮 加吉曜富貴慈祥

---

[67] 원서상에서는 주석으로 표시되어 있으나, 문맥상 원문으로 표시하였다.

✪ 천기·천량이 진술궁에 동궁하면서 길성이 더해지면 부귀자상하다.

이두주 역자의 경험에 의하면, 진술궁의 기량이 길성을 보면 자상하고 심성이 선한 사람들이 많았다. 살성을 만나면 탈속적인 경향이 있다.

팔희루초본/ 梁機同辰戌 必有高藝隨身

✪ 기량이 진술궁에 동궁하면 반드시 높은 재주를 가지고 있다.

이두주 차성안궁하면 그렇지 않다. 반드시 길성과 살성을 같이 봐야한다.

(14) 칠살七殺

> 廟 丑寅未申戌 旺 子午卯酉 平 巳亥 無陷

- 묘 : 축·인·미·신·술궁 / 왕 : 자·오·묘·유궁 / 평 : 사·해궁 / 함궁은 없다.

이두주 여기서 칠살은 함지가 없다고 되어 있으나, 「별에 대한 문답 칠살」에 '七殺居陷地 沈吟福不生是也(칠살이 함지에 있으면 음침하여 복이 생기지 않는다)'이라 하여 칠살의 함지에 대해 언급하고 있고, 「간명결요」의 「칠살」에도 '羊陀火鈴沖會 又在陷地 殘疾下局 雖富貴不久(양타·화령이 충회하고 또 함지에 있으면 신체장애로 하국이 되는데 비록 부귀하더라도 오래가지 못한다), 殺居陷地不堪言 凶禍猶如伴虎眠(칠살이 함지에 있으면 말로 표현할 수 없는데 흉화가 마치 호랑이와 같이 잠자는 것과 같다)'이라고 해서 분명히 함지의 칠살에 대해 쓰고 있다.

또 「중보두수구율」에도 '七殺臨於陷地 流年必見死亡(칠살이 함지에 임할 때 유년에서 보면 반드시 사망한다)'라고 되어 있다. 실제로 칠살의 함지는 묘유궁이다. 중주파에서 이것을 '살함진태殺陷震兌'라고 하는데, 묘는 진방震方이 되고, 유는 태방兌方에 속하므로 이와같이 표현하는 것이다.

> 七殺寅申子午 一生爵祿榮昌
> ★爲七殺朝斗格

- 칠살이 인·신·자·오궁에 있으면 일생 작록이 영창한다.

☆ 칠살조두격을 말한다.

이두주 자궁에서는 그렇지 않다. 대개 오궁에 칠살이 있으면 염정이 신궁申宮에 있어서 복덕궁이 되므로 서로 제어할 수 있으며 인신궁은 조두격이 된다. 그러나 길화를 보아야 작록이 있다고 판단한다.

> 七殺破軍 專依羊鈴之虐[68]

○ 칠살·파군은 전적으로 경양·영성의 포악함에 의지한다.

이두주 칠살과 파군이 양영과 동궁하면 모두 불길하다. 이것은 전적으로 칠살만을 지칭해 말한 것은 아니다.

> 七殺廉貞同位 路上埋屍
> ★ 觀廉貞內原註 會耗於遷移亦然 若陷地加化忌尤凶

○ 칠살과 염정이 동궁해 있으면 노상에서 시체를 묻는다.

☆ 「염정」의 주를 보라. 천이궁에서 파군을 만나도 그러하며 만약 함지에서 화기가 더해지면 더욱 흉하다.

> 七殺破軍宜出外 諸般手藝不能精

○ 칠살·파군은 외출하는 것이 좋으며 여러 가지 손재주가 있으나 정통할 수 없다.

이두주 칠살이 함지에 있거나 파군이 녹을 얻지 못하면 이렇게

---

[68] 원문은 '虛'라고 되어 있으나 문맥상 『무릉판전서』의 '虐'이 맞아보여 원문을 수정하였다.

말할 수 있다.

> 殺臨絶地會羊陀 顏回夭折

○ 칠살이 절지에 있으면서 양타를 만나면 안회처럼 요절한다.

이두주 원국의 칠살이 절지에 거하고 유년이 만약 다시 칠살이 있는 궁에 있으면서 원국의 양타가 회조할 때 유년경양·유년타라에 의해 충기를 받으면 그렇다. 그러나 녹을 만나면 구할 수 있다.

> 七殺臨身命 流年刑忌災傷
> ★ 逢紫微天相祿存可解

○ 칠살이 명·신궁에 있고 유년에서 천형·화기를 만나면 재앙과 손상이 있다.

☆ 자미·천상·녹존을 만나면 해소할 수 있다.

이두주 원국에 칠살이 좌명하고 유년이 다시 칠살이 있는 궁에 이르면서 형기성과 유년살성 등의 흉성을 보면 그렇다. 녹을 만나면 해소할 수 있다.

> 七殺重逢四殺 腰駝背曲陣中亡
> ★ 殺與鈴火 主陣亡又有疾厄

○ 칠살 중봉하고 사살을 만나면 허리와 등이 구부러지고 전쟁터에서 죽는다.

☆ 칠살과 화령이 만나면 주로 진 중에서 죽고 또 질액이 있다.

이두주 원국에서 칠살이 살성과 만나고 유년에서 다시 칠살을 만나며 다시 유년의 살성을 만나면 이 해에는 주로 사고나 군인에 의해 상함(兵傷)이 있다. 원국에서 화령이 칠살과 동궁하고 있으면 더욱 심하다.

七殺火羊貧且賤 屠宰之人
★ 七殺羊陀會生鄕 爲屠宰

✪ 칠살이 화성·경양과 있으면 가난하고 천하며 도살이나 요리하는 사람이다.

☆ 칠살·양타를 생향에서 만나면 도살이나 요리하는 사람이다.

이두주 잘못됐다. 양령이 동궁해야 그렇다.

七殺羊鈴 流年白虎刑戮災迍

✪ 칠살이 경양·영성과 있으면서 유년백호를 만나면 형으로 죽고 재앙이 있다.

이두주 원국의 칠살이 양영과 동궁하고 유년백호를 만나면 관재소송은 있겠으나 형을 받아 죽지는 않는다.

七殺流羊遇二官符 離鄕遭配
★ 歲限俱到

✪ 칠살이 유년경양과 두 개의 관부를 만나면 고향을 떠나고 유배를 간다.

☆ 유년과 대·소한에서 다 만나야한다.

이두주 칠살과 관부가 안명하고 유년이 본궁으로 행하고 또 유년관부가 동궁하면서 또 유년경양을 만나는 것을 말한다. 원국에 화령이 있으면 더욱 심하다.

> 七殺守照歲限擎羊 午生人命安卯酉宮 主凶亡
> ★ 餘宮亦忌 命限三合有殺 流年羊刃到命 卽七殺重逢

✪ 칠살이 세한에서 경양과 함께 수조하고 오년생이 묘유궁에 안명하면 주로 흉하게 죽는다.

☆ 나머지 궁에서도 역시 꺼리며, 명궁과 운의 삼합에서 칠살을 만나고 유년양인이 명에 다다르면 칠살 중봉이 된다.

이두주 이 말은 칠살 중봉과 양타질병을 말한 것이다. '午生人命安卯酉宮'의 구절은 오년생이 칠살을 꺼리면서 묘유궁에서는 칠살이 함지이니 흉망한다고 한 것으로 보인다.

> 七殺沈吟福不榮
> ★ 男有威權 女無所施

✪ 칠살은 음침해서 복이 많지 않다.

☆ 남자는 위권함이 있으나 여자는 베푸는 바가 없다.

이두주 여명에 해당하는 구절이다. 침음이란 사해궁에 있는 것을 말한다.

> 七殺臨身終是夭

✪ 칠살이 신궁身宮에 있으면 결국 요절한다.

이두주 이것은 신궁身宮의 칠살을 가리키는 말로, 만약 대한·유년의 유신주流身主에서 칠살·파군을 보면 죽라삼한이 된다. 소년에 만나면 주로 요절하거나 중병에 걸린다.

七殺單居福德 女人切忌賤無疑

✪ 칠살이 단독으로 복덕궁에 있으면 여인은 아주 꺼리는데, 의심할 나위없이 천하다.

이두주 이 말은 함부로 판단한 것이다. 다른 부분에서도 언급했지만 복덕궁에 칠살이 되면 명궁이 반드시 천상이 된다. 이 말이 맞다면 「여명 골수부」에서 "府相之星女命纏 必當子貴與夫賢(부상의 별이 여명에게 있으면 반드시 자식은 귀하고 남편은 현량하다)"이라는 구절과 모순되게 된다.

※ 이하는 『팔희루초본』에서 발췌한 것이다.

팔희루초본/ 七殺紫微 化權反作禎祥

✪ 자미·칠살은 권으로 화하게 되므로 도리어 상서롭게 된다.

이두주 반드시 녹을 얻어야 하며, 다시 화권을 볼 필요는 없다.

(15) 파군破軍

廟 子午 旺 辰戌丑未 陷 寅申
- 묘 : 자·오궁 / 왕 : 진·술·축·미궁 / 함 : 인·신궁

破軍子午宮無殺 官資清顯至三公
★ 甲癸生人合格 丁己生人次之 丙戊[69]生人 主困

- 파군이 자오궁에서 살이 없으면 관자청현官資清顯하여 삼공의 지위에 오른다.
★ 갑·계년생이 합격하고, 정·기년생은 그 다음이나, 병·무년생은 곤란하다.

이두주 반드시 녹을 얻어야 한다.

破軍貪狼逢祿馬 男多浪蕩女多淫
- 파군·탐랑이 녹마를 만나면 남자는 유랑방탕함이 많고 여자는 다음하다.

이두주 파군이 탐랑을 만나면서 녹마를 만나는 것으로, 사해궁일 때 그렇다. 그러나 반드시 화령과 여러 도화성을 볼 때 그러하다. 만약 복덕궁 천부가 천요를 본다면 더욱 그렇다.

破軍一曜 性難明
★ 男女命論

---

[69] 원문은 '丁巳未生人次之 丙戊'이라고 되어 있으나 문맥상 『무릉판전서』의 '丁己生人次之 丙戊'가 맞아보여 원문을 수정하였다.

- ✪ 파군이라는 별은 성격이 밝기 어렵다.
- ★ 남·여명을 같이 논한다.

  이두주 이것은 여명을 말한 것으로, 파군의 성격이 한결같지 않아서 쉽게 기뻐하고 쉽게 노하며 쉽게 애증을 나타내는 것을 두고 한 말이다.

破軍火鈴 奔波勞碌

- ✪ 파군이 화령을 보면 분파하고 노록한다.

  이두주 십이궁 모두 이런 성질이 있다. 전택궁에서도 그렇다. 주로 자주 이사를 가거나 집을 바꾸게 된다.

破軍暗巨同鄕 水中作塚
  ★ 破與巨不同垣 恐照命宮或犯遷移

- ✪ 파군이 거문 암성과 동향하면 수 중에서 묘를 만든다.
- ★ 파군과 거문은 동궁하지 않으므로 명궁을 비추거나 천이궁을 범하는 경우를 말한다.

  이두주 파군과 문곡이 해·자·축의 세궁에 거하고 문곡화기를 보면 그러하며, 무곡화기 역시 좋지 않다. 자오궁에서는 주로 밖에 나가서 화를 만나는데, 무곡화기를 천이궁에서 보기 때문이다.

破耗羊鈴官祿位 到處乞求
  ★ 又貪狼在子午卯酉者 看貪狼內註

- ✪ 파군·경양·영성을 관록궁에서 보면 도처에서 구걸한다.

☆ 또 탐랑이 자오묘유궁에 있는 경우도 해당하는데, 이 장의 「탐랑」의 주를 보라.

이두주 묘유궁의 정파가 관록궁에 있을 때를 말한다.

※ 이하는 『팔희루초본』에서 발췌한 것이다.

팔희루초본/ 軍辰戌丑未宮 丙戊生人富貴同

✪ 파군이 진술축미궁에 있으면서 병·무년생이면 부귀한다.

이두주 병년생은 주로 부모의 음덕을 얻고 무년생은 반드시 스스로 창업하는데 모두 화록을 보기 때문이다. 고대의 여명이라면 주로 봉증을 받는다고 논했다.

팔희루초본/ 軍武曲入財鄉 東傾西敗

✪ 파군·무곡이 재백궁에 들어가면 여기저기서 기울어지고 실패한다.

이두주 무곡화기라야 그렇다.

팔희루초본/ 軍昌曲逢 刑剋多勞

✪ 파군이 창곡을 만나면 형극하고 고생이 많다.

이두주 창곡화기라야 그렇다.

팔희루초본/ 軍昌曲寅命宮 貴顯至三公

✪ 파군과 문창이 인궁에서 명궁이 되면 귀가 삼공의 지위에 이른다.

이두주 이것은 창곡화과를 말한 것이다.

| 팔희루초본/ 軍昌曲 一生貧士 |

❂ 파군과 창곡이 있으면 일생 가난한 선비가 된다.

| 이두주 | 창곡화기라야 그렇다.

| 팔희루초본/ 軍羊陀 身命疾厄主殘疾 |

❂ 파군이 양타를 보면서 명·신궁·질액궁에 있으면 주로 신체장애가 된다.

| 이두주 | 파군·양타가 명궁과 질액궁에 있을 때를 말한다.

| 팔희루초본/ 軍居兄弟 骨肉參商 |

❂ 파군이 형제궁에 있으면 골육간의 의견이 맞지 않는다.

| 이두주 | 화령과 동궁해서는 안된다.

| 팔희루초본/ 軍財帛位 如湯澆雪 |

❂ 파군이 재백궁에 있으면 눈에 끓는 물을 붓는 듯 하다.

| 이두주 | 녹을 보지 못하면서 살성과 화기를 보면 그렇다.

| 팔희루초본/ 軍居奴僕 謗怨私逃 |

❂ 파군이 노복궁에 거하면 노복이 훼방하고 원망하며 이익을 챙겨 도망간다.

| 이두주 | 천마·화령을 봐야 그렇다.

| 팔희루초본/ 軍居田宅 祖基破蕩 |

❂ 파군이 전택궁에 있으면 조업을 깨고 없앤다.

이두주 살성을 볼 때 그렇다.

> **팔희루초본/** 軍居福德父母 刑剋破相

✪ 파군이 복덕궁·부모궁에 거하면 형극하고 얼굴을 상한다.

이두주 살성을 보면 그러한데, 화령은 더욱 꺼린다. 부모궁은 또 상모궁이므로 얼굴에 손상이 있다고 한 것이다.

2. 보좌길흉성·사화

(1) 좌보우필 左輔右弼

> 左右文昌 位至台輔

- ✪ 보필과 문창이 있으면 그 지위가 태보에 이른다.
- 이두주 반드시 선천명궁이 길해야 한다.

> 右弼左輔 終身福厚
> ★ 在命宮遷移宮是也 三方次之

- ✪ 우필·좌보가 있으면 종신 복후하다.
- ☆ 명궁·천이궁에 있을 때 그러하고 삼방에 있으면 그 다음이다.
- 이두주 보필은 보좌성에 지나지 않아서 단지 인연을 도울 뿐이다.

> 左右夾命爲貴格
> ★ 如安命在丑宮 左輔在子宮 右弼在寅宮 四七十一月生者 是也 若不貴則大富

- ✪ 보필이 명을 협하면 귀격이 된다.
- ☆ 예를 들어 축궁에 안명하고, 좌보가 자궁 우필이 인궁에 있으며 4·7·11월생이면 그러한데, 귀하지 않으면 대부하다.

> **이두주** 축미궁의 자파가 명궁일 때 그렇다. 축미궁의 천상도 가하다.

左右同宮 披羅衣紫
★ 辰戌宮安命 正七月生者 丑宮安命 九月生者 未宮[70]安命 四月生者 卯酉宮[71]安命 六月十二月生者 三方勿論

✪ 보필이 동궁하면 자색옷을 입는다.

☆ 1·7월생이 진·술궁에, 9월생이 축궁에, 4월생이 미궁에, 6·12월생이 묘·유궁에 안명하는 자로, 삼방에서 비추는 경우는 논하지 않는다.

> **이두주** 자파가 명궁일 때를 말한다.

左右單守照命宮 離宗庶出
★ 身命無正曜是也 若三方合紫微天相天府吉

✪ 보필이 단수하면서 명궁에 비추면 조종을 떠나 서출이 된다.

☆ 명·신궁에 정성이 없는 경우를 말하며, 만약 삼방에서 자부상을 만나면 길하다.

> **이두주** 우필이 그렇다. 그러나 반드시 화령을 봐야한다.

---

70) 원문은 '入宮'으로 되어 있으나, 문맥상 『무릉판전서』의 '未宮'이 옳다고 보고 원문을 수정하였다.

71) 원문은 '卯亥宮'으로 되어 있으나, 문맥상 '卯酉宮'이 옳다고 보고 원문을 수정하였다.

左右貞羊遭刑盜[72]

☆ 보필이 염정·경양을 만나면 도둑질로 형을 당한다.

이두주 염정화기를 만나야 한다.

左右昌曲逢羊陀 當生暗痣

☆ 보필·창곡이 양타를 만나면 날 때부터 어두운 사마귀가 있게 된다.

이두주 문창·좌보·경양을 한 조로, 문곡·우필·타라를 한 조로 보는데, 서로 섞이어 만나면 그렇게 보지 않는다.

左右財官兼夾拱 衣祿豐盈

☆ 보필이 재백·관록궁을 협하거나 공조하면 의록이 풍요로워진다.

이두주 이것은 재백궁이나 복덕궁에서 보필과 동궁 하거나 보필이 협하거나 하면 이렇다. 그러나 이것은 단지 인연을 도울 뿐이다.

左右魁鉞爲福壽
★ 三星在命宮 福壽全美 若女命逢之 旺夫益子

☆ 보필이 괴월을 보면 복과 수가 있다.

☆ 세 별이 명궁에 있으면 이렇게 논하는데, 복과 수가 모두 좋다. 만약 여명이 만나면 남편과 자식을 이롭게 한다.

이두주 이것 역시 단지 조연을 의미할 뿐이다.

---

[72] 원문은 '盜一'로 되어 있으나, 문맥상 『무릉판전서』의 '盜'가 옳다고 보고 원문을 수정하고 해석하였다.

> 팔희루초본/ 右弼天相福來臨
>
> ★ 諸宮遇福 丑未亥三宮不貴 縱貴不久遠 前當主富 若卯酉二陷宮少稱心遂意

○ 우필과 천상天相이 만나면 복이 임한다.

☆ 모든 궁에서 만나면 복이 되나, 축·미·해의 세 궁에서는 귀하지 않는데, 귀할지라도 오래가지 못하며 부할 뿐이다. 만약 묘·유의 두 함궁에서는 뜻대로 되는 일이 적다.

이두주 반드시 재음협인을 이루어야 한다.

※ 이하는 『팔희루초본』에서 발췌한 것이다.

> 팔희루초본/ 左右魁鉞 祿扶爲奇

○ 보필에 괴월과 녹이 도우면 기이하다.

이두주 좌보·우필·천괴·천월을 사보성四輔星이라 하며, 사보성이 녹을 얻으면 귀해진다.

> 팔희루초본/ 墓逢左右 八座之尊

○ 진술축미 사묘궁에서 보필을 만나면 팔좌(八座)의 존귀함이 있다.

이두주 좌보·우필은 진술축미 사묘궁에서 입묘한다.

> 팔희루초본/ 左輔紫府相右弼來會 一生富貴雙全

○ 좌보에 자부상과 우필이 비추면 일생 부귀를 모두 갖춘다.

이두주 화성·화기가 충파하면 끝이 좋지 않다.

| 팔희루초본/ | 左輔機昌亦主貴 |

❂ 좌보가 천기·문창을 보면 귀하다.

| 이두주 | 위와 같다.

| 팔희루초본/ | 右弼紫府同宮 財官雙美 |

❂ 우필이 자부와 동궁하면 재관이 모두 좋다.

| 이두주 | 영성의 충파를 보면 결국이 좋지 못하다.

| 팔희루초본/ | 左輔守命 紫府祿存三合拱助 文武大貴 |

❂ 좌보가 수명하고 자부·녹존이 삼합에서 공조하면 문무대귀하다.

| 이두주 | 살성이나 화기가 있으면 귀함이 줄어든다.

| 팔희루초본/ | 右弼守命 會府相昌曲 終身福厚 |

❂ 우필이 수명하고 부상과 창곡을 만나면 종신 복이 두텁다.

| 이두주 | 위와 같다.

| 팔희루초본/ | 左輔日月 貪武合 終身利祿有聲名 |

❂ 좌보가 일월이나 무탐과 합하면 종신 녹봉이 있고 성명을 드러낸다.

| 이두주 | 화기를 보면 격에 부합하지 않는다.

| 팔희루초본/ | 左輔守夫妻 人定二婚 |

❂ 좌보가 부처궁에 있으면 정히 두 번 결혼한다.

| 이두주 | 살성과 화기를 보면 사별하며, 화령을 보면 이별한다.

> **팔희루초본/** 右弼守夫妻 人定二婚

- ✪ 우필이 부처궁에 있으면 정히 두 번 결혼한다.
- **이두주** 전과 같다.

> **팔희루초본/** 左輔守命羊鈴湊 巨機七殺爲下局

- ✪ 좌보가 수명하고 경양·영성과 거문·천기·칠살을 보면 하국이 된다.
- **이두주** 정성이 칠살이나 기거일 때 그렇다.

> **팔희루초본/** 左輔同會煞重重 有始無終

- ✪ 좌보가 살이 중중하게 동회하면 시작은 있으나 끝이 없다.
- **이두주** 경양·영성·겁공을 아주 꺼린다.

> **팔희루초본/** 右弼同會煞重重 有福難享

- ✪ 우필이 살이 중중하게 동회하면 복이 있어도 누리기 어렵다.
- **이두주** 화성·타라·겁공을 아주 꺼린다.

(2) 괴월魁鉞

> 魁鉞夾命爲奇格
> ★ 如命安在辰宮 魁在卯 鉞在巳宮是也

❂ 괴월이 명궁을 협하면 기격奇格이 된다.

☆ 예를 들어 진궁에 안명하고 천괴가 묘궁 천월이 사궁에 있을 때 그렇다.

> 魁鉞命身多折桂
> ★ 加吉方論 在命身最妙 三方次之

❂ 괴월이 명·신궁에 있으면 시험에 합격하는 명이 많다.

☆ 길해야 이렇게 논하며 명·신궁에 있으면 가장 좋고, 삼방에서 만나는 것은 그 다음이다.

이두주 명·신궁에 각각 있을 때 그렇다.

> 魁鉞昌曲祿存扶 刑殺無沖台輔貴
> ★ 命身妙 三方次 見刑殺沖會者平常 只宜僧道

❂ 괴월·창곡·녹존이 명을 도울 때 형살의 충이 없으면 태보의 귀가 있다.

☆ 명·신궁에 있는 것이 묘하고 삼방에서는 그 다음이며 형살의 충회함을 보면 평상이고 단지 승도가 마땅하다.

이두주 창곡이 화기가 되지 않아야 한다.

> 魁鉞重逢殺湊 痼疾尤多[73]

★ 殺乃羊鈴空劫

✪ 괴월을 거듭 만나면서 살성을 만나면 고질이 아주 많다.

☆ 살이란 경양·영성·지공·지겁을 말한다.

이두주 원국에 괴월과 양타가 있는데 양타를 다시 만나는 운한으로 행하면 주로 고질병이 있다.

魁鉞輔星爲福壽
★ 二上在命身諸宮 福壽雙全

✪ 괴월은 보성으로 복과 수가 있다.

☆ 이 두 별이 명궁을 비롯한 모든 궁에 있으면 복과 수가 모두 온전하다.

이두주 괴월은 보성輔星으로 명궁에 들어가면 주로 복과 수를 늘린다.

※ 이하는 『팔희루초본』에서 발췌한 것이다.

팔희루초본/ 坐貴向貴 左右吉聚富而貴

✪ 좌귀향귀가 되면서 보필과 길성이 모이면 부하고 귀하다.

이두주 명궁과 천이궁에 괴월이 각각 있으면서 다시 길성의 공조를 얻는 것을 말한다.

---

73) 원문은 '日霞'로 되어 있으나, 문맥상 『무릉판전서』의 '尤多'가 옳다고 보고 원문을 수정하고 해석하였다.

> **팔희루초본/** 魁臨命 鉞臨身 少年必取美妻

✪ 천괴가 명궁에 있고 천월이 신궁身宮에 있으면 소년에 반드시 아름다운 처를 취한다.

이두주 살성이 없어야 그렇다고 할 수 있다.

> **팔희루초본/** 魁鉞身命 蓋世文章

✪ 괴월이 명·신궁에 있으면 문장으로 세상을 덮는다.

이두주 반드시 화기를 보지 않아야하며 또 과성을 봐야한다.

> **팔희루초본/** 魁鉞同行 位至台輔

✪ 괴월이 동행하면 그 지위가 태보台輔에 이르른다.

이두주 단지 삼방에서 회합한다면 그렇지 않다.

> **팔희루초본/** 貴人貴鄕 逢之富貴

✪ 귀인이 귀향에 있으면 부귀하게 된다.

이두주 원국의 괴월이 운에서의 괴월과 같이 만나면 그렇다.

> **팔희루초본/** 魁鉞輔弼三方 一生遇貴提携

✪ 괴월·보필이 삼방에 있으면 일생 귀인의 제휴를 만난다.

(3) 문창文昌

> 廟 丑巳酉 地 申[74]子辰 失陷 寅午戌

✪ 묘 : 축·사·유궁   / 지 : 신·자·진궁   / 실함 : 인·오·술궁

> 文昌武曲 爲人多學多能
> ★ 四墓卯酉巳亥身命 論三方科權祿

✪ 문창과 무곡이 있으면 위인이 박식하고 재능이 많다.

✩ 사묘궁과 묘·유·사·해궁이 명·신궁이면서 삼방에 과권녹이 있어야 한다.

> 文科拱照 賈誼年少登科
> ★ 論三方

✪ 과문성이 공조하면 가의처럼 어려서 등과하게 된다.

✩ 삼방으로 논한다.

<이두주> '文科'란 과문성과文星을 말하는데, 창곡·용지·봉각·천재·화과 등이 해당한다.

> 左輔文昌 位至三台

✪ 좌보·문창이 있으면 삼태三台의 지위에 이른다.

<이두주> 좌보와 문창은 정도공명을 주관하므로 이런 표현을 한

---

74) 원문은 '甲'이라고 되어 있으나 문맥상 『무릉판 전서』의 '申'이 맞아보여 원문을 수정하였다.

것이다.

> 文昌武曲於身命 文武兼備
> ★ 孫臏之命是也

❂ 문창·무곡이 명·신궁에 있으면 문무겸비한다.

☆ 손빈의 명이 이렇다.

이두주 아래 손빈의 명을 보라. 신궁申宮의 무곡·천상에 문창이 동궁하면서 무곡화과가 되어 있다.

실례	손빈의 명		
天孤天天天天太 廚辰空巫喜刑陰 　　　　　　陷 小劫晦 94~ 　己 耗煞氣【子女】生巳	紅蜚年鳳文貪 艶廉解閣曲狼 　　　　　陷◎ 將災喪　　　庚 軍煞門【夫妻】浴午	天天巨天 官鉞門同 　　○陷陷 奏天貫　　　辛 書煞索【兄弟】帶未	截台龍文天武 空輔池昌相曲 　　　○○△ 　　　　　科 飛指官 4~13 　壬 廉背符【 命 】冠申
解天封三火天廉 神壽詰台星府貞 　　　　X◎◎ 　　　　　　祿 青華太 84~93 戊 龍蓋歲【財帛】養辰	성명 : 손빈, 陽男 陽曆　1964年 10月 10日 4:59 陰曆　甲辰年 9月 5日 寅時 命局 : 金四局, 劍鋒金 命主 : 廉貞　身主 : 文昌		天天天地天太 福貴姚空梁陽 　　◎地X 　　　　　忌 喜咸小 14~23 癸 神池耗【父母】旺酉
天擎 使羊 　陷 力息病 74~83 丁 士神符【疾厄】胎卯			天八陰七 虛座煞殺 　　　◎ 病月歲 24~33 甲 符煞破【福德】衰戌
旬天天祿天右破 空月哭存馬弼軍 　　　◎◎◎陷 　　　　　　權 博歲弔 64~73 丙 士驛客【遷移】絶寅	破寡天地陀天 碎宿傷劫羅魁 　　　陷◎◎ 官攀天 54~63 丁 府鞍德【奴僕】墓丑	天鈴左紫 才星輔微 　陷○△ 伏將白 44~53 丙 兵星虎【身官祿】死子	大恩紅天 耗光鸞機 　　　△ 大亡龍 34~43 乙 耗神德【田宅】病亥

(4) 문곡文曲

廟 子辰巳酉丑 旺 亥卯未 陷 午戌

❂ 묘 : 자·진·사·유·축궁 / 왕 : 해·묘·미궁 / 함 : 오·술궁

二曲廟垣逢左右 將相之材
★ 文曲宜子午酉 武曲宜四墓

❂ 문곡과 무곡(二曲)이 묘왕지에 있고 보필을 만나면 장상이 될 재목이다.

☆ 문곡은 자·오·유궁이 좋고 무곡은 사묘궁이 좋다.

이두주 여기서 이곡二曲이란 무곡·문곡을 말하는데, 무곡이 보필과 동궁하거나 명궁과 천이궁에서 보는 경우는 진술축미궁에서 그렇다. 축미궁에서라면 무곡이 창곡·보필과 동시에 동궁할 수 있다.

二曲旺宮 威名赫奕
★ 文曲子宮第一 卯酉宮次 武曲辰宮 第一 丑未宮 次之

❂ 문곡과 무곡이 왕궁에 있으면 위명이 혁혁하다.

☆ 문곡은 자궁에 있는 것이 제일이고, 묘·유궁에 있으면 그 다음이며, 무곡은 진궁에 있으면 제일이고, 축·미궁에서는 그 다음이다.

二曲貪狼午丑限 防溺水之憂

❂ 문곡·무곡·탐랑이 오·축운에서는 물에 빠지는 근심이 있기 쉽다.

이두주 오궁이면 무부조합이 되고 축궁이면 무탐조합이 된다.

살기를 봐야 그렇다. 중주파에 의하면 「십이지생기론」에서처럼 명궁이 축궁이면 축의 운(限)을 조심하고 명궁이 미궁이면 오의 운(限)을 주의해야 한다고 한다.

(5) 문창文昌·문곡文曲

> 昌曲來命最爲奇
> ★ 假如命在丑宮 文昌在寅 文曲在子是也 不貴則富 吉多方論 此爲貴格

✪ 창곡이 명을 협하면 가장 기특하다.

☆ 가령 명궁이 축궁이면서 문창이 인궁 문곡이 자궁에 있으면 그러하여 귀하지 않으면 부가 있다. 길성이 많아야 이와 같이 논하며, 이렇게 되면 귀격이 된다.

이두주 반드시 명궁의 조합이 좋아야 한다. 창곡은 단지 보좌성일 뿐이다.

> 昌曲臨於丑未 時逢卯酉近天顏
> ★ 賈誼卜商 昌曲未宮命丑宮 在命兼化吉者方論

✪ 창곡이 축미궁에 임할 때 묘유 운을 만나면 임금을 가까이서 보게 된다.

☆ 가의와 복상(복자하)은 창곡이 미궁에, 명궁이 축궁에 있는데 명궁에서 다시 길화가 되어야 이렇게 논한다.

이두주 원주의 해석은 위 문장과 조금 어긋난 느낌을 준다. 중주파에서는 이 문장을, "축궁에서 안명하고 운에서 유를 만나거나 미궁에 안명하며 묘 운을 만나고 원국과 운한 모두에서 길화를 봐야 귀인을 가까이 하게 된다."고 해석하고 있다.

> 昌曲巳亥臨 不貴卽當大富

❂ 창곡이 사해궁에 임하면 귀하지 않으면 대부하게 된다.

이두주 사해궁에서 창곡만 있다고 귀하거나 대부하는 것은 아니다. 반드시 정성이 강왕해야 한다. 이 문장은 사해궁 자살조합이 명궁이거나 천부가 명궁이면서 대궁에서 자미칠살을 만나는 조합 등에 해당한다고 보는 것이 옳다.

昌曲吉星居福德 謂之玉袖添香[75]
★ 更得紫微居午宮妙

❂ 창곡과 길성이 복덕궁에 거하면 옥수첨향玉袖添香이라고 부른다.
☆ 다시 자미가 오궁에 있으면 좋다.

이두주 복덕궁은 정신 사상 생각 두뇌의 좋고 나쁨 등을 보는 궁이므로, 이 궁에 문성인 창곡이 있고 관록을 주관하는 자미가 있으면 학문에 두각을 나타내기 쉬우므로 이와 같은 표현을 한 것이다.

昌曲陷宮凶殺破 虛譽之隆
★ 凶殺則羊陀空劫

❂ 창곡이 함궁에 있으면서 흉살이 파하면 헛된 명예만 올라간다.
☆ 흉살은 양타·공겁을 말한다.

이두주 흉살에는 육살성이 모두 해당된다고 보아야 한다.

---

75) 원문은 '玉軸天'이라고 되어 있으나 '玉袖添香'을 잘못 쓴 것으로 보고 원문을 수정하였다.

> 昌曲陷於天傷 顏回夭折
> 命有劫空羊陀 限至七殺羊陀迭併方論

○ 창곡이 천상天傷의 지지에 빠지면 안회처럼 요절한다.

★ 명에 겁공·양타가 있고 운한에서 칠살·양타를 더불어 봐야 비로소 이와 같이 논할 수 있다.

이두주 이 부문은 불확실하다.

> 昌曲 己辛壬生人 限逢辰戌慮投河
> ★如入廟吉 大小二限俱到 命坐辰戌者一身輕76)

○ 창곡이 있으면서 기·신·임년생일 때 운에서 진술궁을 만나면 물에 빠져 자살할 염려가 있다.

★ 만약 입묘하면 길하나 대·소한이 모두 진·술궁에 안명하면 그러한데, 자기 몸을 가볍게 생각한다.

이두주 부문에 기·신년생은 창곡이 화기가 되고 임년생은 무곡이 화기가 되므로, 이 문장은 진술궁 무곡 상대 탐랑조합을 말한다. 중주파에서는 이 부문이 무곡·문곡의 쌍화기를 말하는 것으로 주로 사고가 있다고 해석하고 있다. 원문의 주는 문장이 빠졌거나 잘못된 것이라고 본다. 좋지 않은 상황을 이야기하고 있는데 "입묘하면 길하나 대소한이 모두 진술궁"이라고 해서 부문과 맞지 않기 때문이다.

---

76) 원문은 '一星輕'이라고 되어 있으나 문맥상 『무릉판전서』의 '一身輕'이 맞아보여 원문을 수정하였다.

> 昌曲廉貞於巳亥 遭刑不善且虛誇
> ★ 貪多作事顚倒 子申二宮貴吉多美

❂ 창곡과 염정이 사해궁에 있으면 형벌을 당하여 좋지 못하고 실속 없이 거만하다.

☆ 탐랑은 매사에 뒤집어지는 일이 많은데, 자·신申의 두 궁에 있으면 귀하고 길성이 많으면 좋다.

[이두주] 위 문장은 역자의 경험으로 볼 때 증험이 있다. 사해궁의 정탐이 창곡을 만나면 확실히 과장하고 허풍 떨기를 좋아하는 경향이 있었다. 창곡화기를 만나면 더욱 그렇다.

> 昌曲祿存 猶爲奇特

❂ 창곡과 녹존이 만나면 기특하게 된다.

[이두주] 창곡은 녹을 보는 것이 좋다. 그렇지 않으면 허명만 있게 된다.

> 昌曲破軍臨虎兎 殺羊沖破奔波
> ★ 虎兎則寅卯宮是也

❂ 창곡 파군이 인·묘궁에 있으면서 칠살·경양이 충파하면 분주하고 떠돌아다닌다.

☆ 호토虎兎란 인·묘궁을 말한다.

[이두주] 파군이 인·묘궁에서 창곡을 만나면 '중수조동衆水朝東'이라한다. 부문 중 '殺羊沖破奔波'에서 '殺' 바로 뒤에 '羊'이라 하여 경양을 언급하고 있는 것을 볼 때 칠살을 뜻하는 것이다. 파군은 성계의 구조상 재백궁에서 칠살을 만나게 되어 있으므

로, 이 경우는 파군이 창곡과 인·묘궁에서 동궁하면서 칠살이 신궁身宮에 있는 경우 더더욱 분주하고 떠돌아다닌다는 뜻이 아닌가 한다.

昌曲左右會羊陀 當生異痣

❋ 창곡·보필이 양타를 만나면 특이한 사마귀가 생긴다.

이두주 위 부문은 흔히 생시가 부정확할 경우 생시를 정할 때 쓴다. 문창·좌보·경양을 한 조로 보고, 문곡·우필·타라를 한 조로 보는데, 만약 혼잡되어 있으면 이와 같이 보지 않는다.

女人昌曲 聰明富貴只多淫

❋ 여인이 창곡이 있으면 총명하고 부귀하나 음란함이 많다.

이두주 창곡은 단지 인연을 더할 뿐이며 창곡만 가지고 이와 같이 판단할 수는 없다.

※ 이하는 『팔희루초본』에서 발췌한 것이다.

팔희루초본/ 昌曲破軍同宮 主水厄

❋ 창곡이 파군과 동궁하면 수액이 있다.

이두주 살성을 보면 그렇다.

팔희루초본/ 文昌貪狼 政事顚倒

❋ 문창·탐랑이 동궁하면 바른 일이 뒤집어진다.

이두주 문곡화과·문창화기라야 그렇다.

| 팔희루초본/ | 文昌巨門多喪志 |

✪ 문창과 거문이 만나면 뜻을 잃는 경우가 많다.

| 팔희루초본/ | 文昌廉殺羊陀 爲人詐僞 |

✪ 문창·염정·칠살·양타가 만나면 위인이 속이고 거짓되다.

이두주 이것은 축미궁의 정살에 양타가 동궁하고 다시 문창을 보는 것을 말한다.

| 팔희루초본/ | 文曲單居身命 逢凶曜舌辯之徒 |

✪ 문곡이 명·신궁에 홀로 있고 흉성을 만나면 변설에 능한 무리다.

이두주 만약 문창이라면 설변 뿐만 아니라 고예高藝도 있다.

(6) 경양擎羊

> 廟 辰戌丑未 旺 子申酉亥 陷 卯巳午

- 묘 : 진·술·축·미궁 / 왕 : 자·신·유·해궁 / 함 : 묘·사·오궁

> 擎羊入廟 富貴聲揚
> ★ 加吉方論

- 경양이 입묘하면 부귀로 이름을 날린다.
- ☆ 길성이 더해져야 그렇게 논한다.

> 羊火同宮 威權壓衆
> ★ 辰戌人佳 丑未次之

- 경양·화성이 동궁하면 위권출중하다.
- ☆ 진술궁 좌명인이 좋고 축미궁 좌명인은 그 다음이다.

이두주 진술년생보다는 진술궁이 명궁일 때 그렇다고 보는 것이 합당하다고 본다. 경양이 진술궁에서는 묘왕지이고 화성·영성은 술궁에서 묘왕지가 되므로 진술궁 중에서도 술궁이 더 좋다고 볼 수 있을 것이다.

> **팔희루초본/** 羊陀鈴火守身命 腰駝背曲之人

- 양타·화령이 명·신궁에 있으면 허리와 등이 굽어지는 사람이 된다.

이두주 이것은 사살이 명궁을 비추는 것을 말한다.

擎羊子午卯酉 非夭折則刑傷
　★ 午凶 卯次之 子酉又次之 馬頭帶劍 吉多勿論

● 경양이 자오묘유궁에 있으면 요절하지 않으면 형을 당하고 다친다.

☆ 오궁은 흉하고 묘궁은 그 다음, 자·유궁은 또 그 다음이다. 마두대검馬頭帶劍에 길성과 길화가 많으면 이렇게 논하지 않는다.

이두주 자오묘유는 경양의 함궁이 되는데, 이 부문은 과한 면이 있다.

擎羊逢力士 李廣難封
　★ 甲生人命卯 丙生人命午 庚生人命酉 壬生人命子 吉多平常 加殺則凶

● 경양이 역사를 만났으므로 이광이 등용되지 못했던 것이다.

☆ 갑년생이 묘궁에, 병년생이 오궁에, 경년생이 유궁에, 임년생이 자궁에 좌명하는 것으로, 길성이 많아도 보통으로 논하고 살성이 더해지면 흉하다.

이두주 이 부문은 이치가 없다. 명궁에 경양이 있을 때 역사를 보는 경우는 아주 많다. 대개 양남음녀가 자오묘유궁에 수명하면 이 격을 이루게 된다.

羊陀火鈴 逢吉發財 凶則忌

● 양타·화령은 길을 만나면 발재하고 흉을 만나면 꺼린다.

羊鈴坐命 流年白虎災傷
　★ 流年白虎又到命宮也

✪ 경양·영성이 좌명하고 유년백호가 있으면 재앙과 손상이 있다.

☆ 유년백호가 또 명궁에 다다라야 한다.

이두주 유년이 선천명궁에 다다르고 다시 백호를 만나는 경우를 말한다.

> 擎羊對守在酉宮 歲迭羊陀庚命凶
> ★ 餘宮亦忌 守命宮有羊陀 流年遇羊陀爲迭倂

✪ 경양이 마주보면서 유궁에 있고 유년에서 양타를 거듭 볼 때 경년생은 흉하다.

☆ 나머지 궁에서도 역시 꺼리고, 명궁에 양타가 있고 유년에서 양타를 다시 거듭 만나는 것을 말한다.

이두주 명궁이 묘궁이고 경년생이라면 유궁에 경양이 있게 되는데, 다시 유년이 경년이면 명궁 입장에서는 양타를 거듭 보게 된다.

> 羊陀夾忌爲敗局
> ★ 假令安命在申宮 又逢忌星 羊在酉宮 陀在未夾之 餘要倣此爲例 命歲 二限行至此亦凶 孤貧刑剋 若單守祿存無吉星同垣 亦有災殃之凶

✪ 양타가 화기를 협하면 패국이 된다.

☆ 가령 신궁申宮에 안명하고 또 화기를 만나면서 경양이 유궁·타라가 미궁에 있으면서 협하면 이렇게 논한다. 나머지도 이처럼 본다. 명궁과 유년·대·소한에 이와같이 행하여도 역시 흉하여 고독하고 가난하며 형극함이 있고, 만약 녹존이 홀로 지키는데 길성이 동궁하지 않아도 역시 재앙을 만나는 흉이 있다.

이두주 녹존이 있으면 양타가 협하게 되는데 녹존이 있는 궁에 정성이나 보좌성의 화기가 있는 경우를 양타협기라고 한다.

羊陀流年鈴 破面字斑痕― 擎羊火星爲下格

✪ 유년양타가 영성을 협하면 얼굴에 이름자를 새기는 흔적이 있게 되고 경양·화성은 하격이 된다.

이두주 원서상에는 이 부문이 한 문장인 것처럼 붙여져 있는데, 역자는 "擎羊火星爲下格(경양·화성은 하격이다)"의 문장은 다른 문장이라고 본다. 첫 번째 부문은 영성이 원국에 있고 유년양타가 협하는 경우를 말한다.

'破面字斑痕'이란 옛날 죄인들이 얼굴에 먹으로 글씨를 새긴 형벌을 받아 얼굴에 그 흔적이 있는 것을 말하는 것으로, 오늘날로 말하면 관재소송이 있다는 뜻으로 보면 될 것이다.

擎羊重逢流羊 西施傾殞身
★ 歲限重逢

✪ 경양이 유년경양을 거듭 만나면 서시처럼 죽게 된다.
☆ 세한에서 거듭 만나는 것을 말한다.

이두주 이 역시 양타질병에 해당한다.

※ 이하는 『팔희루초본』에서 발췌한 것이다.

팔희루초본/ 擎羊日月同宮 男剋妻而女刑夫

✪ 경양이 일월과 동궁하면 남자는 극처하고 여자는 남편을 형한다.

이두주 남자가 태음화기 여자는 태양화기라야 그렇다.

팔희루초본/ 擎羊昌曲左右同 斑痕暗痣

★ 경양·창곡·보필이 동궁하면 반점이나 어두운 사마귀가 있다.

팔희루초본/ 擎火廉貞巨門同 傷殘暗疾且招刑

★ 경양·화성·염정·거문이 동궁하면 신체장애가 되고 암질이 있으며 형을 초래한다.

이두주 염정이 화양에 화기를 보거나 거문이 화양에 화기를 보면 이러하다.

팔희루초본/ 擎羊獨守 火忌劫空沖波 殘疾離祖刑傷

★ 경양이 독수하고 화성·화기·공겁이 충파하면 신체장애가 되고 조종을 떠나며 형을 당하고 다친다.

이두주 천동화기가 되면 나쁘다.

(7) 타라陀羅

廟 辰戌丑未 陷 卯酉 地 子亥

☘ 묘 : 진·술·축·미궁   / 함 : 묘·유궁   / 지 : 자·해궁

陀羅巳亥寅申 非夭折而刑傷
★ 余試得多離祖 出外成家者亦吉 主生人醜破相

☘ 타라가 인신사해궁에 있으면 요절하지 않으면 형을 당하고 다친다.
☆ 내가 시험해 본 결과 대부분 조업을 지키지 못했고 밖에 나가 가정을 이루면 길하였으며, 주로 이렇게 난 사람은 얼굴이 추하고 다침이 있었다.

이두주 역시 지나친 표현이다.

※ 이하는 『팔희루초본』에서 발췌한 것이다.

팔희루초본/ 陀羅獨守 二姓延生

☘ 타라가 독수하면 두 성姓을 가진다.
이두주 화성이 동궁하면 더욱 심하다.

팔희루초본/ 陀羅守命同日月 男剋妻而女刑夫

☘ 타라가 수명하고 일월과 동궁하면 남자는 극처하고 여자는 남편을 형한다.
이두주 이 장의 「경양」을 참고하라.

> **팔희루초본/** 陀羅陷宮逢殺巨 傷殘帶疾且刑傷

✪ 타라가 함궁에서 칠살·거문을 만나면 신체장애에 병을 띠고 또 형을 당하고 다치게 된다.

이두주 인신사해궁을 말한다.

> **팔희루초본/** 陀羅貪狼坐命宮寅 伶俐風流

✪ 타라와 탐랑이 인궁에 있으면서 좌명하면 영리하고 풍류가 있다.

이두주 「풍류채장」을 참조하라.

> **팔희루초본/** 陀羅貪狼同身命 酒色成癆

✪ 타라와 탐랑이 명·신궁에 동궁하면 주색에 빠진다.

이두주 여러 도화성을 보면 그러하다.

> **팔희루초본/** 陀羅火鈴同宮 瘟疫而死

✪ 타라·화령이 동궁하면 전염병으로 죽는다.

> **팔희루초본/** 陀羅守命 齒舌遭傷

✪ 타라가 수명하면 치아를 다친다.

이두주 혹 치아가 기형이다.

(8) 화성火星

> 廟 寅午戌 地 巳酉丑 陷 申子辰[77]

❂ 묘 : 인오술궁　/ 지 : 사유축궁　/ 함 : 형

> 火鈴相遇 名振諸邦

❂ 화령이 서로 만나면 이름을 제방에 떨친다.

이두주 확실치는 않다. 대개 신자진년생은 삼방에서 화령을 만나는 경우가 많다.

> 火鈴夾命爲敗局
> ★ 如命安寅申 火星在丑 鈴星在卯 吉多尙可 惟夾忌辰凶 歲限巡遊者 此地亦凶[78]

❂ 화령이 명을 협하면 패국이 된다.

☆ 예를 들어 인·신궁에 안명하고 화성이 축궁, 영성이 묘궁에 있을 때 길성이 많으면 그래도 가하나, 만약 화기를 협하면 흉하며 세한에서 이와 같이 만나도 그 궁은 역시 흉하다.

이두주 또 협기夾忌 되어서는 안된다.

---

[77] 원문은 '刑'으로 되어 있으나, 화성의 함지는 신자진궁이므로 원문을 '申子辰'으로 고쳤다.

[78] 원문은 '吉'로 되어 있으나, 문맥상 『무릉판전서』의 '凶'이 옳다고 보고 원문을 수정하고 해석하였다.

(9) 영성鈴星

> 廟 寅卯午戌 地 辰巳未申 陷 子亥酉丑[79]

- 묘 : 인·묘·오·술궁 / 지 : 진·사·미·신궁 / 함 : 자·해·유·축궁

> 火鈴旺宮亦爲福論

- 화령이 왕궁에 있으면 역시 복으로 논한다.

이두주 왕궁이란 인오술궁을 말한다.

> 擎羊火鈴爲下格
> ★ 女人廟旺猶可 陷地下賤貧窮夭折

- 경양과 화령이 만나면 하격이 된다.
☆ 여인이 묘왕이면 그래도 가하나 함지이면 하천하고 가난하며 궁핍하고 요절한다.

이두주 『팔희루초본』에는 "火陀鈴羊爲下格 孤單棄祖或傷殘(화타·영양은 하격이 되는데 고독하고 홀로되며 조상을 버리고 신체장애가 된다)"로 되어있다.

※ 이하는 『팔희루초본』에서 발췌한 것이다.

> **팔희루초본/** 火鈴陷地羊陀同 過房二姓延生

---

79) 원문은 '子宮酉尤'로 되어 있으나, 문맥상 『무릉판전서』의 '子亥酉丑'이 옳다고 보고 원문을 수정하였다.

❋ 화령이 함지에 있으면서 양타와 동궁하면 첩의 자식으로 두 성(姓)을 가진다.

> 팔희루초본/ 女命火星獨守 凌夫剋子是非多

❋ 여명이 화성이 독수하면 남편을 능멸하고 극자하며 시비가 많다.

이두주 복덕궁에 있어도 역시 흉하다.

> 팔희루초본/ 女命鈴星獨守 外賢淑內心狼毒

❋ 여명이 영성이 독수하면 겉으로는 현숙하지만 안으로는 이리처럼 독하다.

> 팔희루초본/ 火鈴貪狼四墓宮 三方吉拱立邊功

❋ 화령·탐랑이 사묘궁에 있으면서 삼방에서 길성이 비추면 변방에서 공을 세운다.

이두주 진술축미궁의 화탐·영탐격을 말한다.

> 팔희루초본/ 火星守命朝紫府 不貴亦富

❋ 화성이 수명하면서 자부를 비추면 귀하지 않으면 부하다.

이두주 반드시 자부에 백관조공이 있어야 한다.

> 팔희루초본/ 鈴星守命朝紫府 陣上亡身

❋ 영성이 수명하면서 자부를 보면 전쟁터에서 죽는다.

이두주 화성은 칠살을 제할 수 있지만 영성은 제할 역량이 없다. 대궁의 자부를 만나려면(朝) 인신궁의 칠살이 되야 한다.

이 부문은 인신궁의 칠살이 영성과 동궁하면서 명궁이 될 때를 말하는 것이다.

| 팔희루초본/ | 火鈴同宮共擎羊 廉貞七殺陣中亡 |

✪ 화령이 경양과 같이 동궁하고 염정·칠살이 있으면 전쟁터에서 죽는다.

이두주 이것은 영양이나 화양을 말한다.

| 팔희루초본/ | 鈴昌陀武 限至投河 |

✪ 영성·문창·타라·무곡이 만나는 운에서는 물에 빠져 자살한다.

이두주 네 별이 진술궁에서 교회하며 화기가 되면 그렇다.

(10) 겁공劫空

劫空夾命爲敗局
★假如命安在亥宮[80] 劫在子宮 空在戌宮[81]是也 歲限行到亦凶 夾忌亦凶 孤貧刑傷

❊ 공겁이 명을 협하면 패국이 된다.
☆ 가령 명궁이 해궁에 있고 지겁이 자궁 지공이 술궁에 있으면 그렇다. 운에서 이와같이 만나도 역시 흉하고, 협기夾忌 되어도 역시 흉하여 고독하고 가난하며 형을 당하고 다친다.

劫空臨限 楚王喪國 綠珠亡

❊ 공겁이 임하는 운에서 초왕 항우가 나라를 잃었고 녹주가 죽었다.
이두주 이 말은 운에서 겁공을 만날 때의 증험을 말한 것이지만, 겁공만으로 이렇게 흉하다고는 할 수 없다.

生處劫空 猶如半天折翅

❊ 장생지에 공겁이 있으면 공중에서 날개가 부러진 것과 같다.
이두주 이 말은 겁공이 명궁에 있고 또 살성과 화기를 보는 경우를 말한다.

---

[80] 원문은 '官'으로 되어 있으나, 문맥상 '宮'이 옳다고 보고 원문을 수정하고 해석하였다.

[81] 원문은 '子宮 空在亥宮'으로 되어 있으나, 문맥상 '子宮 空在戌宮'이 옳다고 보고 원문을 수정하고 해석하였다.

劫空臨財福之鄕 生來貧賤

✪ 공겁이 재백·복덕궁에 있으면 태어날 때부터 빈천하다.

이두주 이 말은 재백궁이나 복덕궁에서 공겁과 살성·화기를 보는 것을 말하는데, 이렇다 해도 반드시 태어날 때부터 빈천하다고는 할 수 없다. 태어날 때에 빈천할 것인가 하는 것을 보려면 반드시 부모궁과 첫 대한의 상황을 살펴야 한다.

※ 이하는 『팔희루초본』에서 발췌한 것이다.

팔희루초본/ 劫空臨祿馬 稱之祿倒馬倒

✪ 공겁이 녹마와 같이 있으면 녹도 마도라고 칭한다.

이두주 녹존·천마와 겁공이 동궁한 경우를 말한다.

팔희루초본/ 地空守命 爲人作事虛空

✪ 지공이 수명하면 위인이 하는 일마다 허망하다.

이두주 언어가 과장되고 실답지 못한 것을 말한다.

팔희루초본/ 地劫守命 爲人作事疎狂

✪ 지겁이 수명하면 위인이 하는 일이 상도를 벗어나는 일을 한다.

이두주 재주를 믿고 방자하게 구는 인물을 말한다.

팔희루초본/ 劫空獨守 漂流孤苦以終身

✪ 공겁이 독수하면 종신 표류하고 고독하고 고생한다.

이두주 명에 정성이 없고 삼방에 살기가 있을 때를 말한다.

| 팔희루초본/ 限行地劫 石崇富豪亦傾家 |

✪ 운이 지겁으로 행하자 부호이던 석숭도 집이 기울었다.

이두주 살기형모를 보면 그렇다.

(11) 녹존祿存

> 十二宮中 皆入廟

- 십이궁 모두 입묘하다.

이두주 녹존은 진술축미 사묘궁에는 배치되지 않는다.

> 祿存守於財宅 積玉堆金
> ★ 在命宮亦可 喜化祿 同科權更妙

- 녹존이 재백·전택궁에 있으면 금과 옥을 산더미처럼 쌓게 된다.

☆ 명궁에 있어도 좋다. 화록을 좋아하고 화과·화권과 동궁하면 더욱 묘하다.

이두주 반드시 화록이 동회해야 그렇게 볼 수 있다.

> 祿存子午位 遷移身命逢之利祿宜

- 녹존이 자오궁에 있고 천이궁이나 명·신궁에서 만나면 이록利祿에 좋다.

이두주 녹존이 자궁 천마가 신궁申宮에 있거나, 녹존이 오궁 천마가 인궁에 있으면서 천이궁일 때를 말한다.

> 明祿暗祿 位至公卿

- 명록암록이 되면 공경의 지위에 오른다.

이두주 이 말은 녹존과 화록의 두 녹祿이 동궁하거나 육합궁에 있는 것을 말한다.

雙祿重逢 終身富貴

✪ 쌍록을 거듭 만나면 종신 부귀한다.

`이두주` 위와 같다.

祿逢冲波 吉也成凶

✪ 녹이 충파를 만나면 길한 중에 흉이 있다.

`이두주` 창곡의 화기가 녹을 충하는 것을 가장 꺼린다. 재물로 인해서 화를 초래한다.

雙祿守命 呂后專權

✪ 쌍록이 수명하면 여후처럼 전권을 쥔다.

祿存厚重多衣祿
★諸宮降福 起家富貴 女人嫁夫招贅旺財

✪ 녹존은 후중하고 의록이 많다.

☆ 모든 궁에 복을 내리고 집안을 일으키며 부귀하고, 여인은 부자에게 시집간다.

`이두주` 이것은 여명을 말한 것이다.

(12) 천마天馬

> 祿馬最喜交馳
> ★ 忌見殺羊火截路空亡 多主勞苦

- ✪ 녹마는 교치되는 것을 가장 좋아한다.
- ☆ 칠살·화양·절공을 꺼리는데, 대부분 고생한다.

이두주 녹마가 동궁하거나 녹마가 대충하는 것 다 그렇다. 그러나 화령·공겁을 보는 것은 좋지 않고, 역시 절공도 좋지 않은데, 만나게 되면 고생하고 분주하다.

> 天馬四生妻宮 富貴還當封贈

- ✪ 천마가 사생지에 있으면서 부처궁이 되면 부귀하고 봉증을 받는다.

이두주 천마는 반드시 인신사해 사생궁에 있게 되기 때문에 이 구절은 이치가 없다.

> 馬遇空亡 終身奔走

- ✪ 천마의 대궁에 공망을 만나면 종신 분주하다.

이두주 이것은 공겁과 절공을 말하고, 천공·순공은 논하지 않는다.

※ 이하는 『팔희루초본』에서 발췌한 것이다.

> **팔희루초본/** 祿存獨守命 無吉化作守財奴

- ✪ 녹존이 홀로 수명하면서 길화가 없으면 수전노가 된다.

이두주 살성을 보면 재물을 지키기 어렵고 인색하다.

팔희루초본/ 祿存落空亡之地 湊火鈴巧藝安身

✪ 녹존이 공망의 지에 떨어지고 화령을 보면 교예로 먹고 산다.
이두주 공망은 공겁을 말한다.

팔희루초본/ 合祿鴛鴦一世榮

✪ 합록원앙이면 한 세상 영화롭다.
이두주 녹존이나 화록이 하나는 부처궁에 있고 다른 하나가 부처궁의 삼방에서 내합하는 것을 말한다.

팔희루초본/ 祿居奴僕 縱有官也奔馳

✪ 녹이 노복궁에 있으면 비록 관직에 있더라도 바쁘게 돌아다니게 된다.

3. 잡성

(1) 천형天刑

※ 이하는 『팔희루초본』에서 발췌한 내용이다.

> **팔희루초본/** 天刑廟旺昌曲湊 掌握兵權

❂ 천형이 묘왕지에서 창곡을 보면 병권을 장악한다.

이두주 천형은 묘·유·인·술궁이 묘왕이다.

> **팔희루초본/** 天刑守命於陷地 孤刑貧夭 福不全

❂ 천형이 함지에서 수명하면 고독하고 형을 당하며 다치고 가난하며 요절하니 복이 온전하지 못하다.

이두주 해·미·신·사·축궁은 함지가 되는데, 축미궁은 더욱 심하다.

> **팔희루초본/** 天刑迭併逢煞忌 官非失火更失財

❂ 천형이 살성과 화기를 더불어 보면 관재와 화재에 다시 재물을 잃게 된다.

이두주 원국의 천형과 대한·유년의 경양을 동시에 만나는 것을 말한다.

(2) 천요 天妖

> 팔희루초본/ 天姚廟旺 富貴多奴

❂ 천요가 묘왕지에 있으면 부귀하며 아랫사람이 많다.

> 팔희루초본/ 天姚廟旺 好學能精

❂ 천요가 묘왕하면 배우기를 좋아하고 능히 정통할 수 있다.

이두주 천요는 묘·유·술궁에서 입묘한다.

> 팔희루초본/ 天姚廟旺 貪花戀酒

❂ 천요가 묘왕지에 있으면 술과 여자를 탐한다.

> 팔희루초본/ 天姚陷地 心術不正

❂ 천요가 함지에 있으면 마음 씀이 올바르지 않다.

> 팔희루초본/ 天姚陷地 風流好淫

❂ 천요가 함지에 있으면 풍류에 호색한다.

이두주 천요는 자·해·진궁에서 낙함한다.

> 팔희루초본/ 天姚陷地見諸凶 因色犯刑家業破

❂ 천요가 함지에서 여러 흉한 살성을 만나면 색으로 인해 형벌을 당하고 가업을 없앤다.

> 팔희루초본/ 天姚沐浴位 三合廉貪夭折

✪ 천요가 목욕지에 있으면서 삼합에서 염정·탐랑을 보면 요절한다.

이두주 천요가 목욕지에 있으면서 삼방으로 염정과 탐랑을 보는 것이다. 그러나 이것만으로 요절한다고 단정할 수는 없다.

팔희루초본/ 天姚擎羊同守命 少年夭折

✪ 천요가 경양과 동궁하면서 명궁에 있으면 소년에 요절한다.

이두주 단지 선천적으로 허약할 뿐이다.

팔희루초본/ 天姚紅鸞守命宮 男女貪淫

✪ 천요가 홍란과 같이 명궁에 있으면 남녀간에 색을 탐한다.

이두주 화령·창곡이 충회함을 더욱 꺼린다.

팔희루초본/ 天姚守夫妻 重婚偸期

✪ 천요가 부처궁에 있으면 두 번 결혼한다.

이두주 보필을 홀로 보면 더욱 그렇다.

팔희루초본/ 天姚守遷移 出路多扶持

✪ 천요가 천이궁에 있으면 밖에서 도움을 많이 받는다.

이두주 살성이 없어야 그렇다.

팔희루초본/ 天姚田宅 主破祖

✪ 천요가 전택궁에 있으면 주로 조업을 깬다.

이두주 파군을 아주 꺼린다.

> 팔희루초본/ 天姚福德 身忙心亂

✪ 천요가 복덕궁에 있으면 몸과 마음이 바쁘고 어지럽다.

이두주 화령을 아주 꺼린다.

(3) 홍란紅鸞·천희天喜

> **팔희루초본/** 紅鸞守身命 聰明秀麗性溫良

✪ 홍란이 명·신궁에 있으면 총명하고 수려하며 성격이 온유하고 어질다.

> **팔희루초본/** 天喜命身宮 婚姻早發美姿容

✪ 천희가 명·신궁에 있으면 일찍 아름다운 배우자와 결혼한다.

이두주 살성과 화기가 없어야 그렇다.

> **팔희루초본/** 紅鸞六親位 六親主有情

✪ 홍란이 육친궁에 있으면 육친간에 정이 있다.

이두주 부모·형제궁을 말한다.

> **팔희루초본/** 鸞守遷移 主有外財

✪ 홍란이 천이궁에 있으면 주로 밖에서 돈을 얻는다.

이두주 화기를 보면 그렇지 않고 살성을 보면 재물의 정도가 작아진다.

(4) 삼태三台·팔좌八座

> 팔희루초본/ 三台八座守夫妻 生離剋害

❌ 삼태·팔좌가 부처궁에 있으면 생이별하거나 극하고 해친다.

이두주 혹 부처간에 유명무실한다.

(5) 곡허哭虛

> **팔희루초본/** 哭虛廟旺 遇祿名揚

✪ 곡허(천곡과 천허)가 묘왕지에 있으면서 녹을 만나면 이름을 날린다.

이두주 축·묘·신궁에서 입묘한다.

> **팔희루초본/** 哭虛陷地 窮獨刑傷

✪ 곡허가 함지에 있으면 빈궁하고 고독하며 형을 당하고 다침이 있다.

이두주 자·진·오·미·술궁이 함지이다.

> **팔희루초본/** 哭虛遷移 出門必惹是非

✪ 곡허가 천이궁에 있으면 밖에 나가 반드시 시비를 초래한다.

이두주 살성과 화기를 볼 때 그렇다.

> **팔희루초본/** 哭虛居父母 破蕩賣田莊

✪ 곡허가 부모궁에 있으면 방탕 유랑하여 전택과 별장을 팔아치운다.

이두주 살성과 화기를 볼 때 그렇다.

(6) 상사 傷使

> 天傷加惡曜 仲尼絶糧鄧通亡

✪ 천상에 악성이 가해질 때 공자가 양식이 끊어졌고 등통이 굶어 죽었다.

4. 록권과와 12궁

(1) 록권과祿權科

科權祿合 富貴雙全
★ 祿存亦是祿 祿會祿存富貴全 權會巨武英揚[82] 科會魁鉞貴顯 在命宮極佳 三[83]方次之 吉聚亦佳 凶多則不美 謂之美玉瑕玷

✪ 화과·화권·화록이 합하면 부귀를 모두 갖춘다.

☆ 녹존 역시 녹으로 본다. 화록이 녹존을 만나면 부귀하고, 화권이 거문·무곡을 만나면 지위가 올라가며, 화과가 괴월을 만나면 귀가 현달한다. 명궁에 있으면 극히 좋고, 삼방에서는 그 다음인데, 길성이 모여 있어도 역시 그렇다. 흉성이 많으면 좋지 못하여 '美玉瑕玷(옥에 티 같다)'이라 한다.

祿權命逢兼合吉[84] 威權壓衆相王朝

✪ 화록·화권이 명궁에서 길성과 만나면 위권함이 뛰어나 조정에서

---

82) 원문은 '戊揚'이라고 되어 있으나 문맥상 『무릉판전서』의 '英揚'이 맞아보여 원문을 수정하였다.

83) 원문은 '二方'이라고 되어 있으나 문맥상 『무릉판전서』의 '三方'이 맞아보여 원문을 수정하였다.

84) '祿科命逢合吉'로 되어있는 판본도 있다.

임금을 뵙는다.

> 權祿重逢財官雙美
> ★ 論三方吉多方吉 凶聚也不美

✪ 화권·화록을 거듭 만나면 재관이 모두 좋다.

☆ 삼방에 길성이 많아야 비로소 길로 논하며 흉이 모여 있으면 좋지 못하다.

> 科命權朝 登庸甲第
> ★ 或權 或祿全更佳 爲科祿逢迎格

✪ 화과가 명궁에 있고 화권이 비추면 일등으로 과거급제한다.

☆ 혹 화권이나 혹 녹이 다 있으면 더욱 좋아서 '科祿逢迎格과록봉앙격'이라고 한다.

> 活[85])祿子午位遷移 夫子文章冠世
> ★ 遷移在子午宮 爲對面朝天 子命太陽化祿在午宮合此格 餘宮要看吉凶

✪ 화록이 자오궁에 있으면서 천이궁이면 공자처럼 문장으로 세상을 덮는다.

☆ 천이궁이 자·오궁에 있으면 천자를 조회하는 격(對面朝天格)이 되고, 자궁이 명궁인데 태양화록이 오궁에 있으면 이 격에 합하며 나머지 궁에서도 길흉을 봐야 한다.

---

85) '化'로 되어 있는 판본도 있다. '活祿'과 '化祿'은 같은 뜻으로 본다.

科權祿夾爲貴格
★ 如命安在子宮 祿在亥宮權在丑宮 爲夾貴 餘皆倣此

✪ 화과·화권·화록이 협하면 귀격이 된다.
☆ 예를 들어 자궁에 안명하면서 녹이 해궁에, 화권이 축궁에 있으면 협귀가 된다. 나머지도 이와 같이 본다.

權祿重逢殺湊 虛譽之隆

✪ 화권·화록을 거듭 보는데 살성을 만나면 헛된 명예만 높다.
이두주 화록·화권이 동회하고 사살을 보는 것을 말한다.

祿主纏於弱地 命不主財

✪ 녹이 약지에 있으면 운명에서 재물이 많지 않다.

科名陷於凶神 苗而不秀
★ 如日戌 月卯 化科陷地 或又加羊陀劫空

✪ 화과가 흉신에 빠져 있으면 자질은 있어도 빼어나지 못하다.
☆ 예를 들어 태양이 술궁 태음이 묘궁에서 화과가 되면 함지가 되는데, 다시 양타와 겁공을 만나는 것이다.

權祿守財福之位 處世榮華

✪ 화권·화록이 재백궁·복덕궁에 있으면 처세에 영화롭다.

權祿吉星奴僕位 縱然官貴也奔波

✪ 화권·화록의 길성이 노복궁에 있으면 비록 귀한 관직에 있더라도

바쁘고 분주하다.

※ 이하는 『팔희루초본』에서 발췌한 것이다.

팔희루초본/ 科祿權會守身命 出將入相

✪ 화과·화록·화권이 명·신궁에 있으면 출장입상한다.

이두주 녹권과를 만나는 것을 말한다.

팔희루초본/ 化祿祿存夾身命 不貴則富

✪ 화록·녹존이 명·신궁을 협하면 귀하지 않으면 부하다.

이두주 화기가 아니라야 그렇다. 살성을 보면 등급이 낮아진다.

팔희루초본/ 化權化科夾身命 富貴聲揚

✪ 화권·화과가 명·신궁을 협하면 부귀로 이름을 날린다.

이두주 위와 같다.

팔희루초본/ 化權遇羊陀空劫 見天使主因讒受謫

✪ 화권이 양타·공겁을 만나고 천사天使를 보면 주로 중상모략으로 인해 귀양가게 된다.

이두주 천사天使천사는 노복궁에 있으므로 아랫사람이 참소하는 것으로 나타난다고 했다.

팔희루초본/ 化科守身命 逢惡曜亦爲文士

● 화과가 명·신궁에 있으면서 악성을 만나도 역시 문사가 된다.

이두주 단 빈한하다.

팔희루초본/ 化科獨嫌天空旬空 遇則虛名

● 화과는 지공·순공을 유독 싫어하며 만나면 허명이 있다.

이두주 주로 유명무실하다.

팔희루초본/ 科權對拱 躍三汲於禹門

● 화과·화권이 대공對拱하면 과거급제한다.

이두주 두 별이 상대하면 시험에 쉽게 붙는다.

팔희루초본/ 化忌命身宮 作事不亨通

● 화기가 명·신궁에 있으면 일마다 형통하지 못한다.

이두주 살성을 보아야 그렇다.

팔희루초본/ 日月廟旺 化忌爲福

● 일월이 묘왕지에 있면 화기가 되어도 복이 된다.

이두주 화기가 오히려 일월의 분주함을 진정시키는 역할을 한다.

팔희루초본/ 日月陷地 化忌刑傷

● 일월이 함지에 있으면서 화기가 되면 형을 당하고 다친다.

이두주 주로 육친을 형극하고 눈을 상한다.

| 팔희루초본/ 廉貞化忌於陷地 無成且主遭刑 |

❂ 함지에서 염정화기가 되면 이루는 것 없이 형벌을 당한다.

이두주 염정은 사궁에서 함지가 되며, 자오묘유궁에서도 역시 한궁이 되어 불리하다.

(2) 납음納音

> 納音墓庫看何宮
> ★如水生人 庫辰遇財官或祿存尤妙 遇遷移耗殺同 爲不美

☯ 납음이 묘고에 있으면 무슨 궁인가를 본다.

☆ 예를 들어 수생인의 고庫는 진인데, 재백궁·관록궁이면서 녹존을 만나면 아주 묘하다. 천이궁에서 모살과 동궁하면 좋지 않다.

> 生逢敗地 發也虛花
> ★如年納音水土 長生見甲申 乃金星爲水宮之主 若安命在酉 敗地又逢羊陀忌耗七殺同 不美 得祿存吉[86]

☯ 생봉패지하면 발달해도 잠깐이다.

☆ 예를 들어 년의 납음 水土는 갑신甲申이 장생이 되는데, 금성金星은 수궁水宮의 주主가 되므로 만약 유궁에 안명한다면 패지(목욕지)가 되는데, 또 양타·화기·파군·칠살이 동궁하면 좋지 않으나, 녹존을 얻으면 길하다.

> 絶處逢生 花而不敗
> ★如水土絶在巳 安命在巳[87] 得金星在巳 生水不絶 方謂

---

[86] 원문에는 '得祿存言'이라고 되어 있으나 문맥상 '得祿存吉'이 맞아 보여 원문을 수정하였다.

[87] 원문에는 '安命在巳 爲維地劫'이라고 되어 있으나 '爲維地劫'은 문맥상 의미가 없는 문장이라고 보고 삭제하였다.

得祿

◎ 절처에서 생을 만나면 패할 것 같으나 패하지 않는다.

☆ 예를 들어 水土의 절지는 사가 되는데 사궁에 안명하고 금성金星을 사궁에서 얻으면 水를 생하여 끊어지지 않으므로 득록得祿이라 이름한다.

육십갑자 납음표

갑자 을축 해중금	병인 정묘 노중화	무진 기사 대림목	경오 신미 노방토	임신 계유 검봉금	갑술 을해 산두화
병자 정축 간하수	무인 기묘 성두토	경진 신사 백랍금	임오 계미 양류목	갑신 을유 천중수	병술 정해 옥상토
무자 기축 벽력화	경인 신묘 송백목	임진 계사 장류수	갑오 을미 사중금	병신 정유 산하화	무술 기해 평지목
경자 신축 벽상토	임인 계묘 금박금	갑진 을사 복등화	병오 정미 천하수	무신 기유 대역토	경술 신해 차천금
임자 계축 상자목	갑인 을묘 대계수	병진 정사 사중토	무오 기미 천상화	경신 신유 석류목	임술 계해 대해수

명궁간지별 납음오행국 분류표

명궁천간\명궁지지	자축	인묘	진사	오미	신유	술해
갑을	금4국	수2국	화6국	금4국	수2국	화6국
병정	수2국	화6국	토5국	수2국	화6국	토5국
무기	화6국	토5국	목3국	화6국	토5국	목3국
경신	토5국	목3국	금4국	토5국	목3국	금4국
임계	목3국	금4국	수2국	목3국	금4국	수2국

(3) 명궁命宮

> 三夾命凶 六夾吉
> ★ 三夾是劫空火鈴羊陀是也 六夾是紫府左右昌曲魁鉞科權祿日月是也 若在命 則凶多吉少 雖吉也凶 如吉多凶少 雖凶也吉 身命三方看廟旺

✪ 삼협三夾이 명을 협하면 흉하고 육협六夾이 협하면 길하다.

☆ 삼협三夾이란 겁공·화령·양타를 말한다. 육협六夾이란 자부·보필·창곡·괴월·녹권과·일월을 말한다. 만약 명궁에 있을때 흉성이 많고 길성이 적으면 비록 길하다 할지라도 흉하고, 만일 길성이 많고 흉성이 적으면 비록 흉하다 할지라도 길하게 된다. 또 명·신궁 삼방의 묘왕을 봐야한다.

> 命無正曜 二姓延生
> ★ 或過房出繼 隨母繼拜入贅 或又是庶母所生者

✪ 명궁에 정성이 없으면 두 성姓을 가지게 된다.

☆ 혹 양자로 가서 다른 가문을 잇거나 어머니를 따라 양아버지 밑으로 가며, 혹 서모소생이 된다.

> 命逢吉曜松柏 淸秀以難凋
> ★ 身命宮有吉星太歲 大小二限不利未爲凶 必太歲二限有凶 又且本生人所忌方凶

✪ 명궁에서 길성을 만나면 송백과 같아서 맑고 빼어나 마르지 않는다.

☆ 명·신궁에 길성이 있고 태세와 대·소한이 불리하면 꼭 흉하다 할

수 없고, 반드시 태세와 대·소한이 흉하고 또 생년지가 꺼리는 바가 있어야 비로소 흉하다.

限逢凶曜 柳緣桃紅而易謝
★命逢凶限 廟旺猶發達 限凶星陷必凶

✪ 운에서 흉성을 만나면 버드나무가 푸르고 복숭화꽃이 붉더라도 지기 쉬운 것과 같다.

☆ 명이 흉운을 만날 때 묘왕이면 그래도 발달할 수 있으나, 운에 흉성이 있고 함지에 있으면 반드시 흉하다.

命實運生 如旱苗而得雨
★如命限平常 三方有吉星 如限行美志爲福

✪ 명이 실하고 운도 생하면 마른 묘목에 비가 내리는 것과 같다.

☆ 예를 들어 명한은 보통이고 삼방에 길성이 있을 때, 만일 행한이 좋으면 복이 된다.

命衰運弱 如嫩草而遭霜
★如命坐陷忌 歲限又逢惡曜 必刑傷死亡

✪ 명이 쇠하고 운도 약하면 여린 풀이 서리를 만나는 것과 같다.

☆ 예를 들어 명궁이 함지의 화기가 좌하면 세한에서 또 악성을 만나는 것을 꺼리는데, 이렇게 되면 반드시 형을 당하고 다치거나 사망하게 된다.

命有吉星官殺重 縱有財官也辛苦

✪ 명궁에 길성이 있고 관살이 중하면 비록 재관이 있더라도 고생한다.

이두주 이 부문은 아마 명리를 가미한 문장같다. 자미두수에서는 관살이 중하다는 표현을 쓰지 않는다.

(4) 신궁身宮

> 三夾身凶 六夾吉
> ★ 夾忌劫空火鈴羊陀凶 六夾貴 逢吉甚妙

- ✪ 삼협이 신궁身宮을 협하면 흉하고, 육협이 협하면 길하다.
- ☆ 겁공·화령·양타가 협하는 것을 꺼리고 육협이면 귀하며 길을 만나면 심히 묘하다.

이두주 육협은 위 '명궁'편의 원주에서 말한 것처럼 자부·보필·창곡·괴월·록·권·과·일월을 말한다.

> 身命俱吉 富貴雙全

- ✪ 명·신궁이 모두 길하면 부귀를 모두 갖춘다.

> 身吉命凶 亦爲美論

- ✪ 신궁身宮이 길하고 명궁이 흉해도 역시 좋게 논한다.

> 命弱身强 財源不聚

- ✪ 명궁은 약하고 신궁身宮이 강하면 돈을 모을 수 없다.

> 貪武守身命無吉 反不爲良

- ✪ 무탐이 명·신궁에 있으면서 길성이 없으면 오히려 좋지 않다.

(5) 재백궁財帛宮

> 日月夾財加吉曜 不貴則富
> ★如財帛宮[88]在未 天府星守 日在午 月在申夾財是也 餘倣此

✪ 일월이 재백궁을 협하고 길성이 더해지면 귀하지 않으면 부하다.

☆ 예를 들어 재백궁이 미궁이면서 천부가 있고, 태양은 오궁 태음이 신궁申宮에 있으면 협재夾財가 된다. 나머지도 이와 같이 한다.

> 左右財官兼夾拱 衣祿豊隆
> ★如左右同財帛宮 又或財宮在丑 日在子 月在寅 乃是夾也

✪ 보필이 재백궁과 관록궁을 협하거나 공조하면 의록이 풍요롭다.

☆ 예를 들어 보필이 재백궁에 동궁하고 또 재백궁이 축궁이면서, 태양이 자궁 태음이 인궁에 있으면 협이 된다.

---

[88] 원문은 '官'으로 되어 있으나, 문맥상 '宮'이 옳다고 보고 원문을 수정하고 해석하였다.

(6) 복덕궁福德宮

> 權祿守財福之位 出世榮華

- 화권·화록이 재백·복덕궁의 자리에 있으면 출세 영화한다.

> 劫空臨財福之鄕 生來貧賤

- 공겁이 재백궁·복덕궁 자리에 있으면 태어날 때부터 빈천하다.

(7) 전택궁田宅宮

紫微輔弼 多爲財賦之官[89]

○ 자미에 보필이 있으면 대부분 재를 맡는 관리가 된다.

武曲太陰 多居財賦之任

★ 不是武曲太陰同限度 取財帛宮遇武曲或遇太陰星 主爲人多居財賦之任

○ 무곡·태음은 대부분 재를 맡는 자리에 있는 경우가 많다.

☆ 무곡·태음은 동궁할 수 없으므로 운에서 재백궁에서 무곡이나 태음을 만날 때 주로 재를 맡아 관리하는 자리에 있는 경우가 많다.

紫府武曲居財帛 更兼權祿富奢翁

○ 자부·무곡이 재백궁에 있으면서 다시 화권·화록을 겸하여 보면 부자가 된다.

祿存守於財宅 堆金積玉

○ 녹존이 재백·전택궁에 있으면 금과 옥을 산더미처럼 쌓는다.

武曲貪狼財宅 橫發資財　★ 忌空亡

○ 무곡·탐랑이 재백·전택궁에 있으면 갑자기 발재한다.

☆ 공망을 꺼린다.

---

[89] 원문은 '宮'으로 되어 있으나, 문맥상 '官'이 옳다고 보고 원문을 수정하고 해석하였다.

제 3부
제가논명실례 諸家論命實例

이 편에서는 현대 두수가 중 비교적 저명한 세 분의 논명 실례를 싣는다.

아이들이 말을 배우는 과정을 보면 부모의 말을 따라하면서 배우는 것을 볼 수 있는데 이 "따라하기"란 자미두수적인 입장에서 말하자면 저명한 대가들의 책과 그들의 추론방법을 흉내 내는 것이라 할 수 있다.

이미 『왕초보 자미두수』에서 심곡김치선생의 논명실례와 자운선생·두수선미의 저자 관운주인 왕재산·중주파 왕정지선생·북파의 능일거사의 추론법을 소개해서 '따라하기'의 일단을 보여준 바 있다. 이 책에서도 그분들처럼 아주 저명한 혜심제주·료무거사·반자어 선생의 추론 실례를 실어서 독자들로 하여금 '따라하기'의 지침을 마련해 주려고 하는 것이다.

이 세 분 외에 다른 인사들의 추론실례를 실으려고 했지만, 지면관계상 이 세 명에 추론실례에 한한 것 독자들의 양해 부탁한다.

세 분의 추론실례를 소개하면서 필자의 의견이 필요한 부분은 필자의 의견을 덧붙였다.

세 사람 다 각기 자신들만의 고유의 목소리를 가지고 자미두수를 추론하는데 '그들이 명반을 어떻게 보는지, 궁과 성을 어떻게 바라보고 해석하는지, 사화에 대해서는 어떻게 응용하는지?'에 대해 독자들이 꼼꼼하게 살펴보기를 바란다.

　특히 가장 먼저 응용하는 혜심제주의 추명실례는 추론과정을 비교적 매우 자세하게 언급하고 있으므로, 추론을 어떻게 하는가를 궁금한 중급 독자들에게 큰 도움이 되리라고 본다.
　혜심제주의 추론 실례만 꼼꼼히 읽어도 추론에 대한 노하우가 생길 정도로 자세하니 하나 하나 놓치지 말고 챙겨 읽어 보도록 하자!

1. 혜심제주慧心齊主

(1) 혜심제주는

두수계에서 민초의 관운주인觀雲主人과 1950년대 홍콩의 두수계의 명인 육빈조陸斌兆의 뒤를 이어, 가장 영향을 많이 끼치고 자미두수 붐에 일조를 한 이는 아마 '혜심제주'일 것이다.

그녀가 쓴 『자미두수신전紫微斗數新詮』는 출간이래로 수십만부가 팔렸을 정도로 자미두수계의 역사에 가장 저명한 두수가다.

자미두수신전을 보면 꽤 오래전에 씌여진 책임에도 불구하고 오늘날 2000년대 독자들에게 감각적으로 다가오는 건 그가 여성특유의 섬세함을 가지고 책을 썼기 때문이다.

아래 추론실례는 바로 그 『자미두수신전紫微斗數新詮』[90]의 뒷부분에 실린 내용으로 자운선생의 『두수논명인斗數論名人』처럼 특정한 인물을 분석하는 전작집 같은 경우 외에 쉽게 찾기 어려울 정도로 자세하고 방대하게 추론실례를 남겼다는 점에서 후학들에게 매우 참고가치가 있다.

---

[90] 시보출판사, 1984.

(2) 실례/ 남명 1915년 3월 13일 인시

蜚破孤天天天天 廉碎辰才貴馬機 △△ 祿 伏歲喪 95~　辛 兵驛門【田宅】冠巳	天三天文左紫 廚台喜曲輔微 陷◎◎ 科 大息貫 85~94　壬 耗神索【身官祿】帶午	截天年鳳龍恩 空傷解閣池光 病華官 75~84　癸 符蓋符【奴僕】浴未	紅天大台八天文右破 艷福耗輔座鉞昌弼軍 ◎◎△陷 喜劫小 65~74　甲 神煞耗【遷移】生申
天天天封擎七 月官空誥羊殺 ◎◎ 官攀晦　　　庚 府鞍氣【福德】旺辰	성명 : ○○○, 陰男 陽曆 1915年 4月 26日 4:59 陰曆 乙卯年 3月 13日 寅時 命局 : 土五局, 城頭土 命主 : 祿存, 身主 : 天同		天天天地 使壽虛空 飛災歲 55~64　乙 廉煞破【疾厄】養酉
天天祿天太 哭姚存梁陽 ◎◎◎ 權 博將太　　　己 士星歲【父母】衰卯			解陰天廉 神煞府貞 ◎◎ 奏天龍 45~54　丙 書煞德【財帛】胎戌
天陀天武 巫羅相曲 陷◎Ⅹ 力亡病 5~14　戊 士神符【命】病寅	旬寡地巨天 空宿劫門同 陷◎陷 青月弔 15~24　己 龍煞客【兄弟】死丑	紅鈴天貪 鸞星魁狼 陷◎◎ 小咸天 25~34　戊 耗池德【夫妻】墓子	天火太 刑星陰 △◎ 忌 將指白 35~44　丁 軍背虎【子女】絶亥

(3) 십이궁의 성의 의미를 자세히 조사한다.

  명반 중의 각성의 의의와 배치로 일개인의 일생 중의 부모·자녀·재록 등의 각종상황을 이해할 수 있다.
  반드시 명궁을 위주로 하고 신궁을 보조로 하며 사업궁·천이궁·재백궁·복덕궁·부처궁·자녀궁을 배합해서 기본구조로 삼고,

다시 사화성을 배합해서 완전하게 이해한 후에 다시 다른 궁을 추론한다.

　주의할 것은 어떤 궁을 이해하기 위해서는 마땅히 해당궁의 성을 위주로 하고 삼방에서 만나는 성을 배합한 후에 다시 명궁과 명궁의 삼방과 배합해야 비로소 전체적으로 이해할 수 있다는 것이다.

　현재 이미 검증된 정선생의 명반을 예로 들어서 그 명반의 궁위와 기타궁을 차례로 나눠서 추론하겠다.

① 명궁과 삼방의 배합

　일개인의 명운을 이해하기 위해서는 먼저 명궁부터 시작해서 명궁에서 만나는 삼방의 각국의 성을 배합하는데 소위 삼방이란 천이궁·사업궁·재백궁을 지칭한다.

　정선생의 명궁에는 무곡·천상·타라의 세 개의 주성이 인궁에 좌하고 있다.

　무곡은 개성이 강직하고 처사가 과결하며, 천상은 주인이 언행을 신중히 하고 다른 사람을 돕기 좋아하고 보답을 바라지 않으며, 타라는 운세가 기복이 있어 안정되지 못하게 하고 떠돌아다니며 고독하고 재에 불리하다.

　천이궁은 신궁에 파군·천월·우필·문창이 있는데, 파군은 개창정신과 항심·의지력을 주하고, 천월은 귀인을 주하며, 우필은 조력을, 문창은 재화를 주한다.

사업궁은 오궁으로 주성이 자미가 있고 좌보·문곡과 동궁한다.

자미가 오궁에 있으면 입묘하고 역량이 아주 강하여 초연한 견해가 있다. 좌보가 동궁하면 본신이 구비한 보좌적인 능력 외에 직접 자미성을 보좌하고 자미에 대해 그 이지와 사고력을 강화시키고 고독을 감소시킨다.

문곡은 재화才華를 주하는데 낙함하기 때문에 진정한 문예방면의 재예를 발휘할 수 없다.

재백궁은 술궁으로 염정·천부가 있다. 염정이 왕궁에 있지만 재성이 아니며 또 천라지망궁에 있어 발휘할 힘이 없다.

또 도화성질을 띄고 있으므로 재백궁에 있는 것이 적합하지 않으나 천부는 재고가 되어 재물을 잘 지킨다.

명궁·천이궁·사업궁·재배궁의 성을 배합해서 보면 정선생은 성격이 강경하고 솔직하며 처사에 과결하고 다재다예하다. 사고를 잘하며 초연한 견해가 있고 언행이 신중하고 십분 이지적이다.

또 다른 사람을 돕기 좋아하고 일생 귀인이 도움이 있다.

② 복덕궁

어떤 사람의 명운을 이해하기 위해서는 먼저 명궁 삼방성의 개성을 이해하는 것 외에 다시 복덕궁과 복덕궁의 삼방을 배합해서 연구해야 한다.

정선생의 복덕궁은 진궁으로 칠살·경양 두 성이 모두 입묘하고 있다.

칠살은 리더쉽이 있으나 고생을 면치 못하고 경양은 살성으로 칠살과 같이 천라지망궁에 있는데 능히 칠살이 천라지망을 뚫고 나오는데 도움을 주나 고생스럽다.

복덕궁 삼방의 주성은 파군·탐랑·염정·천부인데 살파랑의 기본 개념은 변화의 중심으로 어떤 궁위에 있든지 간에 모두 변화·파동을 주하여 안녕·평화스러운 배치가 못된다.

대궁에 비록 염정·천부 두 성이 있지만 칠살·파군과 비교해서 역량이 부족하고 살파랑의 영향을 받는다.

그래서 복덕궁에서 나타나는 정황은 일로 번뇌와 고민이 많고 종일 바쁘며 한가하지 못해서 심신을 바쁘게 한다.

복덕궁과 명궁을 배합해서 보면 정선생은 고생하고 번뇌와 근심을 면치 못함을 확정할 수 있다.

이외에 타라는 본래 고독하고 떠돌아다님을 주하고 타라와 경양은 영원히 서로 격해있는데 명궁에 타라가 있으면 복덕궁에는 반드시 경양이 있어 그 고독을 더한다.

일개인이 진정으로 고독한가의 여부는 그 가족과의 관계로 보기기 때문에 반드시 부처궁과 자녀궁을 봐야 비로소 완전하게 단정할 수 있다.

③ 신궁

명궁은 일개인의 선천 명운을 대표하고 신궁은 후천명운을 대표한다.

두 궁의 성은 서로 보조적이다. 만약 명궁성이 약한데 신궁성이 강하면 신궁의 성이 명궁의 성을 도울 수 있는데 이것은 후천적인 노력이 선천적인 명운을 보조할 수 있음을 나타낸다.

신궁은 오궁으로 사업궁과 동궁하고 있는데 이것은 정선생이 아주 사업심이 있음을 나타낸다. 또 명궁과 명궁의 삼방성의 영향으로 정선생은 일체를 사업을 위주로 한다.

신궁에 자미화과·좌보·문곡이 있고 삼방성과 배합하면 대체적으로 명궁과 같다.

또 신궁의 천이궁성(원명반의 부처궁)도 반드시 배합해서 연구해 보면, 정선생은 전술한 명궁의 현상 외에 다시 그 재예와 귀인이 더해져서 다른 사람들과 접촉하면서 접대가 필요하게 된다.

④ 사업궁

사업궁은 명궁에서 순행으로 5번째 궁으로 남자의 생명 중 가장 중요한 것이 사업이다.

그래서 명궁을 연구하면서 같이 연구해야 한다.

사업궁은 오궁으로 자미·좌보·문곡이 있는데 자미가 오궁에서는 제궁 중에서 역량이 가장 강한 궁위다.

자미화과는 그 사업심이 강함과 표현이 있음을 상징한다.

문곡은 비록 재예를 주하나 낙함하면 역량이 부족해지기 때문에 문예에 뜻을 둔다 해도 성취하기 어렵다.

단지 문서공작상의 표현이 있을 뿐이다.

자미·문곡이 사업궁에서 동궁하면 고인이 소위 「황전조반皇殿朝班」한다고 했다.

다시 보좌의 양호한 재능이 있는 좌보성이 동궁하므로 더욱 보좌의 의미를 확정할 수 있는데 만약 살성을 보지 않으면 높은 자리에서 벼슬을 하게 된다.

일개인의 사업을 이해하기 위해서는 단지 사업궁만 보고 전체를 판단하기에는 부족하다.

반드시 명궁과 배합해야 한다.

명궁의 무곡은 평궁이고 역량이 강하지 않고 천상은 입묘하니 신중하게 책임을 맡아 능력을 잘 발휘할 수 있고, 다른 사람 돕기 좋아하는 성질이 있기 때문에 이 사람은 직책을 맡으면 일마다 신중하게 하는 막료인재다.

마땅히 신임과 중용을 받고 일에 대해 열성적이며 혼자 있어도 일을 잘 처리하는 비서인재다.

단 명궁에 낙함한 타라가 있고 사업궁 대궁에 낙함한 영성이 비치므로 관을 할 수는 없으나, 사업궁의 주성이 좋고 보좌성의 도움이 있기 때문에 현대사회로 보면 반드시 민영대기구의 막료장이 됨을 의심할 수 없다.

정선생이 비서인재라면 '일생 중 모두 이런 일에만 종사하는지와 어느 때 시작하는가?'는 대한이 이 일에 적합할 때 각종 기회와 인연이 비서 일을 할 기회를 조성한다.

대한장에서 상술하겠다.

⑤ 재백궁

재백궁은 술궁으로 주성이 염정·천부다.

염정은 재를 주하지 않고 천부는 재고가 되어 재를 주한다.

단 이 재는 돌발의 재가 아니며 정상수입으로 쌓은 것으로 말미암는다.

염정은 주로 공직을 담임하거나 공·민영기구에서 근무하는데 또 도화를 띠므로 이 사람은 공직에 종사하거나 사업기구에서 일을 하면서 수입이 있는데 천부가 재성이기 때문에 능히 저축할 수 있다.

기본적으로 염정·천부가 재백궁에 있으면 길하다.

단 지망 술궁에 있으므로 지망을 탈출할 여력이 없어 돌발의 재는 없고 모두 고정수입만 있다.

또 명궁에서 비치는 타라로 인해 재무상에 파동이 있는데 어느 때 파재하는지는 반드시 운과 배합해서 봐야한다.

⑥ 부처궁

부처궁은 자궁으로 주성이 왕궁의 탐랑, 낙함한 영성과 천괴에 홍란·함지, 천덕의 을급성이 동궁하고 있다.

회조한 성으로는 보필이 있다. 탐랑은 본래 부처에 불리한데 비록 천괴의 도움이 있어도 영성의 살성을 감당할 수 없으므로 처와 이혼하고 재혼하는 현상이 있다.

복덕궁의 칠살과 경양은 상황을 악화시키므로 비록 가정생활을 누릴지라도 종내는 고독하게 된다.

독자들이 혼인을 판단할 때는 반드시 부처궁내의 주성을 위주로 하고 연구의 중점을 삼지만, 반드시 명궁을 배합해야지 부처궁이 불길한 것만 가지고 혼인의 상황이 좋지 않다고 판단할 수는 없다.

정선생으로 말하자면 현숙하고 얼굴이 아름다운 처를 얻어 가정을 잘 다스렸는데 객관적인 환경 때문에 혼인에 불행한 상황이 조성된다. 정선생이 가정을 가지고 있을 때는 십분 행복하고 아름다웠다. 독자들은 판단할 때 더욱 주의해야 한다.

⑦ 천이궁

　천이궁은 신궁으로 파군·천월·우필·문창이 있어 고향을 떠나서 밖에서 공부하고 사업을 개창하기에 이로우며 더불어 귀인의 도움을 얻어 순조롭다 할 수 있다.

　파군은 개창성과 파동성이기 때문에 밖에 나가는 것이 좋다. 천월·우필은 모두 귀인이라 하나 간접귀인이 되므로 밖에 나가서 순조롭고 이외에 동궁한 문창은 재예를 주하니 역시 밖에 나가 공부할 수 있다.

⑧ 명궁과 복덕궁·부처궁·재백궁·사업궁·천이궁의 관계

　어떤 사람의 명반이든 명궁은 영원히 천이궁·재백궁·사업궁과 서로 회조하는데, 이 네 궁위는 서로 영향력이 있기 때문에 대한·유년·유월·유일을 논할 때라도 반드시 본궁성에 상술한 궁위를 배합해서 같이 연구해야 한다.

　복덕궁은 명궁을 연구할 때 반드시 참고해야 할 궁이며, 복덕궁은 부처궁·천이궁·재백궁과 서로 회조하고 있다.

　그 중 천이궁·재백궁은 모두 명궁과 관계가 있고 부처궁과 사업궁은 마주보고 있는데 모두 명궁과 관계가 있다.

　자미두수 명반 중에서 각궁의 배합은 의미가 있다.

　예를 들어 사업궁과 부처궁이 마주보면서 서로 영향을 주는데 이는 가정과 사업이 불가분의 관계가 있음을 표시한다.

　복덕궁과 재백궁도 서로 마주보는데 전자는 정신생활을 대표하고 후자는 물질생활을 대표하는데, 물질생활과 정신생활이 서로 영향을 주고 관련이 있음을 나타내는 것이다.

　독자들이 연구할 때 자세히 체득하면 한 장의 명반을 가지고 일생의 전모를 이해할 수 있을 것이다.

⑨ 형제궁

　형제궁은 축궁에서 왕궁의 거문·천동이 낙함하면서 지겁과 있고 지공과 천기화록이 회조하고 있다.

　형제궁의 대궁에는 창곡·보필이 협하고 있다.

　거문은 시비를 주하므로 형제궁에 있는 것이 불길하다.

　비록 천동성이 동궁한다 하나 천동이 낙함해서 제어할 힘이 없는데 보필·창곡이 대궁에서 협해 주로 형제 중에 귀현한 자가 있다. 그러나 피차간에 연이 박하므로 모여 살 수는 없다.

⑩ 자녀궁

　자녀궁은 해궁에서 입묘한 태음화기·화성이 있고 평궁의 천기화록·입묘한 태양·천량·록존이 비치며 미궁에서 보필에 의해 협된 용지봉각·해신·화개·은광 등의 을급성을 보고 있다.

　태음이 해궁에 있으면 「월랑천문月朗天門」이라 하여 심히 길하다.

　비록 화기가 있어도 그 퇴색되지 않는다.

　단 대궁에 있는 사궁의 천기성은 자녀에게 불리한데 자녀가 적거나 늦게 득자하는 것을 주한다.

　다시 사궁의 천기는 평궁이라 살에 대한 저항력이 심히 약한데

다가 만나는 성이 겁공·화성 등으로 불길하다

그 불길한 면은 태음에게 크게 영향을 끼친다.

자녀궁에 주성 태음·화성·천형은 주로 딸이 많고 아들은 적거나 타인의 자식을 들이거나 한다.

이 사람은 딸 셋이다.

모두 대륙에 있고 대령의 아들 하나를 양자로 키우고 있다.

또 해궁의 태음이 용지·봉각·천재·천귀 등의 길성을 보기 때문에 자녀의 용모가 수려하고 총명 영리하며 배우기를 좋아하고 사업에 성공한다.

애석한 것은 명궁과 복덕궁의 배치가 고독을 주하기 때문에 자녀와 같이 모여서 살 수 없었던 것이다.

⑪ 질액궁

질액궁은 유궁으로 지공이 좌하고 천기 등의 성이 회조한다.

주로 항상 두통에다 양다리가 무력한 현상이 있다.

단 질액궁의 대궁에서 태양·천량이 모두 입묘하면서 비치므로 겁공을 해소해서 큰 애로는 없다.

⑫ 교우궁

교우궁은 미궁으로 보필이 협하고 궁내에 갑급주성이 없고 단지 은광·화개·해신·용지·봉각·절공 등의 을급성만 있다.

교우관계를 연구할 때 반드시 대궁의 거문·천동·지겁을 위주로 해야 하며 다시 교우궁의 삼방사정, 즉 원명반의 형제궁·자녀궁·부모궁을 배합해야 한다.

교우궁 본궁에 을급성 용지·봉각이 있는 것은 주로 문예계와 귀한 사람을 사귀는 의미가 있으며, 대궁의 거문·천동도 역시 각종행업 각계통의 친구와 사귀고 태양·천량이 회조하므로 친구를 돕는 것을 즐겨한다.

태양은 사방을 비치고 천량은 액을 풀어줄 수 있기 때문에 곤란에 처할 때 친구의 도움을 얻을 수 있고 또 친구의 곤란도 해결해 줄 수 있다.

⑬ 전택궁

전택궁에 천기·천마와 기타 을급성이 있는데 을급성 중의 고신은 주로 스스로 부동산을 마련하는 의미가 있기 때문에 일생 때때로 부동산을 마련하는 현상이 있다.

단 천기는 움직임을 주하기 때문에 돈과 고정자산 모두에 불리하다.

그래서 천기가 전택궁에 좌하면 때로 부동산 매매의 현상이 있으며 또 겁공·거동·태음화기와 화성을 보므로 부동산을 매매하다 때로 손해를 보기 쉽다.

또 겁공이 회조하므로 마련한 부동산을 오래 갖고 있지 못하고 단지 인생의 과정 중에 하나의 사물일 뿐이다.

⑭ 부모궁

부모궁에는 태양·천량·록존 등의 주성이 있고 또 을급성으로 천곡이 있으며 지공·태음화기와 교우궁의 제을급성을 본다.

주로 부친의 사업이 위대하고 유년시에 부모덕으로 향수한다.

단 태양이 부모궁에 있어 부모에 불리하고 천곡이 동궁하므로 주로 유년幼年에 아버지를 잃는 고통이 있다.

(4) 대한

일개인의 명운을 이해하기 위해서는 명반 중의 각 성의 의의와 성질을 자세히 추론하는 것 외에 반드시 명반 중의 각 대한을 더해 연구해야 한다.

일반적으로 대한이 만나는 궁을 행할 때 명궁과 관련이 있다.

예를 들어 대한이 형제자매궁을 행할 때 형제자매간의 문제가 나타나는 경우가 많고, 사업궁을 행한다면 왕왕 일생 사업이 이 대한 중에 최고봉의 시기가 된다.

단 육길성이 있거나 주성의 역량이 강하면 개인사업에서 성공함이 많다.

행한이 부처궁을 행할 때 성이 길하기만 하면 해당 대한 십년내에 반드시 결혼하고 복덕궁으로 행해도 부처궁이 회조하고 있기 때문에 결혼하는 현상이 있다.

대한의 길흉을 연구할 때 우선 사화성을 배합하고 더불어 각 대한을 명궁으로 삼고 다시 본명과 배합해야 비로소 진정한 운을 장악할 수 있다.

이 명반의 대한추론은 아래와 같다.

(4-1) 무인대한

정선생은 을묘생·토오국으로 5세부터 운이 시작되고 5~14세에 무인대한을 행한다.

무인궁내에 성은 명궁의 성으로 삼방성을 배합하면 그 14세 이전의 명운을 이해할 수 있다.

어릴 때의 운을 판단할 때 성년운을 판단할 때와 다르게 봐야하는데 어떤 사람의 幼年의 대한궁이든 모두 원명궁 자리에 있다.

단 어릴 때는 사업을 하거나 결혼하고 자녀를 낳는 것은 아니므로 마땅히 분별해야 한다.

① 명궁

무인대한의 상황을 이해하기 위해서는 먼저 그 사화성을 붙여하는데, 무년은 천간의 사화성은 탐랑화록·태음화권·우필화과·천기화기가 된다. 이 네 성이 부처·자녀·천이·전택궁에 나뉘어 있다.

반드시 그 본명사화와 배합해야 하는데 전택궁에는 천기화록, 부모궁에는 천량화권, 사업궁에는 자미화과, 자녀궁에는 태음화기로 연구해야 한다.

유년(어릴 때) 명궁에 무곡·천상·타라 등의 주성이 있고, 복덕궁에는 칠살·경양이 있으며, 천이궁에서는 파군·천월·우필화과와 문창이 회조하고 있고, 사업궁에는 자미화과·좌보·문창, 재백궁에서는 염정·천부가 회조하고 있다.

사업궁·천이궁에 자미화과와 우필화과가 회조하므로 어릴 때 총명하고 학업성적이 좋았다.

　또 자기의 내심세계에 속하는 것도 조숙하여 사리를 안다.

　자미성은 황제성으로 본래 독특한 견해가 있고, 화과는 그 견해와 총명함을 더해주는데, 어릴 때의 운에서 발생하는 역량은 자기의 내심세계에 조숙하고 사리를 아는 것으로 나타난다.

　우필은 본래 보좌성인데 문성을 만나면 문성의 빛을 증가시킨다.

　명궁으로 우필화과와 좌보가 비치고 또 창곡·천월이 비치고 있어 공부에 매우 유리하다.

　또 자미성화과는 심히 힘이 있기 때문에 다른 사람보다 총명하고 학업성적이 우수하게 된다.

　천상성이 명궁에서 입묘하므로 역량이 심히 강한데 어릴 때는 사업이 없으므로 명궁제성이 역량을 발휘하고, 그 역량의 발휘는 어릴 때 규칙을 잘 지키고 다른 사람을 돕는 것을 좋아하는 것으로 나타나는데, 정선생의 유년으로 말하자면 다른 사람을 돕기는 해도 피곤해 하지 않고 단지 침묵 내향적이게 한다.

② 형제자매궁

　이 궁에 천동·거문 두 성이 있어 주로 형제자매가 5인 이상이다.

　이 사람은 유년에 형제와 아주 잘 지냈지만 지겁성이 동궁하므로, 그 중에 다른 곳에 거하는 자도 있었고 요절하는 자도 있었으며 표현이 빼어난 사람도 있었고 신체가 건강치 못한 자도 있었다.

그것은 형제자매궁의 성이 안정성이 적고 겁공·과수와 천기화기 등을 보아 상술한 현상이 있었던 것이다.

③ 부처궁

유년에는 처를 말할 수 없으므로 유년시의 이성접촉상황으로 논한다.

어릴 때 부처궁이 아주 길한데 탐랑화록·영성·천괴가 동궁하고 자미화과·우필화과와 좌보·문창·천월 등의 성이 회조하기 때문에, 유년운엔 당연히 처를 취하거나 도화의 현상을 의미가 없으므로 단지 이성의 접근을 나타낸다.

나이 여하를 막론하고 모두 이 사람을 예뻐했다.

④ 자녀궁

유운엔 자녀를 말할 수 없으나 자녀궁과 전택궁이 마주보므로 자녀궁의 성이 좋기 때문에 그 전택궁의 성과 배합해 보면 어릴 때 사는 곳이 아주 좋고 또 부모자신이 마련한 집에서 살게 된다.

⑤ 재백궁

유년 재백궁이 매우 좋으므로 돈이 떨어지지 않고 절약할 줄 알고 돈 관리를 잘한다.

⑤ 질액궁

이 궁에 지공이 있고 지겁을 보므로 유년에 신체가 건강하지 않아서 항상 감기로 인해 두통이 생기고 다리가 무력했다.

⑥ 천이궁

유년의 천이궁이 매우 좋은데 파군은 개창을 주하고 천월은 귀인이 되기 때문이다.

우필이 명궁에 있는 사람은 낙관적이고 진취적인데 화과가 되면 더 길하게 된다.

문창성은 문채풍류가 있으므로 집을 떠나거나 먼 데로 이사를 가는 현상이 있지만, 심히 유쾌해서 이 사람의 생활에 허다한 새로운 기분을 가져다 준다.

⑦ 노복궁

유년의 노복궁에는 용지·봉각 등의 을급성만 있는데, 모두 문성으로 어릴 때 같이 놀던 친구들은 가정교육을 잘 받고 공부도 잘하던 아이들이다.

⑧ 사업궁

유년에는 사업을 말할 수 없지만 사업궁에 자미·좌보·문곡이 좌하고 있어 역량을 발휘할 수 있는데 유년시기에 아버지와 형이 가르쳐주면 모두 잘 이해하고 금방 익혔다.

가정의 사무도 잘 도와서 부모·형제가 아주 사랑하고 신임했다.

⑨ 전택궁

전택궁에 천기화기가 좌하고 있으니 유년 대한 십년 중에 사는 집을 두 차례 이상 이사했다.

⑫ 복덕궁

　복덕궁에 칠살·경양 두 성이 좌하고 있는데 모두 복성이 아니지만 단 격발력이 있다.

　주로 유년운에 일찍 철이 들고 사려가 많으며 미래에 대해 아주 자신감이 있고 이상과 포부가 있다.

　단 복덕궁의 불길한 면도 드러나게 되는데 부모궁과 배합해서 보면 십삼세에 아버지를 잃는 고통이 있었다.

　이것은 경양의 형극적인 현상 때문에 그렇다.

⑫ 부모궁

　부모궁에 태양·천량·록존 등의 주성이 심히 길해서 주로 부친의 사업이 위대하고 어릴 때부터 부모의 사랑을 받았다.

　단 명궁에 타라가 있고 본궁에 천곡이 있으며 다시 복덕궁이 불길하니, 반드시 유년대한 십년 중에 아버지가 돌아가셔서 그로 인해 비애가 있다.

　이두주 13세는 정묘년으로 유년이 묘궁 무인대한의 부모궁이다.

　무인대한의 상황은 위에서 분석한 것 외에 필자가 추가하자면 오궁 신궁에 자미화과가 있는데, 이 궁으로 차성안궁한 과수(축궁)와 사궁의 고신이 자미를 협하고 있고, 자미의 삼방에서 타라·영성의 살성을 보아 고독의 암시가 있다.

　무인대한의 무간 탐랑화록이 이 오궁을 발생시키며 결과가 천기화기로 전택궁에 떨어지는데, 이 궁에 상문이 있고 대궁에 태음선천화기와 천형·화성·백호가 있어 선천의 화기의 흉상을 일으키게 되고 상문·백호가 사망의 의미를 더하고 있다.

정묘년은 대한 부모궁이며 태양·천량이 록존과 동궁하고 있는데 태양·천량성계의 상황이 좋지 않으면 분리의 암시가 있는데 록존이 있어 더욱 분리의 암시가 있을 수 있다.

육친궁에서 록존은 이런 예를 보더라도 좋지 않음을 알 것이다.

만약 록존이 이렇게 있는데 부모가 가난하다면 그 형극의 정도가 적겠지만, 돈이 많으면 많을수록 형극의 정도는 심하게 된다. 그것은 록의 역량이 강화 될수록 록을 노리는 양타의 형극은 심해지기 때문이다.

정묘년의 정간 태음화록이 해궁에 있어 자전선의 기월에 쌍화기에 상문·백호에 천형·화성의 흉상을 발동시켜 이것으로 전택에 상망을 나타내고, 결과인 거문화기는 형노선에 떨어지면서 대한 발생을 이차결과화하고, 차성으로 부모궁 묘궁을 또 이차결과화하여 양양의 록존의 형극과 별리의 암시가 일어나게 했던 것이다.

(4-2) 기축대한

기축대한은 형제자매궁이다.
15~24세간의 운기를 대표한다.
이럴 때의 길흉판단도 마땅히 이 궁의 성을 위주로 한다.

또 기축궁을 명궁으로 삼고 삼방성과 복덕궁을 배합해서 판단한다.(원명반의 전택궁·교우궁·질액궁·부모궁)

우선 기축대한의 천간 기로 사화를 붙이면 무곡화록·탐랑화권·천량화과·문곡화기가 기축대한의 명궁일 때의 부모궁·형제궁·복덕궁과 교우궁에 붙게 된다.

① 명궁

기축대한을 행할 때 명궁에 화록과 화권의 협이 되어 아주 길하다.

천이궁에도 길리한 을급성이 있고 또 보필·창곡의 협이 되어 길하다.

그러나 본궁에 지겁이 있고 지공을 회조하는데 지겁은 축궁에서 해가 크지 않아 장사를 하지 않는다면, 공부할 시기에는 오히려 도움을 주어 반드시 고등교육을 완성할 수 있고 정치학에 흥미를 느끼며 나라 일에 적잖이 관심을 가지게 한다.

기본적으로 명궁의 무곡과 천상의 개성을 가지고 있는데 기축대한을 행하면 거문·천동·지겁의 격발 때문에 적극성이 드러나 학업에 십분 노력하는데, 거문의 영향 때문에 대중전파에 흥미감을 가지고 잡지를 창간하고 졸업 후에도 신문 일에 종사하는 현상이 있었다.

단 축궁에 과수성이 있어 집을 떠나 밖에서 공부하는 정형이 있었다.

대한 복덕궁에 태양·천량과 록존은 공부하는 기간에 생활이 부유하고, 비록 학업상 번뇌가 있었지만 능히 순조롭게 해결할 수 있게 한다.

　종합적으로 기축대한을 논하면 노력 중에 학업을 이루고 이 대한 안에 성과가 있게 된다.

② 형제자매궁

　형제자매와 감정이 아주 좋았고 합작사업의 현상도 있었으며 심히 수확이 있었다. 그것은 형제자매궁의 성이 길하고 삼방에서 만나는 성도 길했기 때문이다.

　주로 형제 중에 귀현한 자가 있었다.

③ 부처궁

　기축대한의 부처궁은 정해궁으로 주성이 입묘한 태음화기에 화성이 있고 천기화록과 태양·천량화과·화권과 록존 등의 성을 보아 주로 이성이 주동적으로 접근하는 현상이 있었다.

　태음성이 입묘하고 부처궁에 있으면 옥수첨향玉袖添香한다는 말이 있는데, 화기 때문에 반드시 정서적으로 번뇌 중에 결혼하게 된다.

④ 자녀궁

　기축대한의 자녀궁에는 염정·천부 이 성이 있어 이 대한 중에 낳는 자녀는 아주 총명하다.

⑤ 재백궁

　기축대한의 재백궁의 주성은 지공성인데 삼방에서 회조하는 성이 대부분 재성이 아니다.

단 대궁에 록존이 있고 또 천기화록이 회조하여 재록이 부족하지는 않고 양호한 물질생활을 했지만 유동성이 커 저축하기 어려웠다.

⑥ 질액궁

기축대한의 질액궁에는 파군·우필·문창·천월 등의 성이 있는데 파군은 질액궁에서 불길하다.

단 우필·천월이 있어 풀어질 수 있다.

주로 이 대한 중에 단지 작은 병만 있을 뿐 신체는 건강하다 하겠다.

⑦ 천이궁

기축대한의 천이궁은 심히 길한데 보필 이성이 협하고 있다. 고로 집을 떠나 밖으로 나가 자력으로 성가하는 현상이 있었다.

⑧ 교우궁

기축대한의 교우궁의 주성은 자미화과·좌보·문곡화기로 회조하는 삼방성이 나타내는 바는, 교우관계가 넓고 문예계의 저명한 사람들이 많고 그 중에 특별한 지기知己도 있었다.

대궁에서 탐랑화권·천괴·홍란·함지·천덕 등의 성이 비치므로 주로 예술계의 저명한 사람이 있다.

⑨ 사업궁

사업궁의 주성은 천기화록으로 공부하는 시기에는 사업이란 것은 없으므로 학교생활 중에 여가로 일을 겸해 다양한 신사물을 학습한다.

⑩ 전택궁

기축대한의 전택궁은 원명반의 복덕궁인데 이 궁은 온전히 길하지는 않다. 주로 거주지를 변환하고 거처가 일정하지 않는 현상이 있으며 고요한 것보다 움직임이 많은 정황이다.

칠살은 본래 파동을 주하고 경양까지 동궁했으니 바쁘고 어지러운 것을 면치 못한다.

⑪ 복덕궁

복덕궁의 주성이 태양·천량화권·화과·록존성으로 주로 바쁜 가운데 향수하며 놀라는 일이 있기는 하지만 모두 순조롭게 풀어진다.

⑫ 부모궁

기축대한의 부모궁에 무곡·천상·타라 등의 성이 있는데, 이미 유년에 아버지를 잃었기 때문에 기축대한의 부모궁은 단지 모친의 상황을 이해하는데 사용한다.

모친이 향수함이 있고 심히 길하다. 단 타라의 영향으로 모친과 얼굴 보는 일은 적고 떨어져 있을 때가 많다.

(4-3) 무자대한

무자대한은 본명의 부처궁이며 25~34세간의 운기가 되는데, 무년의 사화를 보면 탐랑화록·태음화권·우필화과·천기화기로 이 사화는 무자대한의 형제궁·재백궁·교우궁에 있다.

① 명궁

이 사람에게 무자대한은 일생 중에 변화가 아주 많고 아주 유쾌하며 가장 순조로운 십년이었다.

무자궁내에 제길성이 회조하고 명궁은 탐랑·영성이 있으며 화록이 동입하고 있기 때문에 돌발적인 재와 돌발적인 표현이 있었다.

보필 이성을 회조하고 있고 자미성도 길하고 사업궁에 칠살이 있으므로 주로 고생 중에 성공하며 다른 사람위에 있는 경우가 많다.

본명이 원명반 중의 부처궁이기 때문에 주로 부처와 화목하고 성가입업成家立業하는데 이 십년 내에 관에서든 상商에서든 표현이 비범해진다.

그러나 대한 명궁에 탐랑이 좌하고 있어 살파랑 격국이 되고 또 영성이 동궁하고 있으므로 그 변화는 스스로의 힘으로 분투해서 성가입업하고 직장과 거주지 방면에서 변화가 많다.

② 형제궁

이 대한의 형제궁의 주성은 태음화권·화기와 화성이 되고 회조하는 성 중에 천기화기가 있으므로, 주로 형제의견에 견해차이가 있는데 각자 업을 일으킨다면 형제 중에 두각을 나타내는 형제가 있게 된다.

③ 부처궁

이 대한의 부처궁의 주성은 염정·천부로 자미화과·좌보·문곡·칠살·경양·무곡·타라가 회조하고 있어 현처가 집안을 다스리고 응대를 잘한다.

이 사람의 사업이 바빴지만 부처감정이 심히 좋았으며 다만 붙어 있는 시간보다 떨어져 있는 시간이 많았다.

④ 자녀궁

이 사람은 이 대한에 딸을 얻었는데 자녀궁이 '음궁'에 있어 아들이 없다고 말할 수 있으나 딸이 없는 것을 표시하지는 않는다.

⑤ 재백궁

이 대한의 재백궁에 파군이 있어 본래 재래재거하지만 천월·우필화과·문창이 동궁하고, 칠살·탐랑화록과 영성·천괴·무곡·타라가 회조하여, 주로 다른 사람을 위해 일하여 수입이 풍부하였다.

파군·타라는 재에 불리하다.

그러므로 이 사람은 무자대한에 비록 생활을 누리며 부족하지 않았으나 재래재거해서 저축이 어려웠다.

⑥ 질액궁

이 대한의 질액궁에 주성이 없고 보필·창곡이 협해서 길하며 주로 신체건강하나 사려가 번잡하고 정신이 긴장된다.

⑦ 천이궁

이 대한의 천이궁은 주성이 자미화과·좌보·문곡이 되어 원행에 이로우며 분파한다. 기축대한과 비교해서 순조롭고 유쾌하게 된다.

⑧ 교우궁

이 대한의 교우궁에 주성은 천기화기로 주로 교우관계가 넓고 친구를 돕는 상황이 생기지만 이로 인해 번거롭게 된다.

⑨ 사업궁

이 대한의 사업궁의 주성은 칠살·경양으로 본래 그리 길하지 않으나 회조하는 성이 길해서 사업의 영수가 되고 주관이 될 수 있다. 그러나 일의 변화가 수시로 있는 현상이 있지만 노력 중에 아주 성과가 있었다.

⑩ 전택궁

이 대한의 전택궁은 태양·천량화권·록존 등으로 심히 길하여 주로 부동산을 마련하고 편한 곳에 산다.

⑪ 복덕궁

이 대한의 복덕궁은 본명궁으로 무곡·천상·타라가 있는데 주로 심신이 편안치 않고 이상스럽게 바쁘다. 그러나 자기 때문에 바쁘기도 하지만 다른 사람을 위해 일하느라 바쁜 경우가 많다.

⑫ 부모궁

이 대한의 부모궁의 주성은 천동·거문과 지겁 등의 성이 있는데 유년에 상부를 했으므로 논하지 않고, 단 모친이 건강하고 모친 얼굴을 자주 보지 못한다고 논한다.

(4-4) 정해대한

정해대한의 명궁은 태음화기와 화성이 있는데 태음은 해궁에서 아주 길하다.

길성이나 살성이 더해지지 않으면 월랑천문月朗天門격이 된다.

애석하게도 여명에게 좋으며 남명은 발전에 불리하여 환경에 수제를 받기 쉽다.

태음화기는 변경變景이 되어 본래 큰 해가 없으나 화성이 동궁해서 변경에 불리하기 때문에 수성守成해야 하고 개창해서는 안되는 십년이다. 그렇지 않으면 파동과 후회가 있다.

이 대한에 명궁에 태음이 있기 때문에 극처의 상이 있다.

부처궁에 지공이 있어 불길하고 복덕궁에 또 거문화기·천동과 지겁·과수가 있으며, 동시에 자녀궁에 또 살파랑의 변동 국면이 있으므로 이로 인해 가정이 깨지는 현상이 있는데 처와 딸이 모두 대륙으로 가 이 사람이 혼자 대만에서 생활했다.

이 사람은 정해대한이 비교적 여의치 않은 십년이었다.

사업에 특별한 발전이 없었으며 문서성질의 공작을 많이 하고 정신생활면에서 아주 고적했다.

(4-5) 병술대한

병술대한은 원명궁·원사업궁이 회조하고, 대한의 명궁은 또 원재백궁상에 있어 주로 진전이 있고 수입이 많아지며 사업에 성과가 있다.

또 종사하는 직업도 원명반에서 나타난 바와 같이 막료장이 되었다. 그 사업은 이 대한에서 와서야 비로소 안정적인 상태가 되었다.

이 대한은 심히 길한데 명궁이 원재백궁이 되고 또 염정·천부 이성이 있어 주로 저축할 수 있으며 감정방면에도 새로운 변화가 있다.

그러나 이 대한의 부처궁에는 파군·천월·우필·문창이 있다. 문창·천월이 있어 이성접근이 있는데 그 역량과 파군·우필이 대항해 정식결혼의 가능성은 없다.

연구해보면 대한의 명궁에 염정·천부때문이 아니라 부처궁에 파군 등의 성이 있으면 모두 혼인에 파절이 있지만 그 정형이 어떠한가는 반드시 각궁을 배합해서 추단해야 한다.

이 사람은 본명궁이 이미 고극을 주하고 있기 때문에 부처와 생리生離하는 상황이 있었고 혼인이 비록 여의치 않았지만 사업에는 성과가 있었으며 나머지 각궁도 역시 길하다.

(4-6) 을유대한

을유대한에는 사업에 진보가 있다.

감정에도 새로운 진전이 있으며 아들도 얻어 순조롭고 유쾌하다 할 수 있다.

단 을유궁은 주성이 없고 단지 하나의 지공성이 있으면서 지겁이 회조하고 있어 재무상에 자기도 모르게 중대한 손실을 당하고 대궁에 태양·천량·록존이 있어 천량성의 화해 때문에 난관을 능히 넘긴다.

또 록존의 도움을 얻고 있으므로 기본생활이 영향을 받지 않으나 본인 입장에서는 인생에서 큰 파절이라고 할 수 있다.

을유대한의 대궁에 록존이 묘궁에 있고 명궁으로 천기화록이 회조하지만 겁공의 흉함을 막지 못했다.

비록 화록 때문에 돈이 벌렸으나 겁공 때문에 돈이 나가 중대한 손실을 입었다. 겁공의 위력이 심히 강했다. 재물에 불리했던 것은 본명궁에 타라가 있어 인생에 파절이 많기 때문에 그렇다.

이두주 이 대한에 손재가 있는 것은 위에서 분석한 겁공 때문이기도 하지만, 진정한 원인은 대한 복덕궁에 태음화기의 투자착오의 성이 을유대한의 을간 천기화록으로 인동되어 투자착

오의 상을 발동시키고 결과도 또한 태음화기로 투자궁인 대한 복덕궁에 있었기 때문이다.

(4-7) 갑신대한

 이 사람은 현재 갑신대한 중으로 65~74세의 명운을 대표한다.
 명궁 본궁은 파군·천월·우필과 문창이 좌하고, 갑신대한의 염정화록·파군화권·무곡화과·태양화기는 각기 복덕궁·본명궁·천이궁과 질액궁에 있다.
 파군이 대한 명궁에 좌하여 살파랑의 국면이므로 주로 사업에 새로운 변화가 있다.
 생활과 정취도 비교적 전 대한보다 좋다.
 일에서도 성과가 있으며 부처궁이 길하기 때문에 장유를 막론하고 접근하는 이성과도 모두 유쾌하게 잘 지낸다.

(4-8) 계미대한

 75-84세는 계미대한으로 행한다.
 이 대한에 파군화록·거문화권·태음화과·탐랑화기가 부모궁·천이궁·사업궁·교우궁에 들어간다.
 계미대한 본궁에 보필 이성이 협하고 거문화권이 회조하고 사업궁에 태음화과가 있기 때문에 문예공작에 좋으며 성과도 있다.

이 한은 명주출해明珠出海격으로 주로 능히 재주를 펴서 빼어남을 드러낸다. 본명이 비록 명주출해격이 아니지만 계미대한을 행하자 이 격국이 있으므로 발휘할 수 있다.

어떤 사람의 명반을 판단할 때 이러한 개념을 가져야 한다. 단 명주출해는 단지 이 대한만을 주하지 종생은 아니다. 그 역량의 표현은 단지 한정된 시간에서일 뿐이다.[91]

(5) 대한과 본명사화성

사화는 명반 중에 극히 중요한 역할을 한다.
대한을 연구할 때 우선적으로 사화를 중시해 본다.
단 본명의 사화도 소홀히 하면 안된다.
대한에서는 대한의 사화를 위주로 하고 본명의 사화는 보조로 본다.
만약 대한의 화권과 본명의 화기가 동궁하면 대한의 화권의 역량이 본명의 불길함을 막을 수 있다.
만약 대한의 화기와 본명의 화권이 동궁하면 화권은 화기의 침습을 두려워하지 않으므로 화기는 단지 번뇌를 더할 뿐이지 해가 되기에는 부족하다.
만약 대한에서 록권과를 보고 화기를 보지 않으면 주로 십년이 좋은 운으로 반드시 진보가 있으며 만약 동시에 본명의 록권과까

---

[91] 본명에서 이뤄지는 격이 아니므로 대한에만 한정해서 본다.

지 회조한다면 금상첨화다.

만약 대한 본신에서 록권과를 보지 않고 단지 본명의 록권과만 봐도 길하다.

단 역량이 대한 본신의 록권과를 보는 것만큼 강하지 않다.

> **이두주** 혜심제주의 이러한 사화의 개념은 단지 참고정도로만 해야 한다. 대한의 화기가 본명의 화권과 동궁하면 화권이 화기의 침습을 꺼리지 않으므로 해가 안된다는 말은 임상경험상 틀리다. 어느 정도 방어하는 힘은 있기는 하지만 대한화기가 붙으면 흉해진다.

(6) 유년

유년流年은 일년의 운기를 지칭한다.

예를 들어 금년 신유유년의 운세를 해석하고 싶다면 명반 중의 유궁을 명궁으로 삼고 연구해야 한다. 신유년은 갑신대한(65~74) 중에 있으며, 67세에 해당된다.

유년명궁을 연구할 때는 먼저 유년의 사화성을 배합하고 다시 삼방과 복덕궁을 배합하며 동시에 대한과 본명을 참고해야 한다. 위의 명반을 예로 분석해 본다.

① 유년 명궁

신유유년의 유년 명궁은 갑급 주성으로 지공이 있고, 유년록존이 있으며 삼방의 회조를 보면 주로 이상스럽게 바쁘지만 성과가 있다.

② 유년 형제궁

신유유년의 형제자매궁은 신궁으로 궁내에 갑급주성으로 파군화권[92]·천월·우필과 문창화기가 있는데 회조하는 삼방을 연구해 보면 주로 형제자매가 개창사업과 문자공작으로 바쁘다.

③ 유년 부처궁

신유유년의 부처궁은 미궁으로 궁내에 갑급주성이 없으니 대궁 축궁의 성을 위주로 한다. 삼방을 배합해서 연구해 보면 주로 항상 이성과 왕래하면서 접대한다.

④ 유년 자녀궁

신유유년의 자녀궁은 오궁으로 갑급주성은 자미화과·좌보·문곡화과가 있고 회합하는 삼방까지 고려해서 보면 주로 자녀학업 성적이 좋다.

⑤ 유년 재백궁

신유유년의 재백궁은 사궁으로 갑급주성은 천기화록이 있고 삼방의 회조를 살펴보면 주로 재래재거한다.

---

[92] 갑신대한의 갑간 파군화권을 말함.

⑥ 유년 질액궁

 신유유년의 질액궁은 진궁인데 궁내에 갑급주성은 경양과 칠살로 삼방의 회조하는 성까지 고려하면 때로 작은 근심이 있다.

⑦ 유년 천이궁

 신유유년의 천이궁은 묘궁에 있다. 갑급주성은 태양화기(대한)·화권(유년)·천량화권과 록존이 삼방에서 회조하므로 주로 분주하고 바쁘며 원행에 이롭다.

⑧ 유년 교우궁

 신유년의 교우궁은 인궁으로 갑급주성은 무곡화과·입묘한 천상과 타라가 있고, 삼방의 회조를 살펴서 보면 주로 새로운 사귐이 있음을 알 수 있고 심히 마음이 맞다.

⑨ 유년 사업궁

 신유유년의 사업궁은 축궁이다. 갑급주성은 거문화록·천동·지겁이 되고 삼방의 회조를 보면 주로 사업으로 바쁘고 고생 중에 진보가 있다.

⑩ 유년 전택궁

 신유유년의 전택궁은 자궁으로 탐랑이 영성·천괴와 동궁한다. 영탐격이 이루어지므로 사는 곳이 대체로 편안하다.

⑪ 유년 복덕궁

유년 복덕궁은 해궁이다. 갑급주성은 화성과 태음화기로 편안하지는 않다.

⑫ 유년 부모궁

신유유년의 부모궁은 술궁으로 갑급주성인 염정·천부가 있고, 삼방에서 양타가 회조하고 있다. 부모가 안 계시기 때문에 부모궁은 단지 기타 다른 궁을 회조할 때 참고한다. 이 외에 상사·윗사람으로도 보는데 원만하게 사귀는 것으로 추론할 수 있다.

(7) 유년과 대한·본명사화의 배합

유년을 연구할 때 마땅히 사화를 배합해야 한다.
이 때는 유년사화를 위주로 하고, 대한사화는 보조로 보며 본명사화는 참고만 한다.
만일 유년에서 해당 년의 사화를 보지 않으면 유년명궁의 삼방에서 본명의 사화 중의 화록·화권·화과를 보고 화기를 보지 않으면 일년이 순조롭다.
만약 유년에서 대한사화 중의 록권과를 보고 화기를 보지 않으면, 대한의 역량이 본명보다 강하므로 반드시 더욱 많은 성과가 있고 지속될 수 있다.
만약 유년에서 해당 년의 사화 중 록권과를 보고 화기를 안보면 반드시 그 일년은 좋은 운이다.
단 대한의 사화와 다음 해의 운기를 배합해서 만약 다음 해의 운이 길하고 대운의 사화가 유년에 대해 도움이 있으면 유년이 길하고 또 십분 두각을 나타낸다.

만약 대한의 록권과가 돕지 않거나 대한 자체가 불길하다면 설사 유년 일년이 길하다 해도 일단시간동안 아주 짧고 표현도 현저하지 못하다.

유년명궁에 화기나 화기가 회조하거나 하면 유년의 영향이 최대가 되고 가장 직접적이 되어 주로 일년간 파절로 순조롭지 못한다. 단 전체 개인의 인생으로 말하자면 잠시일 뿐이다.

만약 유년에서 록권과를 보고 또 대한의 화기를 보면 대한의 화기는 유년에 대해 영향이 있으므로 유년에서 고생을 증가시키며 노력의 성과를 감소시킨다.

만약 본명의 화기를 보면 본명의 화기는 유년에 대해 영향이 아주 적다.

2. 료무거사

(1) 료무거사는

　대만의 두수계에서 료무거사와 같은 파격적인 인물은 없다.
　일단 책을 많이 쓰는 다작多作의 저술가라는 측면에서도 타의 추종을 불허할 뿐만 아니라, 자미두수를 바라보는 관점자체가 너무 논리적이고 합리성에 기초하고 있어, 자칫 그의 관점대로 자미두수를 이해했다간 너무 건조해지기 십상일 정도로 기존관념에 대해 거침없는 견해가 그러하다.

　흔히 술사에게 의존하는 문제들 ― 죽음·사고·결혼시기 등등― 에 대해서 료무거사는 '모른다' '알 수 없다'라고 말한다.
　명반을 작성하는 방법도 파격적이다.
　사화 중에서 화권·화과를 인정하지 않는다든지, 身宮의 효용가치에 대해 부인하고 안쓴다든지, 잡성을 배치하지 않는다든지 그야말로 군더더기를 다 제거한 상태에서 명반을 배치한 다음, 추론도 합리적이고 논리적으로 추리 가능한 선상에서만 할 뿐 전설같이 예리하고 칼같은 추론은 아예 기대할 수 조차 없다.

　아래 료무거사의 추론 실례는 『원앙전기鴛鴦傳奇』[93]라는 책에 나온 내용이다. 읽어보면 료무거사의 추론방법의 일단을 이해할 수 있을 것이다.

특히 여러가지 격국을 해석하고 응용하는 관점 등은 취용할만한 부분이 많으며 논리적인 내용 전개 역시 참고할 만하다.

※ 아래 명반은 원문과 달리 일반적으로 필자가 쓰고 있는 자미두수프로그램으로 제작한 것이다.

원서에는 잡성은 다 빠지고 십사정성과 육길성과 사화정도만 배치되어 있다.

독자들의 이해를 돕기 위해 필자가 쓰는 자미두수명반으로 대체한 것이므로 원서대로 명반을 작성하지 않은 부분에 대해 이해 바란다.

---

93) 禾馬文化 1994

(2) 실례/ 남명 1987년 5월 16일 묘시

破孤封天天天陀七紫 碎辰詰巫姚羅殺微 輩天　　△陷△◎ 廉廚 力歲喪　　　　乙 士驛門【福德】生巳	天陰天祿右 才煞喜存弼 　　　　◎◎ 博息貫　94~　　丙 士神索【田宅】養午	紅天年鳳龍擎文文 艶月解閣池羊曲昌 　　　　◎◎△ 官華官　84~93　丁 府蓋符【官祿】胎未	天大地左 傷耗空輔 ◎△ 伏劫小　74~83　戊 兵煞耗【奴僕】絶申
天天天 空梁機 　◎◎ 　　科 青攀晦　　　　甲 龍鞍氣【父母】浴辰	성명 : ○○○, 陰男 陽曆　1987年 6月 12日 6:59 陰曆　丁卯年 5月 16日 卯時 命局 : 金四局, 金箔金 命主 : 文曲, 身主 : 天同		天台天恩天破廉 虚輔貴光鉞軍貞 　　　　◎陷△ 大災歲　64~73　己 耗煞破【身遷移】墓酉
截天八天 空哭座相 　　　陷 小將太　4~13　癸 耗星歲【命】帶卯			天 使 病天龍　54~63　庚 符煞德【疾厄】死戌
天地巨太 官劫門陽 △◎◎ 　　　忌 將亡病　14~23　壬 軍神符【兄弟】冠寅	寡天鈴貪武 宿刑星狼曲 　　　陷◎◎ 奏月弔　24~33　癸 書煞客【夫妻】旺丑	解天紅火太天 神壽鸞星陰同 　　　△◎◎ 　　　　　祿權 飛咸天　34~43　壬 廉池德【子女】衰子	旬天三天天 空福台魁府 　　　◎◎ 喜指白　44~53　辛 神背虎【財帛】病亥

(3) 격국분석

료무거사 보주는 `보주` 역자가 주를 단 것은 `이두주` 로 표시
하였다.

① 천부가 조원하고 보필이 비치지 않아 고군孤君임이 틀림없다.
　　보주　보필이 사업궁을 협하니 고군이 아니라고 봐야하지 않나? 답은 그렇게 보지 않는다. 달리 말하자면 협사업·협재백·협천이·협부처궁 모두 그렇게 보지 않는다. 설사 협명이라도 군신경회가 구성되지 않는다. 왜 그런가? 협이란 단지 다른 사람이 와서 보좌하는 것이지 본인이 항상 가지고 있는 잠재능력이 아니기 때문이다.
이것은 모종정도상의 고극함 외에 강렬한 주관의식을 드러냄을 표시한다. 처사에나 사람을 대하는데 있어 혼자하고 고집스럽고 다른 사람과 어울리지 못하는 습관이 있으며, 육친과 연이 두텁지 않은데, 이런 사람은 항상 죽을 때라야 고생을 쉬게 된다.

② 그러나 명 중에서 길성(창곡·괴월)을 많이 보아 겉으로는 다른 사람에게 온화하고 예의 있게 보이며 그럴싸하게 보인다. 살성 중에 경양만 보므로 경솔한 사람으로 보이지는 않는다. 살성과 길성을 같이 보므로 화복이 병존하며 어떤 사안에서든 모두 온전히 좋지 않지만 온전히 깨지는 것도 아니다. 고생하고 복을 누릴 수 없다 해도 완전히 복택이 결핍된 사람은 아니다.[94] 당연히 재물방면의 복도 그리 크지 않음은 사실이다.

---

[94] 명의 삼방에서 온전히 록권과를 보지 않아야 비로소 복을 누릴 수 없다.

이두주 료무거사는 명의 삼방에서 온전히 록권과를 보지 않으면 복을 누리지 못한다고 하는데 이는 임상과 배치된 발언이다. 실제로 록권과를 보지 않아도 부유한 사람 성공한 사람이 적지 않게 있다. 특수격이 구성되는 사람에게서 이런 경향이 나타난다. 특수격에 관해서는 실전자미두수를 참고하라.

③ 신궁이 명궁에 비해 약간 왕하므로 사회에 투신하면 본인이 기대하고 바라던 것보다 훨씬 초월하며 (나의 뜻과 바램이 있다면) 후천사회의 구조가 아주 강하므로 항상 바빠 피곤하다. 이런 정황은 후천교육이 아주 중요하며 경험이 쌓일수록 성취도 더욱 높게 된다. 사회경험이 학교의 지식보다 유용해지는데 이로 인해 학원교육을 소홀히 하기 쉽다.

보주 우리는 이미 신궁을 배치하지 않는다. 신궁으로 후천을 본다는 것은 실증결과 증명되지 않았다. 후천환경이란 것은 천차만별로 영향을 미치는 측면도 십분 광활하다. 최소한 집안의 가풍(유전)·가정환경·교육·혼인 등까지 포괄하므로 일괄해서 말할 수 없다.

이두주 이것은 료무거사 개인의 경험일 뿐이다. 필자의 임상경험상 확실히 신궁은 성격부터 시작해서 건강·인생 후반기에 성쇠에 지대한 영향이 있었다. 자운선생도 특별히 신궁은 후반생을 주하므로 신궁이 좋지 않으면 중년이후에 큰 사업은 불가하다고 했다.

④ 대체적으로 말해서 생활은 안정되고 기복이 심해 크게 일어나

거나 나락으로 떨어지지는 않는다. 천부가 좌명하면 비교적 후중한데 살성이 많지 않으므로 지나치게 출렁거리지 않는다.

(4) 직업선택

사업궁에 정성이 없으니 기도심이 결핍되고 창업은 안되는데, 그럴 뜻도 없으며 단지 좋은 직업만 있으면 마음으로 만족한다.
사업궁으로 보건데 두개의 특수구조가 형성되어 있어 사업의 기도심이 비록 약하다 해도 약간 강렬한 폭발력을 유발시켜 선이든 악이든 크게 볼만하게 한다.

① 하나는 영탐鈴貪과 영양鈴羊으로 사업상에 상당한 잠재력이 있음을 표시한다.

영탐鈴貪·화탐火貪은 화탐에 비해 약간 떨어지고 영양도 화양火羊에 비해 약간 떨어지는데 소위 약간 떨어진다는 것은 위력이 완만하고 점진적이며 늦으면서 면면히 영향을 주는 것을 의미한다.

이러한 현상은 공부기간에 학습과정이 비교적 늦고 완만하며 지혜가 열리는 것도 비교적 늦음을 의미하게 된다.

② 둘째는 탐창의 본질은 작사전도作事顚倒인데 이것은 배운 것을 써먹지 못하고 본업은 힘쓰지 않고 곁길로 세는데, 사회진입 후에 본인이 하지 않았던 사업에 참여하고 또 한 두 번 직

업을 바꾸는데 계축대한이 가장 극렬하고 임자대한에서는 그 다음이다.

이두주 탐창의 작사전도가 되면 실제로 료무거사가 말한 것 같은 현상이 생긴다. 거의 백발백중일 정도로 정확하다.

③ 세째는 영탐은 무격武格이고 영양은 이격異格이 되는데 모두 과학기술과 관계가 있어, 전문과목(특수한 기예·전문기술)으로 발전하면 물고기가 물을 얻거나 새가 숲으로 돌아가는 것과 같아서 제자리를 찾는 것이다.

이두주 실제로 임상에서는 꼭 그런 것은 아니다. 기본적으로 이과적인 성향이 있는 성계와 조합이 되었을 때 과학기술 운운 할 수 있지, 문과적인 성향의 성계에서는 그러한 살성들이 비쳐도 딱히 과학기술로 가는 것은 아니다.

(5) 사업운의 득과 실

천부조원은 본인이 제좌帝座를 향하여 맞이하고 있기 때문에 내가 황제가 아니다. 그래서 윗사람의 말을 들어야하기 때문에 다른 사람 밑에 있는 것이 가장 좋다.

자기창업은 적성에 맞지 않는다. 만약 창업을 할 것 같으면 복무업服務業을 하는게 좋다. 예를 들어 한 분야의 기술을 배워서 그 분야의 전문가가 된다든지 해서 기술복무업에 종사한다면 잠재능력을 유감없이 발휘할 수 있을 것이다.

① 사업운은 계축·임자·경술 대한이 비교적 좋다.
　계축대한은 파군화록이 사업궁을 비추나 명궁에 화기가 앉아 있기 때문에 요란하고 고생스런 십년을 보내게 된다.
　나이가 아직 어리고 안정성이 비교적 약하기 때문에 항상 직업을 바꾸지 않으면 안된다.(이 산을 보니 저 산이 높아 보이듯) 반드시 임자대한이 온 후에야 비로소 안정이 된다.

② 임자대한은 천량록(대한)과 태음록(선천)이 교치되고 공성을 보므로 록마공겁祿馬空劫의 국이 형성되어 움직이는데 이롭기 때문에 주동적으로 움직이는 것이 좋다. 때만 기다리면 큰 좌절을 면키 어렵다.
　보주 사업만으로 논한다면 임자·경술 양한의 록성이 사업궁에 있으므로 호운임에는 의심할 나위가 없다. 계축대한은 록기가 사업궁에 각기 나눠서 비추므로 길처장흉吉處藏凶이나 흉처장길凶處藏吉에 속하는 국세여서 득실과 성패가 있다. 양 대운이 좋은 운이지만 임자대운이 경술운보다 좋다. 후자는 천동화기가 재백궁을 비치므로 사업에는 이로우나 재운은 불리하다. 전자처럼 록만 보고 화기가 전혀 얽히지 않는 것만 못하다.
　명운분리命運分離의 원칙에 의하면 태음은 선천 록이니 삭제해야하며 천량화록만을 쓰는 것이 가하다.
　이두주 명운분리의 원칙에 의해 태음록은 선천록이니 무시해야한다는 말은 필자의 임상경험에 의하면 틀린 말이다. 오히려 절대적으로 작용한다. 대한 록이라 할지라도 이렇게 선천의 록이 있는 상태에서 대한록이 이 선천록에 붙으면 굉장한 작용을 하며 대한 록만으로는 한계가 있음을 경험한다. 이 명운분리의 원칙 역시 료무거사의 개인의 관점이다.

③ 신해대한에서 만약 임자대한의 사업을 연속적으로 이어서 한다면 더욱 높은 자리로 올라 갈 수 있다.[95] 만일 다른 업으로 바꾸거나 달리 새로운 업을 창업한다면 재앙만 있고 길함은 없다.
원가가 돌연히 심하고 상대적으로 이윤이 감소하며 재리상 약간 약세를 나타내게 된다.

④ 그러다가 경술대한에 가서야 비로소 다시 분투해서 일어날 수 있다. 신해·경술 이 20년은 원칙상 구재에 불리한데 그것은 재백궁에 모두 화기성이 침입당하기 때문에 손재로 나타나기 쉽기 때문이다. 그러나 이러한 정형은 새로운 사업일 때 재해가 비교적중하고 구업이라면 미미하다.

이두주 료무거사의 이런 논리는 전서의 보수무의步數無依이론(실전자미두수 참조)에 근거한 것이며 자운선생도 자주 이러한 논리를 쓴다. 즉 임자대한은 태음·천동이 묘왕지에 있고 록권을 가지고 있을 뿐만 아니라 대궁에서 록존·보필을 보아 비교적 안정되고 좋은 운인데 이 임자대한에 직장을 들어갔거나 사

---

95) 직장인이라면 실권을 장악할 수 있고, 사업주라면 업무가 확충되거나 연달아 점포를 열 수 있다.

업을 시작했다면 운이 강왕하기 때문에 소득이 있게 된다.
그런데 신해대한으로 가면 천부가 선천 재백궁에 좌하고 대궁에서 자미·칠살이 타라·천마의 절족마와 동궁해서 재적인 좌절을 겪기 쉬울 뿐만 아니라, 봉부간상의 원칙에 의해 천상을 봐도 천상이 인궁의 거문화기에 의해 형기협인되어 천부의 재권은 힘을 잃게 된다. 대한재백궁은 대한 문창화기가 좌하고 있어 대한복덕궁의 탐랑과 탐창의 작사전도가 형성될 뿐만 아니라 대한복덕궁과 대한 명궁 입장에서 영창타무 한지투하鈴昌陀武限至投河의 악격이 형성되어 재적으로 자충수를 두어 손재의 정형이 뚜렷하다.

그래서 신해대한에 창업을 하거나 직장을 새로 들어가게 된다면 이러한 대한의 흉상을 온전히 받게 되어 직장이든 창업이든 힘들게 됨은 분명하다.

그러나 만약 신해대한이 이렇게 나쁘지만 임자대한에 시작한 사업이나 직장이라면 임자대한이 그 직장과 사업의 출발점이 되는 시기이므로, 신해대한의 사화는 임자대한을 체로 놓고 임자대한에 적용시키면 신간 거문화록은 대한 복덕궁에 들어가고 태양화권도 대한 복덕궁에 들어가며, 신간 문창화기는 대한의 삼방사정에 들어가지 않는다. 그러므로 임자대한에 시작한 일과 사업을 신해대한까지 끌고 가면, 임자대한의 삼방사정으로 신해운의 록권이 들어가고 화기가 들어가지 않으므로 안정되고 큰 풍파가 없게 된다고 한 것이다.

(6) 학업선택

① 살성은 과학기술성이다. 입명하거나 사업궁에 들어가면 (해당 궁의 삼방궁위도 포함) 자연과학과 상응하는데 공부하는 기간에 수리과목에서 비교적 두각을 나타낸다.

이외에 기본성격이 실제와 추리를 중요하게 생각하고 논리성이 강하여 자연계열에 적합한 경향이 있다. 어문과목은 반드시 암기하고 반응해야하기 때문에 성적이 약간 나쁠 수 있으며 공부에 힘이 드는데 이것은 연상력이 풍부하지 않은 것과 약간의 관련이 있기 때문이다.

② 고등학교 중학교 단계에서는 수리과목이 성적이 좋고 물리·화학·의학계열을 선택하면 좋다. 그 중에 이화학계통이 의학보다 적격이다.

가장 맞지 않는 분야가 문과와 법, 상경계열이다. 만약 환경적인 요소로 선택하지 않으면 안된다고 할 때는 문과보다 상경계와 법률이 약간 낫다.

만일 전문대를 가려면 공과가 길하고 상과는 비교적 그 다음이다.

(7) 시험운 탐구

① 임인대한의 궁위와 삼방의 제성은 안정적이라 할 수 있다. 바

깥환경이 공부하는데 도움을 주며 비교적 안심하고 공부할 수 있다.
그러나 선천의 사업궁(미궁)이 무곡화기의 충파를 당하므로 공명을 향한 마음이 낮아지므로 공부를 소홀히 하기 쉽다.

② 정상적인 상황이라면 16세 임오년에 고등학교 시험을 보는데(대만의 학제는 우리와 다름) 이 해의 시험 운은 좋다.
노력을 더한다면 힘들이지 않고 합격한다. 단 19세 대학시험을 볼 때의 유년은 불리하다.
익숙한 대목에서는 출제가 안되기 때문에(상대적으로 말하자면 어려운 문제가 출제된다는 뜻) 열심히 실력을 키워야 비로소 붙을 수 있다.
만약 을유년에 시험에 붙지 않았다면 일년 재수한다고 생각하면 병술년의 시험운은 또 어떨까? 이 해는 유년이 길상하여 권토 중래捲土重來 할 수 있어 승산이 있다. 그러므로 병술년 일년을 더 준비하면 효과가 있을 것이다.

(8) 재물 지배

① 재백궁에 양타가 비치며 자부가 회조하므로 물욕이 아주 강하다.
　　보주 재백궁 해궁의 구조는 상당히 부드럽다. 물욕이 지나치게 강하지 않지만 그 삼방(묘·사·미)에서 양타가 들어오므로

외부환경의 영향을 받아 의미가 반대로 나타난다.

② 단 살성은 좌절감을 의미하므로 한번 타격을 받으면 마음에서 의기소침해지고 심력이 피곤해져서 넉넉하게 재물의 수지를 맞출 수 없게 한다.
복덕궁이 왕해서 두 종류 이상의 재로財路를 개척할 수 있다.96) 이유는 영탐·영타가 형성되어 있기 때문에 충격력이 커서 큰 돈을 벌 생각만 하게 하므로 작은 돈은 거들떠보지 않기 십상이다.

③ 비교적 좋은 재운은 계축·임인 두 운이며 단 신해대한은 문창 화기가 직접 재백궁을 간섭하므로 이때는 지출이 거대하고 수입은 지출을 감당할 수 없게 된다.

④ 임자대한은 사업궁·재백궁 두 궁에서 쌍록이 교치되고 선천록 존이 있기 때문에, 겉으로 대단해 보이지만(돈이 있는 모습) 느낌상으로는 사업이 재리財利보다 강한 듯이 느끼게 되며 사업 경영에는 유리하나 돈을 버는 데는 불리하다.

⑤ 삼방에서 록성(화록)을 보지 않는 사람은 반드시 고생스럽게 돈을 벌고, 통상 록을 보는 사람에 비해 몇 배나 고생하게 된다. 그러므로 이런 사람은 근면하고 많이 움직이는 습관을 길

---

96) 재원財源이 두 종류에 그치는 것이 아니라 항상 부업을 겸한다.

러야 한다. 그러나 좋은 재운을 달려서 아주 많은 돈을 벌 수 있다 하더라도 재복을 향수하는 것은 일정치 않다.

(9) 혼인의 득실

① 부처궁의 구조는 장관인 것처럼 보인다. 단 많은 살을 보기 때문에 혼인에 약간 과유불급의 경향이 있다. 이런 류의 명은 늦게 결혼하면 비교적 길하다.

② 계축대한이 임인대한보다 길상하며 임자대운은 또 계축대한보다 길상하다.
기실 가장 좋은 혼인의 암시는 임자대한(34세 이후)이다. 이때 출현하는 결혼대상의 조건이 비교적 높다.

보주 명리구조로 조혼(결혼적령기)이 길한가 만혼이 길한가 토론하는 것은 본래 아주 어려운 일이어서 명조마다 적용할 수 없다.
이 외에 다시 행운의 영향을 받는데, 예를 들어 부처궁이 살파랑에 살이 더해지면 만혼이 비교적 길하다. 단 세번째 운, 심지어 두번째 운(화6국은 26세전)에서 록성이 부처궁을 견인하면 이상적인 대상(당연이 그들 각자의 느낌에)이 출현하므로 가정을 꾸릴 수 있다. 기타 방면에서 가정을 꾸리는 요소와 조숙여부의 영향으로 만혼이 조혼으로 변하는 정형도 자주 보는데 판별하는데 있어 십분 수고롭다. 그래서 단지 약하게 서술하고 충분히 서술하지 못하는 것은 이런 이유 때문이다.

③ 부처궁에서 모종의 격국이 형성[97]되었는데, 이것은 아내가 명반의 주인공보다 성취가 약간 높은데, 전문적인 특기가 있는 경우를 제외하고는 아내의 성취를 능가할 수 없다.

보주 확실히 이러한 암시와 가능성이 있다. 그러나 대상은 선택으로 말미암기 때문에 선택하기에 따라 그 확률은 편차가 있다. 이러한 대상을 선택할지 여부는 누구도 보증할 수 없다. 그 외에 구조상 부처궁이 명궁보다 강하므로 결혼 후에 아내가 가권을 쥐고 가정의 일체를 지배하는 경우가 많다.

본인이 만약 권력욕이 지나치게 강하다면 특별히 그 속에서 평형을 찾는데 유의해야 한다.[98]

---

[97] 영탐과 영양·영타를 말하는데, 문文 보다는 무武의 성향을 갖고 있다.

[98] 그렇게 하면 가능하겠지만 이것은 단지 가능성이고 꼭 그럴 수 있다는 것은 아니다.

3. 반자어潘子漁

(1) 반자어 선생은

올해로 80세가 되는 반자어선생은 수십권의 자미두수 책을 출판했다. 중주파나 자운선생이 출현하기 전에는 반자어선생의 책으로 공부하는 학인들이 많았다.

지금도 대만 최대의 역학 출판사인 무릉출판사의 도서목록을 보면 반자어선생 책이 열권 남짓 실려 있는 것을 보면 아직까지 많은 사람들이 찾는 모양이다. 우리나라에서도 한문을 아는 연세가 좀 드신 분들은 이 책을 가지고 공부한 분들이 많다.

이 분의 책들은 자미를 흥미위주로 공부하기에는 적합하지만 전체적이고 체계적으로 자미를 공부하려는 사람들에게는 부적합하다. 책마다 매우 단정적인 구절이 많고 그 구절이 현상에서 꼭 맞아 떨어지는 것도 아니고 혹 맞기도 하고 안 맞기도 하며 책을 팔아먹기 위해서 책을 쓰는 듯한 인상을 주기도 했다. 현대 젊은 두수가들 사이에서는 자미두수의 물을 흐렸다는 비평을 받는 학자이기도 하다.

아래 반자어 선생의 추론 실례는 그의 책 『자미두수심득紫微斗

數心得』[99])에 나온 것으로 자기 명반을 자기가 해설한 것이니 생년월일시와 행적은 정확한 것으로 판단되어 인용해본다. '반자어선생이 추론을 이렇게 하는구나!' 정도로 받아들이면 되겠다.

(2) 실례/ 남명 1930년 2월 3일 묘시

天破天封左天 月碎傷詁輔府 △△ 大亡病 56~65 辛 耗神符【奴僕】冠巳	截天天鈴太天 空座福才星陰同 ◎陷陷 科忌 伏將太 66~75 壬 兵星歲【身遷移】旺午	天八三陀天文文貪武 空座台羅鉞曲昌狼曲 天 ◎◎◎△◎◎ 使 權 官攀晦 76~85 癸 府鞍氣【疾厄】衰未	孤天恩天祿天地巨太 辰貴光巫存馬空門陽 解 ◎◎◎◎X 神 祿 博歲喪 86~95 甲 士驛門【財帛】病申
寡年鳳火 宿解閣星 X 病月弔 46~55 庚 符煞客【官祿】帶辰	성명 : ○○○, 陽男 陽曆 1930年 3月 2日 6:59 陰曆 庚午年 2月 3日 卯時 命局 : 火六局, 霹靂火 命主 : 貪狼, 身主 : 火星		台紅擎右天 輔鸞羊弼相 陷陷陷 力息貫 96~ 乙 士神索【子女】死酉
天破廉 喜軍貞 ○X 喜咸天 36~45 己 神池德【田宅】浴卯			紅旬龍天天天 艷空池刑梁機 ◎◎ 靑華官 丙 龍蓋符【夫妻】墓戌
蜚天天地 廉厨姚劫 △ 飛指白 26~35 戊 廉背虎【福德】生寅	大天 耗魁 ◎ 奏天龍 16~25 己 書煞德【父母】養丑	天天天陰 壽虛哭煞 將災歲 6~15 戊 軍煞破【 命 】胎子	天七紫 官殺微 △◎ 小劫小 丁 耗煞耗【兄弟】絶亥

---

99) 수우출판사 간행, 1997.

① 명궁에 정성이 없기 때문에 대궁의 천동·태음을 차용한다. 주로 개성이 명랑하고 온화하며 청결을 좋아하며 겸손하고 마음이 자비롭고 시원하고 곧다. 글이나 글자에 정통하고 기이한 뜻이 있으며 격렬하지 않다.

② 명궁과 복덕궁으로 모두 일월이 충조하여 도화가 있다.

③ 명궁에 정성이 없고 부모궁에도 역시 정성이 없으니 이 사람은 어릴 때 반드시 다른 곳에서 수년을 키워지게 된다.[100]

이두주 원명의 신궁에 태음·영성이 있어 이미 어머니 연분이 박할 암시가 있는데다가, 첫 대한인 무자대한의 록기를 살펴보면 록 발생이 부모궁에서 시작하여 결과가 천기화기로 술궁에 있는데, 천기는 고독의 성이며 천량은 노인성이고 천형은 형극의 암시가 있으며, 대궁의 화성은 분리·과수는 고독의 의미가 있다. 이 성계의 조합이 이미 부모의 형극을 의미하고 있다.

발생이 부모궁에서 시작하였으므로 이 진술궁의 기량성계의 암시를 부모의 형극으로 해석할 수 있는 것이다.

이러한 의미를 띈 천기화기는 자궁에서 차성안궁한 천동화기와 해궁 대한 형제궁(형제궁은 어머니궁)을 쌍화기로 차성이차결과화하고 있는데, 사해궁의 자부살 조합은 고독의 암시

---

[100] 반자어 선생은 자신을 반군潘君이라고 표현하고 있다. 반군의 생모는 고씨인데, 반군을 낳은 후 난산으로 사망하였다. 반군은 고모할머니 집에서 키워졌으며, 뒤에 반군의 부친이 채씨와 재혼하자 집으로 돌아왔다.

가 있으며 이차결과도 대한 복덕궁으로 인신궁선에서 록존과 상문·백호를 보았기 때문에 어머니가 돌아가신 것이다.

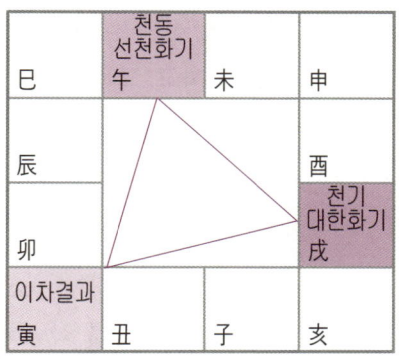

④ 경에 말하기를 "신身궁에 태음이 있으면 두 어머니가 있다"고 한다. 반군의 신궁은 오궁으로 오궁에 태음이 있으니 두 어머니가 있다.

　이두주　자미두수전서의 제성문답편에 "*身若居之 則有隨娘繼拜 或離祖過房 身命若見惡煞交沖 必作傷殘之論 除非僧道 反獲禎祥*"이라는 구절을 두고 한 말이다.

신궁身宮에 있으면 어머니의 개가를 따라 성姓을 바꾸거나 조상을 떠나 남의 집으로 들어간다. 명·신궁에 태음이 있을 때, 만약 악한 살성이 서로 충해 오면 반드시 몸이 상하거나 질병이 있다고 논하는데, 승도가 되면 오히려 상서로움을 얻는다.

⑤ 경에 말하기를 "겁공이 재백궁·복덕궁에 있으면 태어나면서부터 빈곤하다"라고 했는데, 반군의 재백궁에 지공이 있고 복덕궁에는 지겁이 있어 빈곤한 가정에서 성장했다.

　이두주　전서에 "*劫空臨財福之鄉 生來貧賤*"(겁공이 재백궁·복덕궁에 있으면 태어나면서부터 빈천하다)라는 구절이 있다.

⑥ 명궁에 천곡·천허가 있는데 경에 말하기를 "곡허가 신·명궁에 임하면 궁하고 고독하며 형상刑傷한다. 육친의 덕이 부족하고 뜻한 바를 이룰 수 없으며 번뇌로 세월을 보낸다." 반군은 육친의 도움이 없으며 또 왕래도 적다. 다행히 록존과 화록이 신궁에서 공조해서 그 지나침을 해소할 수 있다.

⑦ 태음은 어머니 별인데 좌명하니 극모한다. 고로 어머니가 일찍 돌아가셨다.

⑧ 자미·칠살이 형제궁에 좌하여 형제에게 극이 있다.[101]

⑨ 부처궁에 천기·천량이 있으니 처의 나이가 어릴 수도 많을 수도 있다. 그 처는 임씨로 나이가 9세 어리다. 또 심히 현숙하다.

⑩ 천기·천량이 술궁에 있으므로 주인이 몸에 절예絶藝가 있거나 정부공인 자격증이 있으며 또 문필이 아주 뛰어나다.[102]

---

[101] 정확히 동생 중 하나가 죽었다.

[102] 반군은 일찍부터 천문天文·영문英文을 공부했으며, 천문통신월간·연합신문·홍콩시보·중국의 공군 등의 간행물에 발표하고, 저작이 심히 많다. 아인슈타인의 일반상대론도 번역해서 유사서국에서 출판했으며, 근년에는 신광인수월간에 "자어논명"을 연재하고 있으며 현재 중의를 배우고 있다. 뜻이 있으니 반드시 성취할 것이다.

⑪ 천량·천형이 묘왕지에서 동궁하므로 필히 법률계에서 이름을 날리거나 어떤 학술로 이름을 날린다.103)

按 : 반군은 자궁(즉 명궁)에 정성이 없어 대궁의 태음·천동을 끌어다 쓰므로 유명한 전문가가 될 수 있었다. 그 조합은 의학에 더욱 적합하다. 또 천기·천량이 술궁에 있으니 정부공인자격증이 있다. 고로 반군은 중의사시험을 보려고 결심한다. 비록 두번이나 떨어졌지만 다시 접수해 도전해 볼 것이다.104)

이두주 관록궁에 병부病符가 있고, 천월天月과 천희天喜가 협하고 있고, 대궁에서 천형의 의료성을 보기 때문에 중의에 관심이 있는 것이다.

⑫ 재백궁에 태양·거문은 말재주로 돈을 버는 것을 주한다. 역시 돈버는데 경쟁이 있음을 주한다.105) 재백궁에 쌍록이 있으므로 큰 돈을 벌지만 애석하게도 지공·고신이 있어 돈을 많이 모으지 못한다.

⑬ 질액궁에 무곡·탐랑에 창곡·타라·천월이 있으므로 뇌신경이 쇠약하고 성신경이 쇠약하다.106) 다행히 조상이 전한 비방이

---

103) 반군은 현재 자미두수전문가다.

104) 이것은 자미두수의 공능이다. 자미두수는 당신에게 어느 방향으로 노력 전진해야할 것인지를 알려줄 수 있다.

105) 현재 반군은 다른 사람의 명을 봐주고 있는데 말재주로 돈을 번다. 또 손님이 아주 많아서 복채가 많은 사람도 있고, 적은 사람도 있어서 경쟁이 있다.

있어 지금까지 그래도 왕성한 정신을 갖고 있다.

⑭ 경에 말하기를 "문창·문곡·천괴가 만나면 시와 글을 읽지 않아도 되는 사람이다." 고로 반군은 어릴 때 심히 문장이 수려했다. 1951년 항춘恒春에서 연모하는 소녀가 있었다. 단 반군은 당시에 공군사관생도여서 자기비하감이 아주 심해 소녀의 애정을 받아들일 수 없었으며, 공군기계학교 정규반을 졸업한 후에 항춘으로 돌아왔지만 그 여자는 이미 결혼해버렸다.
처음으로 실연의 고통을 겪고 마음이 많이 상했다. 지금까지 반군은 항춘에 대한 인상이 깊이 박혀서 비록 30몇년이 지난 지금에도 잊지 못한다. 정情이라는 글자가 사람에게 아주 깊게 영향을 줌을 볼 수 있다. 이것은 천동에 살이 있기 때문에 반드시 실연의 고통이 있게 된다.

⑮ 천이궁에 태음·천동이 낙함하니 일생 분파노록한다. 반군은 17세에 고향을 떠나 복주에서 상해·남경·무한·중경·동량을 거친 후에 다시 상해로 갔다가 1949년 대만으로 돌아왔다. 대만으로 돌아온 후에도 고웅·가동·항춘·대남·도원·중력·내력·대북으로 옮겨 다녔다.

⑯ 교우궁에 천부·좌보가 있어 친구의 도움을 많이 얻는다. 허다한 사람이 반군의 추명이 아주 잘맞는 것을 보고 그 친구들을

---

106) 일을 과도하게 하고 성생활을 과도하게 한다.

소개해줬다.

⑰ 전택궁에 염정·파군은 주택이 심히 평범하다.
 按 : 반군은 계속 공군사택에 살다가 1980년에야 비로소 대출을 받아서 근로자주택 한 동을 샀다. 56세 후(현재 53세)에는 호화로운 집 한 칸을 살 수 있을 것이다.[107]

⑱ 부모궁에 천괴가 좌수하여 부모가 그래도 좋다.[108]

⑲ 자녀궁에 홍란이 있으므로 자녀가 준수하고 아름답다. 단 양인이 있으므로 자녀의 효도를 얻지 못하거나 자녀가 죽을 때 신변에 없다.[109]

⑳ 관록궁에 화성이 좌하고 또 함궁에 있으므로 관에서 뜻을 얻지 못한다. 이 명은 관이 대위까지 못가고 퇴직 당했다.

㉑ 현재 대한이 46~55세로 관록궁에 있는데 화성이 좌수하고 또 함지에 있어 이 십년은 불길하다.[110]

---

107) 단지 그러기를 희망한다는 것이다.

108) 그냥 미미한 공무원일 뿐이다.

109) 장래에 바깥에서 죽을 것을 스스로 안다. 죽을 때 자녀가 신변에서 임종을 보지 못할 것이다.

110) 십년에 두 번이나 관을 잃어버렸다. 즉 승진을 못했다는 뜻이다.

㉒ 소한 52세[111]는 미궁에 있는데 화권이 타라를 만나며 또 탐랑에 창곡을 보니, 경에 말하기를 "화권이 양타·대모·천사·겁공을 만나면 참언을 듣다가 문제가 되고 관재로 귀양간다." 고로 이 해에 관직을 잃었다.

또 말하기를 "탐랑은 창곡을 만나는 것을 싫어해서 바른 일이 뒤집어진다." 또 "문곡이 토궁에 있는 운에서는 잘 안풀리고 관에서 세력을 잃는다."고 했는데 이 해에 정말 그랬다.

이로 보건데 자미두수는 정확함을 알 수 있다. 내가 입이 있어도 할 말이 없다. 일체 명에 달리고 운에 달려있으니 일체를 단지 받아들일 뿐이다. 예를 들어 지금 다른 사람을 봐주면서 먹고 살지만 생각해보면 당시에는 어찌 지금과 같이 웅심雄心이 잠잠해질지 생각이나 했겠는가! 아주 많은 사람들이 명운을 믿지 않고 명운은 자기의 손에 장악한다고 말하지만 어떻게 장악하는가? 우리는 명운과 같이 가는 것이지 명운이 우리와 같이 가는 것은 아니다.

㉓ 천이궁에 영성이 있는데, 52세 소한은 타라를 만나고, 대한에서 화성을 만나므로, 교통사고가 나서 오른쪽 정강이 뼈가 부러져 지금 다리를 전다. 어떤 회사공장에서 다리를 저는 사람은 채용하지 않는다고 해서 죽을 것 같았지만, 다시 마음을 추스리고 전심으로 자미두수를 연구하고 중의와 중약을 연구했

---

111) 유년으로 보면 미궁은 50세다. 소한은 1년 운을 보는 다른 방법인데, 반자어 선생이 보는 방법이며 필자는 쓰고 있지 않다. 소한 찾는 법은 『자미두수입문』 105페이지에 자세히 나와 있다.

다. 살기 위해서 고통스러움에도 불구하고 공부를 한다. 천동이 살을 보면 얼굴이 깨지는데, 지금 얼굴은 다치지 않았으나 다리를 저는 것으로 대신했다.

㉔ 천요가 복덕궁에 있고 복덕궁에 일월이 공조하므로 도화가 있다. 주로 이성을 한번 보면 빠져든다.
　정확히 이와 같다. 애석한 것은 원인을 심어놓고 정 때문에 애태워하면서 고뇌의 화근이 된다는 것이다.

㉕ 태음이 천이궁에 있으면 장사하면서 돈을 번다.112)

㉖ 처가 먼저 죽는다. 경에 말하기를 "천기·천량이 진술 양궁에 있고 명궁이 또 정성이 없으며 대궁에 태음이 비치는 명은 처가 먼저 죽는다." 했다.

㉗ 위인이 인자하고 복이 두텁다.113)

㉘ 매사에 먼저는 부지런했다가 뒤에 게으르다. 항심과 인내심이 결핍되었다.114)

---

112) 정확히 장사한 적이 있다.
113) 천기·천량이 술궁에 있음.
114) 태양이 신궁에 있음.

㉙ 탐랑이 창곡을 만나면 위인이 계교가 심하지 않으며 일이 지난 뒤에 원수를 마음에 두지 않고 다허소실하고 겉은 아름답지만 안은 공허하다.

㉚ 명궁이 자궁에 있으므로 뜻 맞는 동지들과 함께 학문을 말하기 좋아한다.

㉛ 태양이 록존과 동궁하면서 재백궁에 있으니 마음고생하면서 돈을 번다.

㉜ 위인이 다른 사람과 잘 지낸다.115)

㉝ 천요가 복덕궁에서 묘왕지에 있으므로 명주가 다재다예하며 또 심신이 바쁘고 어지럽다.

㉞ 대한 55~64세는 천부·좌보가 있어, 이 십년은 전 십년에 비해 좋은것이 많아 노년운이 그래도 괜찮다.116)

㉟ 천수가 명궁에 있어 오래살고 형통하며 천수를 누린다.

㊱ 천재가 신궁에 있으니 주인이 재능이 출중하고 이름을 날린다.

---

115) 태양이 한궁에 있음.

116) 단 그렇기를 바랄 뿐이다. 그것은 지금까지 복을 누리지 못했기 때문이다.

제 4부

잡론雜論

1. 삼태三台 · 팔좌八座

(1) 배치법

십팔비성에서 이 두 성을 찾는 법은 아래와 같다.
"삼태는 진궁에서 정월을 일으켜 순행으로 본인 생월까지 간 자리에서 초하루를 일으켜 본인의 생일까지 간 자리에 배치한다. 팔좌는 술궁에서 정월을 일으켜 역행으로 본인의 생월까지 간 자리에서 초하루를 일으켜 본인의 생일까지 간 자리에 배치한다."

자미두수에서 삼태·팔좌 찾는 법도 위의 문장과 표현만 다르지 같다.
"삼태는 먼저 좌보를 찾고 좌보가 있는 궁에서 1일을 시작하여 순행으로 생일이 닿는 곳에 배치하고, 팔좌는 우필을 찾아서 우필이 있는 궁에서 1일을 시작하여 역행으로 생일이 닿는 곳에 배치한다."

좌보는 원래 진궁에서 정월을 일으켜 자기생월까지 순행하고, 우필은 술궁에서 정월을 일으켜 자기생월까지 역행하기 때문에, 십팔비성에서 삼태·팔좌를 찾는 방법은 자미두수에서 찾는 법과 똑같은 것이다.

십팔비성에서나 자미두수에서 삼태·팔좌를 찾는 법은 모두 보필이 있는 궁에서부터 초하루를 세어 자기 생일까지 간자리가 된다는 것이다.

이러한 안성법安星法이 시사하는 바는 삼태팔좌의 성질은 보필의 성질이 구체화된 모습이거나 보필이 화현化現된 모습이라는 것을 말해주고 있다.

(2) 삼태·팔좌의 의미

이미 안성법에서부터 보필과 삼태·팔좌는 힘의 대소는 있을지언정 성질상 유사한 성이라는 것을 알 수 있다.

십팔비성에서 이 두 성에 대한 설명은 아래와 같다.

> 二星乃紫神之氣 主 北斗之權 掌機淸貴之宿 專世文章 仕進吉慶之利 身値孤數 爲左輔右弼之神 號曰三台 八座 妻宮主生離剋破 夫宮亦然 此二星照人命身 或命逢之 吉利 大貴 亨通之兆

✪ 두 성은 자미신의 기운을 가지고 북두에서 권력을 주한다. 機를 장악하는 청귀한 별로 세상에서 문장을 전담하며, 선비는 벼슬길로 나아가는 길하고 경사스러운 이익이 있다.

몸에 있으면 고독한 數가 되며 좌보·우필의 신이 되니, 삼태·팔좌라고 이름한다. 처궁에서는 주로 생이별하거나 극하거나 깨지며 남편궁에 있어도 역시 그렇다.

이 설명은 자미두수에서 삼태·팔좌가 가지고 있는 주성에 대한 보좌적인 의미나, 다른 길한 잡성과 어울릴 때 지위의 증가나 사업이나 재물면에서의 명성이나 안정 등을 주하는 등 비슷한 의미를 띄고 있음을 알 수 있다. 그러나 설명 중에 "몸에 있으면 고독한 수數가 되며…. 처궁에서는 주로 생이별하거나 극하거나 깨지며 남편궁에 있어도 역시 그렇다."라는 부분이 우리가 이해하는 삼태·팔좌와는 사뭇 다름을 볼 수 있다.

또 삼태·팔좌를 설명하는 문장 중에 "좌보·우필의 신이 되니 삼태·팔좌라고 부른다."117) 는 구절이 있는데, 두수가들이 삼태·팔좌를 소좌보·소우필이라고 별칭하는 이유가 여기에서 연유한다.

『자미두수전서』의 제성문답편의 보필편을 보면 "처궁에서 이 보필을 만나면 반드시 처가 둘이 된다."118)라고 해서 보필에게도 혼인에 불미한 요소가 있음을 적시하고 있는데, 삼태·팔좌의 설명에 관해서는 원서에 구체적인 내용이 없지만, 보필의 이러한 속성을 보면 삼태·팔좌에도 분명히 십팔비성에서 의미하는 의미가 있다고 추론해 볼 수 있는 것이다.

필자가 『왕초보자미두수』 2권에서 삼태팔좌를 논할 때 "보필이 부처궁에 들어가는 것을 싫어하는 것처럼 이 별들도 부처궁에 들

---

117) 爲左輔 右弼之神 號曰三台 八座.

118) 妻宮遇此宿 決定兩妻成

어가는 것을 싫어한다."고 언급했는데, 이러한 언급의 배경에는 이러한 십팔비성의 내용에 근거한 귀납적 추론이 자리해 있었던 것이다.

　　삼태팔좌는 기억하는 방법은, 좌보·우필과 같은 성질을 가지고 있다고 보면 된다.
　　즉 보필이 가지고 있는 주군을 잃으면 쓸데없게 되니 삼합에서 주군을 보는 것이 좋다.[119]
　　몸에 있으면 고독한 수가 된다.[120]
　　처궁에서 이 보필을 만나면 반드시 처가 둘이 된다.[121]
　　성질을 문장으로 기억해두면, 삼태·팔좌의 성질을 쉽게 장악할 수 있을 것이다.

---

119) 失君爲無用 三合宜見君
120) 身値孤數
121) 妻宮遇此宿 決定兩妻成

2. 쌍록협雙祿夾

　화록과 록존이 어떤 궁을 협하면 그 궁은 쌍록의 협을 받으니 길상하다. 그러나 경우에 따라서는 쌍록이 협하고 있음에도 쌍록협의 역할을 하지 못하는 경우가 있다. 그것은 협된 록이 화기의 충파를 받거나 겁공과 동궁하거나 해서, 록 자체가 깨져 있을 때는 록이 제 역할을 못하고 쌍록협이 무력해진다.

　다음의 명례와 같은 경우가 그렇다.
　기축대한의 재백궁 유궁의 무곡칠살을 신궁의 록존과 술궁의 태양화록이 협하여 쌍록협의 모양새를 갖췄으나, 이 경우는 쌍록협의 길상을 누릴 수 없다.
　그것은 신궁의 록존이 천동화기와 동궁하고 있어 록자체가 양타협기로 깨져 있어, 록 스스로도 돌보기 어려운 상태에 처해 있으며 술궁의 태양화록은 지공과 동궁하여 화록의 효용성이 떨어져 있다.

　설사 술궁의 태양화록이 온전하다 할지라도, 신궁의 록존만 깨져 있을지라도 쌍록협의 길상은 파괴되고 만다. 이는 마치 두 다리로 받치고 있는 의자의 한쪽 다리가 썩은 것과 같아서 의자를 제대로 지탱할 수 없는 경우와 같다.

그러므로 아래명과 같은 경우는 겉으로는 쌍록협으로 길상한 것처럼 보이지만, 실상은 쌍록협이 안되는 것으로 보아야 한다.

실례 여명 1960년 4월 ○일 축시			
破八文貪廉 碎座曲狼貞 ◎陷陷 小劫小　　　辛 耗煞耗【父母】生巳	天天天天巨 福壽虛哭貴門 　　　　　○ 青災歲　　　壬 龍煞破【身福德】養午	大台陀天右左天 耗輔羅鉞弼輔相 ◎◎◎◎X 力天龍 94~　癸 士煞德【田宅】胎未	蜚陰祿天天 廉煞存梁同 ◎陷○ 　　　　　忌 博指白 84~93 甲 士背虎【官祿】絶申
旬天龍天太 空才池姚陰 　　　　X 　　　　科 將華官 4~13　庚 軍蓋符【命】浴辰	성명：○○○, 陽女 陽曆 1960年 4月 ○日 2:59 陰曆 庚子年 4月 ○日 丑時 命局：金四局, 白臘金 命主：廉貞, 身主：火星		天三天擎文七武 傷台喜羊昌殺曲 　陷◎X◎ 　　　　　　權 官咸天 74~83 乙 府池德【奴僕】墓酉
封紅火天 誥鸞星府 　△△ 奏息貫 14~23 己 書神索【兄弟】帶卯			紅解寡年鳳恩地太 艷神宿解閣光空陽 　　　　　　陷陷 　　　　　　　祿 伏月弔 64~73 丙 兵煞客【遷移】死戌
天天孤天 月廚辰馬 　　　○ 飛歲喪 24~33 戊 廉驛門【夫妻】冠寅	天天破紫 空魁軍微 　　○○○ 喜攀晦 34~43 己 神鞍氣【子女】旺丑	天地天 刑劫機 　　陷◎ 病將太 44~53 戊 符星歲【財帛】衰子	天天天鈴 官使巫星 　　　◎ 大亡病 54~63 丁 耗神符【疾厄】病亥

이런 경우는 임상적으로 이 궁이 기축대한이라면 대한 재백궁인데, 재백궁의 협궁은 재백궁의 환경이 되니 돈을 주위의 환경조건에 의지해서 벌려고 하지만, 결국 그 믿었던 환경의 도움을 전혀 받지 못하고, 재백궁안의 성만으로 고군분투해야 하는 모습

으로 나타난다.
 이 명은 실제로 이 대한 중에 계를 조직해 돈을 벌려고 했다가 결국 주위의 배신으로 인해 손해를 크게 보았다.

3. 태양동도 맹상지풍

(1) 태양동도 맹상지풍의 의미

 육빈조의 자미두수강의 중에 태음이 노복궁에 있으면 "태양동도 맹상지풍太陽同度 孟嘗之風"이라는 구절이 있다. 이것은 태음이 노복궁에 있을 때, 태양과 동궁하면 전국시대의 제나라의 왕족 맹상군과 같이 부하여 아랫사람·친구들이 많다는 뜻이다.
 맹상군은 중국 전국시대 제齊나라의 왕족으로 문하에 3천명의 식객을 거느렸으며, 위魏나라의 신릉군信陵君·조趙나라의 평원군平原君·초楚나라의 춘신군春申君과 함께 전국사군戰國四君의 한 사람으로 꼽힌다.

 맹상군의 식객 중에는 갖가지 재주를 가진 사람들이 총 망라 되어 있었다. 그 중에는 도둑질 잘 하는 사람·성대모사를 잘 하는 사람까지 있었는데, 실제로 그런 재주를 가진 식객들 덕에 진秦나라의 소왕昭王에게 죽임을 당할 뻔하다, 그들의 도움으로 위기를 모면하고 자기나라로 돌아와 목숨을 구명한 일도 있었다 한다.

(2) 격국이 되려면

① 태양·태음이 노복궁에 있으려면 寅·申宮의 염정일때 그렇다. 그러나 인신궁의 탐랑이 명궁일때도 그렇게 볼 수 있는데, 인신궁의 탐랑이면 형제궁에 일월이 있고, 노복궁은 공궁空宮이 되면서 형제궁의 일월을 차성안궁해서 쓴다.

② 동궁은 아니지만 노복궁에서 일월을 대조하는 경우도 해당된다고 볼 수 있다. 이 경우는 사해궁이 명궁이 되면서 대궁의 염정·탐랑을 끌어다 쓰는 명이나, 사해궁에 염정·탐랑이 명궁이 되는 경우는 모두 노복궁에서 태양태음이 서로 마주보게 되어 일월조합이 된다.

③ 결국 노복궁에서 일월이 좌하거나 차성안궁하거나 일월이 서로 대조하는 경우는 인신사해궁의 염정·탐랑이 명궁일 때에 그렇다는 것을 알 수 있다.

④ 사해궁의 염정·탐랑조합에 대해 고인이 "남자는 방탕하고 여자는 음란함이 많다"고 한 것은, 염정·탐랑조합의 도화적인 본질적인 속성의 발현 외에, 노복궁의 일월조합도 그러한 경향에 일조를 하고 있다고 봐야한다.
정도화·차도화의 본명이 맹상군처럼 주변에 사람이 많다면 남자는 당연히 허랑방탕하게 되고 여자는 음란함이 많지 않겠는가!

⑤ 사해궁의 염정·탐랑조합에 특히 사업가가 많고, 고인의 평가와 달리 성공한 사람도 많은 것은, 고객이라고 할 수 있는 형노선에 일월조합이 있기 때문이다.

또 이 성계가 예술가·연예인·기자·언론인·정치가 등이 많은 것 역시 형노선에 일월이 있는 것과도 관계가 있는 것이다.

(3) 성의 배치로 보면

이것을 성의 배치적인 관점에서 살펴보면 깊은 이치가 있다.

십사정성의 배치구조로 보자면, 명궁이 탐랑이면 형제궁에는 반드시 태음이 있고 명궁이 염정이면 노복궁에는 반드시 태양이 있게 된다.

그리고 명궁 탐랑일 때 형제궁 태음은 삼방사정에서 태양을 보고,122) 명궁 염정일때 노복궁 태양은 그 삼방사정에서 반드시 태음을 동궁·회조(차성안궁포함)·대조의 형식으로 보게 된다.

형제궁과 노복궁은 형노선이라해서 형제나 아랫사람을 의미하는 궁이지만 통상 대인관계의 궁이기도 한데, 이런 궁에 태양과 태음성이 고정적으로 있다는 것은 깊은 의미가 있는 것이다.

---

122) 묘유궁의 자탐이 명궁일 때는 예외다. 이 경우는 형제궁 태음은 삼방에서 태양을 보지 않는다.

십사정성 중에 대중성계라 불리울 수 있는 성계는 태양·태음성계이다. '대중'이라 함은 말 그대로 많은 무리를 뜻하기 때문에, 염정이나 탐랑은 구조적으로 대인관계상 많은 무리를 접촉할 수밖에 없는 숙명을 가졌다. 그렇기 때문에 생존을 위해서는 그 대중과 원활하게 지내는 것이 필수적이므로, 명조 본신의 성격상 원활하지 않으면 안되게 되는 것이다.

이런 성계 배치의 구조를 이해한다면 염정·탐랑에 괜히 도화성이라고 이름 붙은 것이 아님을 알 것이다.

염정·탐랑이 십이궁에서 좌명할 때 형노선상에서 구조적으로 일월을 볼 수밖에 없다는 것을 설명했는데, 태양과 태음이 직접 동궁하거나 마주보는 경우는 인신사해궁의 염정·탐랑조합 뿐이다.

육빈조 선생이 하고 많은 태음의 조합 중에서 태양과 동궁하는 경우만을 "맹상지풍孟嘗之風"이 있다고 하는 것은, 축미궁의 일월조합[123]의 속성이 아주 강한 대중적인 의미를 띠기 때문이다.

필자가 누차 말했듯이 일월조합에 연예인이 많다고 한 것은 일월이 가지고 있는 대중성에 기인한 것이다.

연예인들이야말로 각 개인 개인이 시청자의 인기를 먹고 사는 것이므로 '맹상지풍孟嘗之風'이 있는 사람들이 아니겠는가! 물론 이것은 명신궁에 일월이 있을 때를 말한 것이지만, 십이궁 어디에

---

[123] 진술궁도 그런 속성이 있으나 훨씬 안정적이다.

있든 일월이 가지고 있는 '대중·군중'의 속성을 갖고 있게 되는 것이다.

(4) 맹상군의 이야기

"태양동도 맹상지풍 太陽同度 孟嘗之風"의 주인공인 맹상군의 이야기를 통해서 생각해 볼 문제가 있다.

식객 3천을 거느렸던 맹상군도 그의 명성을 시기한 주변국의 비방에 현혹된 제나라 군주에 의해, 재상에서 파면된 적이 있었는데 그와 동시에 식객들도 다 떠나버렸다.

그러나 '풍환'이라는 식객의 외교력에 의해 다시 재상에 등용될 뿐만 아니라 봉읍의 땅도 늘어나게 되었는데, 맹상군은 자기의 처지가 좋지 않을 때 떠나버린 식객들에 대한 괘씸함 때문에 풍환이 떠나버린 빈객들을 맞이하려고 했을 때 풍환에게 이런 말을 한다.

"내가 항상 빈객을 좋아하여 그들을 대접함에 감히 실수한 것이 없었으며, 식객이 3천명이나 되었던 것은 선생께서도 아는 바입니다. 식객들은 내가 하루 만에 파직되는 것을 보고 다 나를 저버리고 가서 나를 돌보는 사람이 없었습니다. 이제 선생에 의해 다시 그 지위를 얻었지만, 식객들은 무슨 면목으로 나를 볼 수 있단 말입니까? 나를 다시보고자 하는 식객이 있다면, 그 얼굴에 침을 뱉고 크게 욕보일 것 입니다."

라고 하자 풍환은 맹상군이 말실수를 했다며 아래와 같이 설명한다.

"살아 있는 것이 반드시 죽는다는 것은 사물의 필연적인 결과이며, 부유하고 귀하면 선비가 많고, 가난하고 천하면 친구가 적은 것은 일의 당연한 면모입니다. 선생께서는 아침에 시장에 모이는 사람들을 보지 못하셨습니까? 날이 밝으면 어깨를 비비고 다투며 문으로 들어가는데, 날이 저문 뒤에는 시장을 지나는 사람들이 어깨를 늘어뜨리며 돌아보지 않습니다.

이것은 아침을 좋아하고 저녁을 미워하는 것이 아니라, 기대하는 물건이 그 안에는 없기 때문입니다. 이제 선생께서 지위를 잃으니 빈객들이 다 떠나갔는데, 이것을 가지고 선비들을 원망하면서 일부러 빈객들의 길을 끊을 필요는 없습니다. 선생께서는 예전과 같이 빈객들을 대우하시기 바랍니다."

이 말을 들은 맹상군은 그에게 두 번 절하며 "삼가 그 말씀을 따르겠습니다."라고 했다 한다.

실제로 맹상군은 식객을 먹이기 위해 만호萬戶의 봉지에서 나오는 세금만 가지고는 부족하여, 돈을 빌려주고 거기서 나온 이자로 식객을 대접하는데 보태기도 했다고 한다.

맹상군의 이러한 일화는 노복궁에서 태양태음이 동궁할 때 맹상군의 풍모가 있는가의 여부는, 다시 말해 맹상군처럼 아랫사람이나 따르는 사람이 많은가 여부는 명조자의 능력과 정비례한다는 것을 알 수 있다.
  맹상군조차도 재상에서 파면되어 능력이 없어지니 식객들이 떠나지 않았는가! 그러므로 인신사해궁의 염정·탐랑 명조자가 노복궁에 일월의 조합이 아무리 좋다 할지라도, 본명의 명격이 좋지 못하여 아랫사람을 감당할만한 재력이나 능력이 없는 구조라면, 식객이 떠난 맹상군의 처지와 같아 노복궁에 일월이 쌍록을 볼지라도, 삼천의 빈객을 부리는 입장이 아니라 주위에 사람이 없어 원망과 탄식을 그치지 않은 소위 '인복 없는 사람'이 되는 것이다.

(5) 실례/ 모택동 1953년 11월 19일 진시

  항간에 모택동 사주라고 알려진 명반이다.
  명궁이 신궁의 탐랑에 대궁 염정으로 염탐조합이고, 身宮은 진궁의 파군에 대궁 자미천상으로, 자파상의 '위신불충 위자불효' 조합이다.
  노복궁은 축궁이고, 경양이 묘왕지에 있으며, 대궁에서 맹상지풍의 일월을 끌어다 쓴다.
  이 일월은 자체로 창곡이 협하고 있을 뿐만 아니라, 노복궁으로 끌어오면 보필의 협을 받고 있다.
  십억 인민의 영수였으니 그 밑에 얼마나 많은 사람들이 있었겠는가!

4부/ 잡론

실례 모택동 1953년 11월 19일 진시			
天年鳳天天 福解閣鉞同 ◎◎	解天天封八陰文天武 神官空詰座煞昌府曲 　　　　　陷◎◎	旬輩天地火太太 空廉刑空星陰陽 　　　△X△△ 　　　　　　科	紅孤三文貪 艷辰台曲狼 　　　△△ 　　　　　忌
喜指太　33~42　丁 神背歲【子女】病巳	飛咸晦　23~32　戊 廉池氣【夫妻】衰午	奏月喪　13~22　己 書煞門【兄弟】旺未	將亡貫　3~12　庚 軍神索【 命 】冠申
寡天破 宿喜軍 　　◎ 　　祿	성명：○○○, 陰男 陽曆　1953年　12月 24日　8:59 陰曆　癸巳年　11月 19日　辰時		破天龍巨天 碎壽池門機 　　　◎◎ 　　　　權
病天病　43~52　丙 符煞符【身財帛】死辰	命局：木三局, 石榴木 命主：廉貞, 身主：天機		小將官　　　辛 耗星符【父母】帶酉
天地天 　　使劫魁 　　　△◎			天大台紅天紫 月耗輔鸞相微 　　　　XX
大災甲　53~62　乙 耗煞客【疾厄】墓卯			靑攀小　　　壬 龍鞍耗【福德】浴戌
天鈴左廉 巫星輔貞 　　◎◎◎	截天天天擎 空傷才哭貴羊 　　　　◎	祿右七 存弼殺 ◎◎◎	天天恩天天陀天 廚虛光姚馬羅梁 　　　　　△陷陷
伏劫天　63~72　甲 兵煞德【遷移】絶寅	官華白　73~82　乙 府蓋虎【奴僕】胎丑	博息龍　83~92　甲 士神德【官祿】養子	力歲歲　93~　癸 士驛破【田宅】生亥

　이것으로 보면 일월이 노복궁에 있으면 맹상지풍이 있는 것은, 대중을 상대로 하는 연예인 뿐만 아니라 정치가에게도 부합되는 조합임을 알 수 있다.

4. 나이·간지·해를 아는 법

요즘은 프로그램을 사용해서 이런 유의 방식에 무뎌졌지만 프로그램이 없는 외부에서는 '띠를 말하면 몇 살인가?'를 알거나 나이를 말하면 무슨 띠인가를 아는 것, 또 그 사람의 나이를 알았지만 그 사람이 '몇 살 때가 몇 년도인가?' 등등은 역을 오래한 사람이거나 특별히 기억력이 좋은 사람이 아니고는 잘 모르기 십상이다.

위천리도 『명학강의』에서 이런 것을 아는 방식을 서술한 전례가 있으니만큼, 필자 같은 천학비재가 이런 유의 정보를 싣는다고 해서 부끄러운 건 아니라고 생각한다.

조그만 숙지하면 전문가 냄새를 풍길 수 있으니 잘 익히기 바란다.

(1) 나이 아는 법

현재 유년에서 자기가 태어난 생년을 뺀 다음 1을 더한다.

실례) 1963년생은 2009년에 몇살인가?
2009 - 1963 + 1 = 47세

(2) 생년의 간지 아는 법

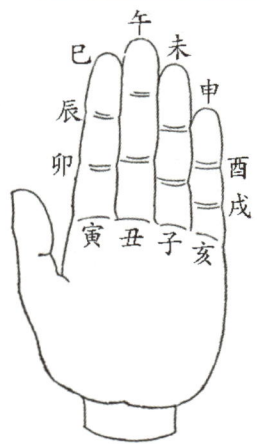

왼손바닥을 편 모양이다.

각 손가락 마디에 위 그림처럼 눈으로 배치한다.

① 인묘진사오 등 고정 배치된 것을 이용한다.

② 가령 己丑 유년에 50살이 되는 사람의 생년간지가 무언인가를 알려면

丑宮에 己를 올려놓고 逆行으로 戊·丁·丙·乙·甲·癸까지 붙여보면 癸가 떨어지는 곳은 未宮이 된다.

己丑부터 7칸이므로 여기가 7세가 되며, 順行으로 한칸 건너씩 차례로 17·27·37·47씩 배치한다.

		7세 癸未 67세	6세 甲申
巳 57세	午		
辰			5세 乙酉 17세
卯 47세			4세 丙戌
寅	기준 1세 己丑 37세	2세 戊子	3세 丁亥 27세

즉 己丑년에는 癸未가 7세, 癸酉가 17세, 癸亥가 27세, 癸丑이 37세, 癸卯가 47세, 癸巳가 57세, 癸未가 67세가 된다.

그러면 50세이니까 47세 癸卯부터 逆行으로는 나이가 많아지고[124] 順行으로는 나이가 적어진다[125]는 원칙을 우선 기억하고,

50세는 47세보다 나이가 많으므로 癸卯에서 逆行으로 壬寅이 48세, 辛丑이 49세, 庚子가 50세가 되어 50세는 庚子年生이 되는 것이다.

다시 그럼 42세의 간지를 알려면 47세가 癸卯가 되는 걸 기억하고 순행으로 가면 나이가 적어진다 했으므로, 甲辰은 46, 乙巳는 45, 丙午는 44, 丁未 43세, 戊申은 42세가 되어 42세는 戊申年이 되는 것이다.

乙巳 45세	丙午 44세	7세 丁未 43세	6세 戊申 42세
甲辰 46세			5세 酉
癸卯 47세			4세 戌
寅	기준 1세 丑	2세 子	3세 亥

10살 아래는 그대로 7세 癸未에서부터 시작하여 7세보다 많으면 역행으로 세어가고 7세보다 적으면 순행으로 세어간다.

(3) 몇 살때가 간지로 무슨 년인가 아는 방법

가령 63년 계묘년생이 현재 己丑년 47세라고 한다면, 38살이

---

124) 천간은 역행으로 돌린다.
125) 천간도 순행으로 돌린다.

몇 살인가를 알려면, 癸卯宮에서 순행으로 甲辰 乙巳 丙午 丁未 戊申까지 붙여간다.

그러면 戊申은 6세가 되고 역행으로 한칸 건너 뛰면 戊午는 16살 戊辰은 26살, 戊寅은 36살이 되는데 여기서 38살을 찾아야하니까 順行으로 가면 나이가 많아지고 역행으로 가면 나이가 적어진다.(生年추산할 때와는 정반대) 36세가 戊寅년, 37세는 己卯년, 38세는 庚辰年이 되므로 38세는 庚辰년이 된다.

또 23살이 무슨 년이었나를 보면 똑같은 식으로 하는데, 癸卯 출생년 고정점에서 세 살 단위이니 세 칸 앞으로 가보면 癸卯·甲辰·乙巳해서 乙巳가 세 살 기준점이 된다.

여기서 한 칸 건너뛰면서 역행으로 10세씩 불어난다.

즉 乙巳가 세 살이므로 乙卯가 13살, 乙丑이 23살이 되므로 23살은 乙丑년이 되는 것이다.

※ 요령 : 5세를 기준으로 하는 것이 편하다.

1·2·3·4·5 단위는 그냥 그 단위까지 세어가서 그 곳을 기준점으로 잡고 산정하면 쉽다.

즉 癸卯年생이면 21살이라면 癸卯가 1, 한칸 건너 뛰어 癸丑이 11, 癸亥가 21이 되고, 31살이라면 癸酉가 31살이 된다.

만약 34살이라면 癸卯가 1, 甲辰이 2, 乙巳가 3, 丙午가 4해서 4세의 기준점은 丙午가 되므로, 역행으로 한 칸씩 건너뛰어 10씩 증가 시키면 丙辰이 14, 丙寅이 24, 丙子가 34세가 된다.

5세도 마찬가지로 하면 된다.

만약 6·7·8·9·10 단위라면

가령 26세를 찾는다면 癸卯1·甲辰2·乙巳3·丙午4·丁未5, 정미가 5세의 기준점이 된다.

丁巳는 15세 丁卯는 25세이니까 26세면 丁卯다음인 戊辰年이 된다.

37세를 찾는다면 5세의 기준점이 丁未가 되므로, 丁巳 15세 丁卯 25세 丁丑이 35세이다. 그러므로 戊寅은 36세 己卯는 37세가 된다. 이런 식으로 찾는다.

그러나 10세 단위는 生年에서 한칸 逆行한 0세를 기준점으삼고 역행으로 한 칸 건너가 10세가 되고 다시 한 칸 건너가 20세가 되는 식으로 계산한다.

예를 들어 30세를 알려면 癸卯年생이므로 한칸 역행한 壬寅이 0세, 壬子가 10세, 壬戌이 20세, 壬申이 30세가 되는 것이다.

(4) 찾은 년이 서기로 몇 년인가 아는 방법

이것 역시 위 방법을 인용하면 된다.

가령 26세가 서기로 몇 년이냐를 알려면 우선 癸卯가 63년이므로, 5단위의 기준점은 67년이 된다.

그러니까 5단위의 기준점은 生年에 4

간지	서기	나이
癸卯	1963년	1세
+4	67	5세
	77	15
	87	25
	88	26

를 더하면 된다.

그러면 5세는 67년이 되고, 15세는 77년이 되며, 25세는 87년이 된다.

고로 26세는 87 다음이니까 88년이 된다.

또 예를 들어 32세가 서기로 무슨 년인가를 알아본다면

우선 癸卯가 1, 甲辰이 2가 되고 서기로 64년이 된다.

고로 甲寅은 12로 74년, 甲子는 22로 84년, 甲戌은 32로 94년이 되어 32세의 서기는 94年이 되는 것이다.

간지	서기	나이
癸卯	1963년	1세
갑진	64	2세
갑인	74	12
갑자	84	22
갑술	94	32

또 29세가 무슨 간지고 서기 몇 년인가를 알려면?

癸卯가 1, 甲辰2, 乙巳3, 丙午4, 丁未5 해서 5세 기준점 정미는 63 + 4하니까 67이 된다.

고로 丁巳는 15에 77, 丁卯는 25에 87이 된다.

고로 26세 戊辰은 88, 27세 己巳는 89, 28세 庚午는 90, 29세 辛未는 91년이 되는 것이다.

간지	서기	나이
癸卯	1963년	1세
갑진	64	2세
정미	67	5
정사	77	15
정묘	87	25
무진	88	26
기사	89	27
경오	90	28
신미	91	29

5. 운갈이 해(交運年)

자미두수에서 운은 오행국수에 따라 변화한다.
수2국이면 십년단위로 2~11세 12~21세 22~31세 하는 식으로 바뀌고, 토5국이면 5~14세 15~24세 하는 식으로 바뀐다.

1971년 12월 12일 자시 남자를 예를 들어보자.
이 명처럼 토5국인 경우 무술대한(35~44세)은 당연히 35세부터 바뀌게 된다. 그런데 문제는 이 사람의 생일을 보면 음력 12월 12일이라는 것이다.
그럼 을유년은 35세인데, 을유년 음력 1월 1일부터 무술대한으로 진입하는 것일까? 아니면 생일인 12월 12일부터 무술대한 첫 해가 시작되는 것일까?

정답은 생일부터 새로운 대한으로 바뀐다는 것이다.
즉 이 명은 을유년 35세 음력 12월 12일부터 무술대한으로 본격적인 진입을 한다는 것이다.
이것은 음력 12월 12일까지는 그 전대한인 기해대한이 지배하고 있다고 보고, 유년을 판단할 때 기해대한의 사화를 기준하고 판단해야 한다.

截天天天貪廉 空福虛馬狼貞 △陷陷 將歲　85~94　癸 軍驛破【官祿】冠巳	解天台天巨 神廚傷輔鉞門 　　　　○ 　　　　祿 小息龍　75~84　甲 耗神德【奴僕】帶午	天天 　　　　哭相 　　　　　X 青華白　65~74　乙 龍蓋虎【遷移】浴未	天恩天陀天天 使光刑羅梁同 　　　　陷陷○ 力劫天　55~64　丙 士煞德【疾厄】生申
大陰紅文太 耗煞鸞曲陰 　　◎X 　　　科 奏攀小　95~　壬 書鞍耗【田宅】旺辰	성명：○○○, 陰男 陽曆　1972年 1月 ○日 0:59 陰曆　辛亥年 12月 ○日 子時 命局：土五局, 壁上土 命主：巨門, 身主：天機		紅天破祿火七武 艷官碎存星殺曲 　　○陷X○ 博災弔　45~54　丁 士煞客【財帛】養酉
旬龍左天 空池輔府 　　　陷△ 飛將官　辛 廉星符【福德】衰卯			寡天鈴擎文太 宿喜星羊昌陽 　　◎◎陷陷 　　　　忌權 官天病　35~44　戊 府煞符【子女】胎申
天孤封天三天 月辰誥貴台魁 喜亡貫　　　庚 神神索【父母】病寅	蜚破紫 廉軍微 　○○ 病月喪　5~14　辛 符煞門【身 命】死丑	天天天八天天 壽才空座姚機 　　　　　◎ 大咸晦　15~24　庚 耗池氣【兄弟】墓子	年鳳天地地右 解閣巫劫空弼 　　　　陷X 伏指太　25~34　己 兵背утки【夫妻】絶亥

　생일이 1·2월이면 크게 이런 부분을 고려하지 않고 다음 대한으로 바로 볼 수 있다. 그러나 생일이 이렇게 늦은 사람을 감정할 때는 고민을 하지 않을 수 없게 되는데, 임상경험상 생일을 기준으로 운이 바뀌는 것이 맞았다.

　이 명은 을유년 35세 초에 창업해서 4000억 매출에 1200억의 수익을 올려 거의 횡발에 가까운 재운이 있었으나, 무술대운으로 본격 집입한 병술년에 온 나라를 시끄럽게 한 관재의 소용돌이에 빠져서 수익금도 다 국가에 압수되고 감옥에 갇히는 일을 당했다.
　즉 을유년에 횡발, 병술년에 횡파한 셈이다.
　이러한 사실을 기초로 을유년의 운을 바꾼 무술대운 사화로 적용해서 보면, 대한 재백궁에 천기화기를 을유년의 천기화록이 인동시키므로 횡발은 커녕 계획착오가 있을 수 밖에 없다. 하지만 그 전대운인 기해대운으로 본다면, 을유년이 좌한 유궁은 대한의 무곡화록이 선천의 록존을 인동하고 있는 자리이며, 선천 재복궁이자 대한 부관선이 되므로, 사업상의 재백이 되어 이 해에 횡발이 가능했던 것이다.

　혹자는 을유년의 유년십이궁을 그대로 적용해서, 을유년에 무곡재성이 록존과 동궁하고 유년 재백궁에 탐랑과 천마가 있어 유년 명궁의 화성과 더불어 화탐격이 형성되니 횡발했다고 보나, 이는 이론적으로 모순이 있는 판단이다. 그렇다면 매 십이년 酉년만 되면 횡발하게 되는가?
　대한을 무시하고 유년만 따로 떼어내서 판단하는 것은 장님이 코끼리다리 만지기식의 추론이니 이런 유의 추론으로는 맥을 잡을 수 없다.

　이상의 예에서 보듯이 대운이 바뀌는 해는, 반드시 그 명조자의 생일을 기점임을 명심하고 운추론할 때 조심해야 한다.
　생일 전까지는 기존 대한으로 사화를 돌리고, 생일 후부터 오는 대한의 사화를 적용한다는 점 명심해야 한다.

부록

찾아보기 참고문헌 후기

성계에 따라 명보 찾기

사궁 태음	오궁 탐랑	미궁 거동	신궁 무상 239
진궁 정부	자미가 자궁에 있을 때		유궁 양량
묘궁			술궁 칠살
인궁 파군	축궁	자궁 자미 21	해궁 천기

사궁 천기	오궁 자미	미궁	신궁 파군
진궁 칠살	자미가 오궁에 있을 때		유궁 120,122
묘궁 양량 24			술궁 정부 30,38
인궁 무상 294	축궁 거동	자궁 탐랑	해궁 태음

사궁 정탐 108	오궁 거문	미궁 천상	신궁 동량
진궁 태음 362	자미가 축궁에 있을 때		유궁 무살
묘궁 천부			술궁 태양
인궁	축궁 자파 379	자궁 천기 34	해궁

사궁	오궁 천기	미궁 자파	신궁
진궁 태양	자미가 미궁에 있을 때		유궁 천부
묘궁 무살 25			술궁 태음
인궁 동량	축궁 천상 113	자궁 거문	해궁 정탐

사궁 거문	오궁 정성	미궁 천량	신궁 칠살
진궁 탐랑	자미가 인궁에 있을 때		유궁 천동
묘궁 태음			술궁 무곡
인궁 자부 39	축궁 천기	자궁 파군	해궁 태양

사궁 태양	오궁 파군	미궁 천기	신궁 자부
진궁 무곡	자미가 신궁에 있을 때		유궁 태음
묘궁 천동 28			술궁 탐랑
인궁 칠살	축궁 천량	자궁 정상 99,102	해궁 거문

4부/ 잡론

자미를 기준하였으며, 명궁에 해당 페이지를 기재하였다.

사궁 천상	오궁 천량 23	미궁 정살	신궁		사궁 무파	오궁 태양	미궁 천부	신궁 기월
진궁 거문	자미가 묘궁에 있을 때		유궁 83		진궁 천동	자미가 유궁에 있을 때		유궁 자탐
묘궁 자탐			술궁 천동 32		묘궁			술궁 거문
인궁 기월	축궁 천부	자궁 태양	해궁 무파		인궁	축궁 정살 68	자궁 천량	해궁 천상

사궁 천량	오궁 칠살 22,85	미궁	신궁 염정 31		사궁 천동	오궁 무부	미궁 일월	신궁 탐랑 371
진궁 자상 87	자미가 진궁에 있을 때		유궁 81		진궁 파군	자미가 술궁에 있을 때		유궁 기거
묘궁 기거			술궁 파군		묘궁			술궁 자상
인궁 탐랑	축궁 일월	자궁 무부 27	해궁 천동		인궁 염정	축궁	자궁 칠살	해궁 천동

사궁 자살	오궁	미궁	신궁		사궁 천부	오궁 동월	미궁 무탐	신궁 거일
진궁 기량	자미가 사궁에 있을 때		유궁 정파		진궁	자미가 해궁에 있을 때		유궁 천상
묘궁 천상 331			술궁		묘궁 정파 35			술궁 기량
인궁 거일	축궁 무탐	자궁 동월	해궁 천부		인궁	축궁	자궁 345	해궁 자살

5
운갈이
해

찾아보기

ㄱ

- 가의　　　　　　242
- 간명결요　　　　218
- 감정선　　　　　19
- 갑신대한　　　　322
- 같은 사주　　　　124
- 거문巨門　　　　204
- 거상巨商　　　　150
- 겁공劫空　　　　259
- 격각　　　　　　57
- 격국이 되려면　365
- 결혼　　　　　　50
- 경양　　　　42,248
- 계미대한　　　　322
- 곡허哭虛　　　　272
- 골수부骨髓賦　　137
- 공자　　　　　　275
- 관록편　　　　　99
- 관운주인　　　7,77
- 괴월魁鉞　　　　235
- 교우궁　303,314,318
- 궁합의 호불호　　12
- 귀인 찾는 법　　　63
- 귀천영고　　　　110
- 숫자의 운용　　　105
- 기월동량　　　　163
- 기축대한　　　　311

ㄴ

- 나이 아는 법　372
- 납음　　　　　280
- 납음오행　　　281
- 내명궁의 성이 상대의 부처궁　　21
- 노기주　　　　75
- 녹봉충파　　　156
- 녹존祿存　　　262
- 능일거사　　　291

ㄷ

- 대귀인　　　　125
- 대반　　　13,23,24
- 대한 분석　　　72
- 대한　　　　　305
- 대한과 본명사화성　　　　　　323
- 대한의 화기를 발동　　　　　　38
- 도화겁　　　　62
- 도화살　　　　61
- 도화와 관계성　43
- 도화운 간법　　56
- 동반　　　　　13
- 두군법　　　　81
- 두수발미론　　18
- 두수사서　　　139
- 두수증보태미부　19
- 띠의 판단법　109

ㄹ

- 록권과祿權科　274
- 료무거사　　77,84
　　　　　　115,329

ㅁ

- 마두대검　　　249
- 마두대전격　　182
- 만민영　　　　126
- 매화역수　　　84
- 맹상군　　　　368
- 명궁　282,295,306,312,316
- 명궁성의 개성　17
- 명미거사　　　77
- 명반작성법　　78
- 명수기운　　　126
- 명주출해격　　323
- 몇 살때가 간지로 무슨 년인가　　375
- 모택동　　　　370
- 무곡武曲　　　176
- 무곡파군　　　178
- 무곡화권　　　50
- 무인대한　　　306
- 무자대한　　　316
- 문곡　　　　56,240
- 문창거사　　　112
- 문창·문곡　　242
- 문창　　　　　238

ㅂ

- 반자어 169,344
- 범수도화 203
- 병술대한 320
- 보좌길흉성 229
- 보필 55
- 복덕궁 87,296,309 315,318
- 복상(복자하) 242
- 봉부간상 69
- 부모궁 304,310,315 319
- 부자성夫子星 47
- 부처궁 18,300,308 313,317
- 부처궁에서 록권과 49
- 부처궁 화권 59
- 부처상극과 격각 57
- 부처의 감정 17
- 비운일사 13

ㅅ

- 사업궁 98,309,315 318
- 사업운의 득과 실 335
- 사화 분석 70
- 사화의 의미 96
- 삼명통회 110,125
- 삼태팔좌 271,357 358
- 삼협 282

- 상계 7,31
- 상사傷使 273
- 상심도화 46
- 생년의 간지 아는 법 373
- 석숭 261
- 석중은옥격 204
- 소성의 도화성 53
- 소인 찾는 법 63,65
- 소한·유년의 간법 56
- 속판천금결 90
- 시의 분류법 96
- 시험운 탐구 339
- 신궁身宮 285,297
- 신백경神白經 111
- 심곡김치선생 291
- 심역신단법결 95
- 십간십이년생 대귀인 125
- 십이궁의 성의 의미 294
- 십이사항궁 90
- 쌍둥이 명 110
- 쌍둥이 명반 119
- 쌍록교치 88
- 쌍록협 361

ㅇ

- 안록산 158
- 안회 220,244
- 앙면조두격 143
- 양양창록격 214

- 여명골수부 20,137
- 여후 263
- 염정 45,183
- 영성鈴星 256
- 왕재산 7,291
- 왕정지 139,291
- 외국에서 태어난 사람 130
- 우필 55
- 운갈이 해 378
- 웅수조원격 184
- 월랑천문 195,302 319
- 위신불충 158
- 유년 324
- 유년과 대한·본명사화의 배합 327
- 유년괘월 64
- 유년태세박사 80
- 유란流鸞 41
- 육빈조 293
- 육십갑자납음표 281
- 육협 282
- 을유대한 321
- 음살 66,76
- 이차발생궁 72
- 이혼 31,34
- 일리중천 69
- 일월반배 58,174

ㅈ

- 자녀궁 302,307,313

317	◆ 점해석법 80	년인가 377
◆ 자미 143	◆ 점험파 166	◆ 채양 93
◆ 자미간단 115	◆ 정도화 61	◆ 천금결千金訣 90
◆ 자미두수 심역신단법결 95	◆ 정미대한 68	◆ 천기天機 160
	◆ 정해대한 319	◆ 천동·천량동궁 44
◆ 자미두수 점법 77	◆ 제가논명실례 289	◆ 천동 51,181
◆ 자미두수문사일초종 90	◆ 조고 158	◆ 천량天梁 213
	◆ 좀도둑질 155	◆ 천마天馬 264
◆ 자미두수상천하지 112	◆ 종액사조합 70	◆ 천부입명 154
	◆ 종의명 선생 115	◆ 천부天府 190
◆ 자미두수신전 293	◆ 천금결 90	◆ 천상天相 210
◆ 자미두수실험판단 41	◆ 좌귀향귀 236	◆ 천요 53,267
	◆ 좌보 55	◆ 천월 55
◆ 자미두수심득 344	◆ 좌보우필 229	◆ 천을상인 63
◆ 자미두수전서77,139	◆ 중보두수구율 218	◆ 천을상인의 궁합법 9,116
◆ 자미를 찾는 방법 11	◆ 중주파 130,132	
	◆ 중주파 관점의 모순 132	◆ 천이궁 301,309,314 318
◆ 자미일득 115		
◆ 자미현기 17	◆ 중주파의 출생시 환산법 131	◆ 천형天刑 266
◆ 자오묘유궁 91		◆ 초왕 항우 259
◆ 자우 208	◆ 중주파자미두수 초급강의 131	◆ 축궁 소띠 74
◆ 자운선생 133,291		◆ 축미궁 자파 49
◆ 자미두수의 점법 78	◆ 직업선택 334	◆ 칠살과 파군 천요동궁 49
◆ 자파동궁 축미 51	◆ 진계전의 궁합법 17	
◆ 작사전도 334	◆ 진계전의 도화논단법 41	◆ 칠살七殺 218
◆ 잡성 266		
◆ 장자방 145	◆ 진궁 용띠 73	**ㅌ**
◆ 재물 지배 340	◆ 질액궁 303,308,314 318	◆ 타라 61
◆ 재백궁 86,299,308 313,317		◆ 타라陀羅 253
	ㅊ	◆ 타이페이 88
◆ 재백편 102	◆ 차도화 61	◆ 탈속 144
◆ 전택궁 288,304,309 315,318	◆ 찾은 년이 서기로 몇	◆ 탐랑 46,198
		◆ 태미부太微賦 137

- 태세입괘궁 22,33
- 태양·태음 공조 172
- 태양 47,167
- 태양동도 맹상지풍 364
- 태음 43,194
- 태음력 134
- 파군破軍 224
- 파조파가다노록 70
- 팔희루초본 139
- 팽조 198
- 횡발 177

ㅎ

- 하노사何老師 134
- 학업선택 338
- 함지 41,54
- 해인선생 77
- 현대두수진결 9,116
- 현대자미 13,120
- 형기협인 72,74,210
- 형노선 66
- 형제궁 302,316
- 형제자매궁 307,313
- 혜심제주 293
- 혼인의 득실 342
- 홍란 41
- 홍란천희 37,50,270
- 화기 33
- 화살위권 147
- 화성 255
- 화주문장花酒文章 43
- 황무관黃懋官 116

참고문헌

	책명	저자	출판사	출간년
1	두수기밀 斗數機密	량정굉 梁正宏	왕가출판사 王家出版社	1986
2	자미두수유년재화총론 紫微斗數流年災禍總論	심평산 沈平山	진원서국 進源書局	1996
3	자미두수실험판단 紫微斗數實驗判斷	진계전 陳啓銓	만인출판 萬人出版	1989
4	자미현기 紫微玄機	진계전 陳啓銓	용음문화 龍吟文化	1987
5	자미두수명운보전 紫微斗數命運寶典	채상기 蔡上機	익군서점 益群書店	2005
6	두수논혼연 斗數論婚緣	자운 紫雲	시보출판공사 時報出版公司	1993
7	자미두수문사일초종 속판천금결 紫微斗數問事一秒鐘 速判千金訣	명미거사 明微居士 옹신호 翁新皓	무릉출판사 武陵出版社	1997
8	자미두수심역신단법결 紫微斗數心易神斷法訣	명미거사 明微居士	무릉출판사 武陵出版社	2001
9	두수비의금론 斗數秘儀今論	홍릉 洪陵	무릉출판사 武陵出版社	1987
10	천지인 자미두수 현공사화 비해 天地人 紫微斗數 玄空 四化 秘解	정현산인 正玄山人		1990
11	삼명통회 439p 三命通會	만민영 萬民英	무릉출판사 武陵出版社	1996
12	현대두수진결 6 現代斗數眞訣	천을상인 天乙上人	연전출판사 蓮田出版社	2003

13	자미두수심득 紫微斗數心得	반자어 潘子漁	수우출판사 水牛出版社	1997
14	자미두수입문 紫微斗數入門	혜심제주 慧心齊主	박익문고 博益文庫	1999
15	자미두수신전 紫微斗數新詮	혜심제주 慧心齊主	시보출판사 時報出版社	1984
16	자미두수 추길피흉법 紫微斗數 趨吉避凶法	혜심제주 慧心齊主	박익출판사 博益出版社	2000
17	자미두수강의 紫微斗數講義	육빈조 陸斌兆	박익문고 博益文庫	2000
18	두수변증 斗數辨證	혜경 慧耕	용음문화 龍吟文化	1993
19	희이자미두수전집 현대평주 希夷紫微斗數全集 現代評註	료무거사 了無居士	시보문화출판 時報文化出版	2000
20	십팔비성책천자미두수전집 十八飛星策天紫微斗數全集		집문서국 集文書局	1982
21	자미두수적고사 紫微斗數的故事	곤원 堃元	정대도서공사출판 鼎大圖書公司出版	1996
22	현대자미 3~5집 現代紫微	료무거사 了無居士	용음문화 龍吟文化	1993
23	원앙전기 鴛鴦傳奇	료무거사 了無居士	화마문화 禾馬文化	1994
24	두수사서 3 斗數四書	왕정지 王亭之	박익문고 博益文庫	1993
25	중주파자미두수 초급강의 中州派紫微斗數 初級講義	왕정지 王亭之	자미문화 紫微文化	1996
26	자미강의 紫微講義	진설도 陣雪濤	무릉출판사 武陵出版社	2005
27	안성결여성정비법 安星訣與星情秘法	진설도 陣雪濤	정대도서 鼎大圖書	2001
28	자미신탐 紫微新貪	문기명 文其名	리원서보사유한공사 利源書報社有限公司	1988

29	성계도독 星系導讀	연생 緣生	무릉출판사 武陵出版社	2005
30	언미기실 言微記實	천익 天翼	해빈도서공사 海濱圖書公司	2003
31	두수선미 斗數宣微	왕재산 王栽珊	무릉출판사 武陵出版社	2002
32	자미두수상천하지 紫微斗數上天下地	문창거사 文昌居士	평씨출판유한공사 平氏出版有限公私	
33	자미두수입문	김선호	대유학당	2006
34	실전자미두수(1/2)	김선호	대유학당	2004
35	자미두수전서(상/하) 紫微斗數全書	진희이 陳希夷	대유학당	2003
36	왕초보자미두수(상/하)	김선호	동 학 사	2000
37	심곡비결 深谷秘訣	김치선생 金緻先生	대유학당	2004

후기

　가끔씩 대만이나 홍콩의 역학전문서점을 가보면 매년 쏟아져 나오는 자미두수관련 책을 보고 놀라게 된다. 그리고 매년 책의 수준도 업그레이드 되고 젊은 동호인들의 눈높이에 맞게 세련되게 디자인된 책들이 눈에 많이 띈다.
　그렇게 많은 책들을 보고나면 우선 한국현실과 비교가 되면서 자연히 풀이 죽는다.
　우리는 언제쯤이면 저렇게 될까?

　필자가 십년전 까지만해도 자미두수의 불모지였던 우리나라에 『왕초보자미두수』를 위시해서 『자미두수전서』, 『실전자미두수』, 『심곡비결』, 『자미두수 입문』 등을 출판하면서 다행히 체면치레는 겨우 하고 있지만 이웃나라가 부러운 건 사실이다.

　그래도 책이 있음인지 요즘은 꽤 자미두수의 매니아가 늘어나고 가르치는 사람들도 늘어나 다행이다. 중급이 나오는 계기로 더 많은 연구자들이 나오기를 빌어본다.

　이번 중급에서는 자미두수입문이나 왕초보자미두수와 같은 전형적인 교과서타입을 탈피하고자 애썼다.

명반작성에서부터 십사정성·보좌성·잡성 등의 성질들은 입문이나 왕초보자미두수에서 익혔으니, 이 책에서는 좀 더 하고 싶은 이야기를 하는게 맞다 싶어 이것 저것 다 다뤘다.

균시차문제, 궁합문제, 자미두수 점단문제, 자시와 명궁무대한의 문제 등등 언젠가는 다뤄야겠다고 생각만 하고 있던 문제들을 이 책을 통해서 어느 정도는 다룬 듯하다.

본격적인 명례분석만으로 중급을 꾸며볼까 하다가 다음기회로 미룬다.

자미두수가 좀 더 활성화되면 자운선생처럼 십이사항궁별로 한 권씩 책을 낼 생각도 해보지만 아직은 때가 아닌 듯 하다.

독자들의 많은 성원 바란다.

> 매화 꽃이 지고 잎이 피어 푸르러지는 때
> 이두 김선호 쓰다.

전문가용 프로그램

자미두수 전문가용 프로그램은 500,000원에 판매되고 있으며, 번들프로그램 보다 인쇄기능, pdf 성요설명 기능 등이 추가됩니다.

첫째, 윈도우 64비트 지원으로, 윈도우즈 관계없이 사용 가능합니다.

둘째, 궁합을 볼 때 명반을 두 개 이상 띄우면 오류가 나는 현상을 해결했습니다.

셋째, 자미두수는 배치상 자시의 경우는 밤의 자시이건 새벽의 자시인건 같은 것으로 인식됩니다. 2015버전에서는 밤 11시 30분이후 출생한 자시의 경우 다음달 자시로 명반을 수정하여 출력합니다.

넷째, 월덕, 금여, 유하의 별을 추가하고, 신년생 천괴 천월을 수정하였습니다.

다섯째, 한글세대를 위해 옵션에서 한글명반 보기를 추가하였습니다.

여섯째, 사용자의 편의를 위해 전문가용 육임과 명반을 함께 보도록 만들었습니다.

일곱째, 기문의 요약도 추가하여 간단히 볼 수 있도록 하였습니다.

여덟째, 기문 중궁지반 5토 처리에 있어, '출감일, 출건일'을 정하도록 하였습니다.

전문가용 프로그램

대유학당으로 문의하기 전 꼭 읽어주세요. 90%는 아래 내용으로 문의 주셨습니다.

① 제공하는 락이 장착되지 않았습니다.

➡ 락을 컴퓨터에 '딱' 소리가 나도록 다시 잘 꽂아 주세요. 다른 usb 포트에 꽂아도 반응이 없다면, 락이 고장일 수도 있으므로 대유학당에 문의하세요.

② 컴퓨터를 새로 장만하였습니다. 락을 꽂으면 작동하나요?

아닙니다. 컴퓨터가 바뀌었다면 프로그램을 다시 설치하여야 합니다. 설치후 인명기록을 옮겨 붙이고, 락을 꽂아야 예전처럼 작동이 됩니다. 락은 프로그램 작동키이므로 저장기능이 없습니다.

③ 예전에 저장했던 인명기록을 가져오고 싶어요.

➡ 윈도우 7버전까지는 c:₩**Program Files(x86)** 〉 대유학당 〉 **자미육임V2.015** 〉 인명관리를 옮기면 됩니다.

➡ 윈도우 8버전 이상은 개인설정 강화로 인하여 새로운 공간에 인명관리 파일을 만듭니다.

사용자 이름 〉 **AppData** 〉 **Local** 〉 **VirtualStore** 〉 **Program Files (x86)** 〉 자미**V2.001** 〉 인명관리

전문가용 프로그램

간혹 AppData가 보이지 않는 경우가 있는데, 숨겨진 파일 모두 보기를 눌러주세요.

④ 새로 구입한 컴퓨터 중에 프린터 에러가 나는 경우가 있습니다.
➡ 하락리수와 자미두수는 인쇄 기능이 있으므로, 프린터 설정을 해 주시면 정상 작동됩니다.

⑤ 인사기록 사항이 화면 끝으로 들어가서 보이지 않아요.
➡ 옵션 〉 기타사항 〉 레지스트리 복원을 누르면 화면이 정렬되어 보실 수 있게 됩니다.

⑥ 화면이 작아서 크게 보고 싶어요.
➡ 자미두수는 명반 두 개 이상을 띄워 비교하면서 보기 때문에, 크기를 키워서 볼 수는 없습니다. 하지만 굳이 크게 보고 싶다면 화면해상도를 낮추어 전체적인 화면을 키우면 됩니다. 바탕화면에서 오른쪽 커서를 누르면 화면해상도가 나오는데, 해상도를 낮추면 그만큼 화면 크기가 커집니다.

⑦ 지금 구입했는데, 업그레이드되면 어떻게 하지요?
➡ 최신버전을 대유학당 홈페이지에 내용을 올려놓겠습니다. 다운받아 사용하세요.

⑧ 프로그램 CD를 분실했습니다.

전문가용 프로그램

➡ 대유학당의 프로그램은 웹하드(www.webhard.co.kr 아이디:daeyoudang 비번:9966699)에 모두 올려져 있습니다. 노트북에 CD리더가 없는 경우에도 다운받아 사용하세요. 전문가용은 락이 필요하고, 그 외 공개 프로그램은 모두 사용가능합니다. 다만 락을 잃어버리신 경우 다시 구입하셔야 하므로, 락을 잘 보관해주세요.

⑨ 무료 프로그램은 어디서 받나요?
➡ 대유학당 홈페이지 〉 CD자료실 〉 무료공개프로그램에 들어가면 자미두수, 성명학, 육임, 기문, 황극경세를 다운받으실 수 있습니다. 설명서도 올려놓았으니, 천천히 읽어보시고 실행하세요.

⑩ 홈페이지에 들어가기 힘들어요.
➡ 주소창에 한글로 '대유학당'을 치세요.
아니면 www.daeyou.net 검색창에 대유학당을 치고 웹문서에서 보시면 됩니다.

⑪ 카드로도 도서 구매가 가능한가요?
➡ 대유학당 홈페이지에서 서적구매로 가시든가, 인터넷 주소창에 daeyou.or.kr을 치세요. 회원가입 후 로그인 하시면 됩니다.
도서의 경우 신간을 제외하고 10% 할인되며, 20,000원 이상 구입하시면 택배비를 출판사가 부담합니다.

자미두수 강의안내

- 책을 읽고 자미두수강의를 어디서 하느냐는 문의가 많아 이렇게 공지합니다. 저자직강으로 매년 2~4회의 자미두수강의가 비정기적으로 온라인과 오프라인에서 있습니다만. 현재 추세는 전국 어디서든 집에 인터넷만 설치되어 있으면 집이나 사무실에서 강의를 들을 수 있는 화상통화 프로그램을 이용하여 실시간 『인터넷 화상강의』를 위주로 강의하고 있습니다.(녹화된 강의가 아님) 화상강의는 자기 집이나 사무실에서 인터넷 접속으로 강의를 들을 수 있기 때문에 오프라인 강의처럼 먼 거리를 오고가는 비용과 수고를 덜 뿐만 아니라 전자칠판을 이용하므로 오프라인보다 시각적이고 직접적인 강의 효과를 얻을 수 있습니다.

- 강의파트는 초중급자들을 위한 강의와 실전추론강의 두 가지 강의가 개설되어 있습니다. 12명을 정원으로 하며 기본 강의단위는 10주입니다.
수시로 수강생을 모집하되 정족수가 차면 강의를 개설 합니다.

- 장소나 비용 등 자세한 강의에 관한 내용은 홈페이지와 카페에 공지합니다. 강의가 개설될 시 자세한 강의 공지는 항상 홈페이지의 게시판과 위의 다음카페의 "강의실" 창에 공지가 됩니다.

- 강의에 관심이 있으신 분들은 홈페이지나 카페를 즐겨찾기에 등록해 두셨다가 수시로 확인하시거나 이메일로 미리 신청해 두시면 강의인원이 차면 강의안내를 해드립니다.

- 이 메일   jmds2012@gmail.com
             reedoojami@hanmail.net
- 홈페이지   www.reedoo.co.kr
- 다음카페   http://cafe.daum.net/reedoo
- 기타문의   061 - 643 - 6693 (저자사무실)
             010 - 3629 - 6693 (저자핸드폰)

대유학당 출판물 안내

자세한 사항은 대유학당으로 문의해 주십시오.
전화 : 02-2249-5630 / 02-2249-5631
입금계좌 : 국민은행 807-21-0290-497 예금주-윤상철
홈페이지 : www.daeyou.net   서적구입 : www.daeyou.or.kr

주역

도서명	저자	가격
▶ 주역입문2	김수길·윤상철 지음	15,000원
▶ 대산주역강해 (전3권)	김석진 지음	60,000원
▶ 주역전의대전역해 (상/하)	김석진 번역	70,000원
▶ 주역인해	김수길·윤상철 번역	20,000원
▶ 대산석과 (주역인생 60년)	김석진 지음	20,000원
▶ 시의적절 주역이야기	윤상철 지음	15,000원

주역 활용

▶ 황극경세 (전5권)	윤상철 번역	200,000원
▶ 하락리수 (전3권)	김수길·윤상철 번역	90,000원
▶ 하락리수 CD	윤상철 총괄	550,000원
▶ 대산주역점해	김석진 지음	30,000원
▶ 매화역수	김수길·윤상철 번역	25,000원
▶ 주역신기묘산	윤상철 지음	20,000원
▶ 육효 증산복역 (상/하)	김선호 지음	40,000원
▶ 우리의 미래 (대산 선생이 바라본)	김석진 지음	10,000원

음양오행학

▶ 마음이 평안해지는 천수경	윤상철 편저	10,000원
▶ 마음의 달 (전2권)	만행스님 지음	20,000원
▶ 항복기심/선용기심	만행스님 지음	48,000원
▶ 뭇생명의 어머니이신 관세음보살	설정스님	10,000원
▶ 옴! 그림으로 푼 천수경	대명스님 지음	12,000원

예언 꿈

▶ 예언의 허와 실	현오스님 지음	9,600원
▶ 꿈! 미래의 열쇠	현오스님 지음	20,000원
▶ 꿈과 마음의 비밀	현오/류정수 지음	9,000원

기문 육임			
	▸ 기문둔갑신수결	류래웅 지음	16,000원
	▸ 육임입문123(전3권)	이우산 지음	70,000원
	▸ 육임입문 720과 CD	이우산 감수	150,000원
	▸ 육임실전(전2권)	이우산 지음	54,000원
	▸ 육임필법부	이우산 평주	35,000원

사서류			
	▸ 집주완역 대학	김수길 번역	20,000원
	▸ 집주완역 중용(상/하)	김수길 번역	40,000원
	▸ 강독용 대학/중용	김수길 감수	11,000원
	▸ 소리나는 통감절요	김수길·윤상철 번역	10,000원

자미두수			
	▸ 자미두수 전서(상/하)	김선호 번역	100,000원
	▸ 실전 자미두수(전2권)	김선호 지음	36,000원
	▸ 심곡비결	김선호 번역	43,200원
	▸ 자미두수 입문	김선호 지음	20,000원
	▸ 자미두수 전문가용 CD	김선호/김재윤	500,000원
	▸ 중급자미두수(전3권)	김선호 지음	60,000원

손에 잡히는 경전시리즈		
	❶ 주역점	❽~❾ 맹자 1,2
	❷ 주역인해(원문+정음+해석)	❿ 신기묘산
	❸ 대학 중용(원문+정음+해석)	⓫ 자미두수
	❹ 경전주석 인물사전	⓬ 관세음보살
	❺ 도덕경/음부경	근간 ⓭ 사자소학 ⓮ 소학
	❻ 논어	근간 ⓯~⓰ 시경 ⓱~⓲ 서경
	❼ 절기체조	각권 288~336p 10,000원

천문		
	▸ 천문류초(전정판)	20,000원
	▸ 태을천문도(2008 개정판)	70,000원
	▸ 세종대왕이 만난 우리별자리(전3권)	36,000원
	▸ 천상열차분야지도, 태을천문도	300,000원
	블라인드(150·230, 120·180cm)	250,000원
	족자(70·150, 60·130cm)	100,000원

이두자미시리즈

이두자미시리즈 1·2

▶ **자미두수 전서**

※ 19×26cm 양장본 / 1,700쪽 / 상하 2권 / 100,000원 / 김선호 / 10년 7월 2쇄

13년 동안의 풍부한 임상경험을 바탕으로 한, 대만과 홍콩의 어떤 해설서도 따라오지 못하는 치밀한 해설과 역자주! 장장 7년의 세월동안 각고의 노력끝에 탄생한 이 책은 자미두수를 연구하려는 모든 사람들에게 가장 확실한 스승이 될 것이다.

이두자미시리즈 3·4

▶ **실전 자미두수**

※ 17×23cm / 700여쪽 / 전 2권 / 36,000원 / 김선호 / 09년 6월 2쇄

 사람의 명반을 놓고 "이때 왜 이 사건이 벌어져는가?"에 대해 일일이 별들과의 관계를 추론해 나간 책. 이 두 권만 다 소화한다면 누구나 자미두수를 자유자재로 활용할 수 있음.
1권 이두식추론법   2권 징험편

이두자미시리즈 5

▶ **전문가용 자미두수 CD**

※ 가격 500,000원
총괄 : 김재윤 / 2015년 11 증보.
※ 구성 : CD 1매, usb락, 프로그램 매뉴얼.

삭망일 균시차 인명저장 등 각 학설에 따른 옵션기능과,
자미두수 성요에 대한 각 서적의 내용 망라한 설명기능,
기문과 육효의 포국보조프로그램 등으로 더욱 자세해졌습니다.

이두자미시리즈 6

▶ **심곡비결**

※ 19×26cm 양장본 / 700쪽 / 50,000원 / 김선호 / 13년 1월 2쇄 발행

인조반정의 성공을 예측하여 수명을 3년 늘린 심곡선생의 비결서! 그 3년 동안에 세상으로부터 사라질 심곡비결을 숨겨놓고 후인을 기다린지 어언 380년! 한국적 자미두수의 결정판. 정확한 예측력을 담은 그 주옥같은 비결을 풍부한 임상경험으로 번역 주석!

이두자미시리즈 7

▶ **자미두수 입문**

※ 16×23cm 양장본 / 427쪽 / 20000원 / 김선호 / 13년 2월 수정판 3쇄 발행

자미두수를 처음 접하는 분들을 위하여 만든 책. 자미두수 명반작성과 명반보는 법을 기초로 14정성과 잡성을 명쾌하게 풀이하여 명반추론의 순서를 밝혀 놓았다.

이두자미시리즈 8·9·10

▶ **중급자미두수**

※ 16×23cm 양장본 / 427쪽 / 각 20000원 / 김선호 / 16년 2월 2쇄
1권 격국편, 2권 궁합편, 3권 두수선미

『자미두수입문』 출간 이후 5년을 기다려온 책!
『실전자미두수』와 『자미두수입문』의 간극을 메워줄 중급자를 위한 안내서!

자미두수 명반배치

자미가 인궁에 있을 때

巳	午	未	申
巨門 △	天相 廉貞 ○△	天梁 ○	七殺 ◎
辰			酉
貪狼 ◎			天同 △
卯			戌
太陰 xx			武曲 ◎
寅	丑	子	亥
天府 紫微 ◎◎	天機 xx	破軍 xx	太陽 xx

자미가 신궁에 있을 때

巳	午	未	申
太陽 ○	破軍 ◎	天機 xx	**紫微 天府 △○**
辰			酉
武曲 ○			太陰 ○
卯			戌
天同 ○			貪狼 ◎
寅	丑	子	亥
七殺 ◎	天梁 ○	天相 廉貞 ○△	巨門 ○

자미가 자궁에 있을 때

巳	午	未	申
太陰 xx	貪狼 ○	巨門 天同 xxxx	天相 武曲 ◎△
辰			酉
天府 廉貞 ◎○			太陽 天梁 △x
卯			戌
			七殺 ○
寅	丑	子	亥
破軍 xx		**紫微 △**	天機 △

자미가 오궁에 있을 때

巳	午	未	申
天機 △	**紫微 ○**		破軍 xx
辰			酉
七殺 ○			天府 廉貞 ◎○
卯			戌
太陽 天梁 ◎○			
寅	丑	子	亥
天相 武曲 ◎x	巨門 天同 ○xx	貪狼 ○	太陰 ○

자미가 진궁에 있을 때

巳	午	未	申
天梁 xx	七殺 ○		廉貞 ○
辰			酉
天相 紫微 ○xx			
卯			戌
巨門 天機 ◎○			破軍 ○
寅	丑	子	亥
貪狼 △	太陽 太陰 ○xx	天府 武曲 △△	天同 ◎

자미가 술궁에 있을 때

巳	午	未	申
天同 ○	天府 武曲 ◎○	太陽 太陰 △△	貪狼 △
辰			酉
破軍 ○			巨門 天機 ◎○
卯			戌
			天相 紫微 Xxx
寅	丑	子	亥
廉貞 ○		七殺 ○	天梁 xx

14정성이 배치되는 12가지 유형과 그에 따른 성의 묘◎ 왕○ 평△ 한X 함xx을 자미를 기준하여 정리한 표이다.